KB124462

융합적 사고에 기초한

음악
교육의
이해

조대현 저

UNDERSTANDING OF MUSIC EDUCATION
ON THE BASIS OF CONVERGENT THINKING

학지사

이 저서는 2014년 정부(교육부)의 재원으로 한국연구재단의 지원을 받아 수행된 연구임
(NRF-2014S1A6A4027664)
This work was supported by the National Research Foundation
of Korea Grant funded by the Korean Government (NRF-2014S1A6A4027664)

저술 내용이 융합에 대한 이해를 중심으로 음악에 대한 이해까지 확장과 적용을 목표하는 가운데, 융합 관련 연구가 상대적으로 부족하고 체계적이지 못한 현재의 학문적 배경에서 저자가 이를 다시 융합적 사고 속에서 특정한 형태 및 내용의 결과물로 재생산하기까지 비교적 많은 시간이 요구되었다. 비록 그 내용이 일반적이거나, 혹은 이전의 통합과 큰 차이가 없어 보인다 할지라도 제시하는 방식과 구성, 다양한 유도 기재를 사용함으로써 융합에 대한 새로운 경험을 제공하고자 시도하였다.

아직 손보고 정리해야 할 내용이 많고, 융합을 개념적으로 정리했다고 보기에는 많이 부족하다. 융합이라는 주제가 보면 볼수록 새로운 것이 발견되기 때문에 언어적 정의와 개념화가 쉽지 않다는 생각이 든다. 그러나 지난 작업을 돌이켜 볼 때 이 시간은 저자가 스스로 융합적 사고를 할 수 있는 기회가 되었고, 이러한 결과가 부족하나마 이 책을 발간하는 데 용기가 되어 주었다. 아마도 시간이 흐를수록 융합의 속도와 내용은 더 빠르고 방대해질 것이며 더욱 많은 시간과 노력이 소요될 것이다. 그러나 이 또한 음악교육학자이자 교사를 양성하는 교수의 역할을 하는 저자에게 주어진 소명이라고 생각한다. 앞으로도 이 책이 더 나은 책이 될 수 있도록 부단히 매진할 것이다. 마치 어린 새가 살기 위해 필사적으로 날갯짓하는 것처럼……

2019년 가을
조대현

◈ 머리말 ● 3

제**1**부 **Who?** 나는 누구인가?

제**1**장 거울에 비친 '나'의 모습 ································· 12
　❶ '나' 되돌아보기 / 14
　❷ '미래의 나' 내다보기 / 22

제**2**장 내 꿈의 모양과 색 ································· 32
　❶ 인간의 두 얼굴 / 34
　❷ 상상에 빠지다 / 48

제**3**장 내 꿈의 이유 ································· 54
　❶ 내가 진정 원하는 것 찾기 / 56
　❷ 나만의 중심가치 찾기 / 58

제**2**부 **What?** 융합적 사고의 이해

제**4**장 융합에 대한 이해 ································· 64
　❶ 융합의 개념 / 66
　❷ 통합에서 융합으로의 변화 / 76
　❸ 융합의 대명사 'STEAM 교육' / 80

제**5**장 융합적 사고에 대한 이해 ································· 86
　❶ 융합적 사고의 개념 / 88
　❷ 융합적 사고의 형성 / 92
　❸ 융합적 사고의 발달 / 97

제3부 **Why?** 융합적 사고에 기초한 음악 & 교육의 이해

제6장 음악이란 ·· 112

1 음악은 삶이다 / 114

2 음악은 예술이다 / 126

3 음악은 메시지이다 / 132

4 음악은 자연스러운 것이다 / 141

제7장 음악과 관계하는 나의 음악 ··························· 150

1 음악과 나의 관계 / 152

2 내가 만드는 음악 / 160

3 융합적 사고에 기초한 음악의 정의 / 164

제8장 음악교육이란 ······································ 170

1 음악교육의 필요성 / 172

2 음악교육의 목적 / 180

3 교육철학적 관점에서의 음악교육 / 196

4 교사의 자질과 역할 / 238

제4부 **How?** 융합적 사고에 기초한 음악교육

제9장 교사 수준 교육과정으로의 재구성 ···················· 258

1 교육과정 재구성의 필요성 / 260

2 교사 수준 교육과정의 의의 / 266

3 교육과정 재구성의 원리와 조건 / 272

4 개념도를 활용한 재구성의 예 / 282

5 과정상 목표를 활용한 교육과정 재구성의 예 / 286

제10장 융합교육으로의 재구성 사례 분석 ·························· 292

　　1 융합의 유형 / 294

　　2 융합교육의 사례 / 298

제11장 음악 중심 융합교육을 위한 교수 · 학습 모델 ·········· 324

　　1 음악 중심 융합교육의 필요성 / 326

　　2 음악 중심 융합교육의 전제조건 / 332

　　3 음악 중심 융합교육을 위한 교수 · 학습 모델의 원리 / 335

　　4 교수 · 학습 모델을 적용한

　　　　음악 중심 융합교육 프로그램의 예 / 339

◈ **참고문헌** ● 346

◈ **찾아보기** ● 359

제1부
Who? 나는 누구인가?

제1장 거울에 비친 '나'의 모습
1 '나' 되돌아보기
2 '미래의 나' 내다보기

제2장 내 꿈의 모양과 색
1 인간의 두 얼굴
2 상상에 빠지다

제3장 내 꿈의 이유
1 내가 진정 원하는 것 찾기
2 나만의 중심가치 찾기

거울에 비친 '나'의 모습

- '나'에 대한 발견을 목표하는 '거울에 비친 나의 모습'은 '미래의 나'를 설계하기에 앞서 '현재의 나'를 찾기 위한 매우 중요한 도구이다.
- 이때 '현재의 나'를 발견하기 위한 '과거로의 여행'이 제시되고, 여기에서 발견된 나의 모습을 기초로 한 '미래의 나'를 찾아가는 과정 중심 활동이 유도된다.
- 이 모든 과정은 학습 및 발달심리학적 관점에서 설계되었으며, 또한 다양한 체험적 활동과 실제적 예를 동반한 이론적 이해 속에서 이루어진다.
- 결과적으로는 주위 환경과 능동적으로 작용하는 효율적인 자기탐색과 자기발견의 결과물로서, 주관적인 행위적 의지를 형성하고자 하는 단계적 목표를 지향한다.

1 '나' 되돌아보기

'어제의 나'는 '오늘의 나'를 만들고, '내일의 나'는 오늘 기대하는 '미래의 내 모습'이다.

나는 누구인가

Dietrich Bonhoeffer(1906~1945)

나는 도대체 누구인가?
태연하게, 명랑하게, 확고하게,
영주가 자기 성에서 나오는 것처럼,
감방에서 내가 나온다고 사람들은 자주 내게 말
　하지만,

나는 도대체 누구인가?
자유롭게, 다정하게, 맑게,
마치 내가 명령하는 것처럼,
간수들과 대화한다고 사람들은 자주 내게 말한다.

나는 도대체 누구인가?
침착하게, 미소하며, 자랑스럽게,
승리에 익숙한 자와 같이,
불행한 나날을 내가 참고 있다고 사람들은 내게
　말하기도 한다.

나는 정말 사람들이 말하는 것과 같은 자일까?
그렇지 않으면 다만 나 자신이 알고 있는 자에 지
　나지 않는 것일까?
새장 속의 새와 같이 불안하게, 그리워하다 병들
　었고,
목을 졸렸을 때와 같이 숨을 쉬려고 몸부림치고,
색채와 꽃과 새소리를 갈구하고,
상냥한 말과 인간적인 친밀함을 그리워하고,

횡포와 사소한 모욕에도 분노에 몸이 떨리고,
대사건에의 기대에 사로잡히고,
저 멀리 있는 친구를 그리워하다 낙심하고,
기도하고, 생각하고, 창작하는 데 지쳐서 허탈에
　빠지고,
의기소침하여 모든 것에 이별을 고하려고 한다.

나는 도대체 누구인가? 앞의 나인가, 뒤의 나인가?
오늘은 이런 인간이고, 내일은 다른 인간일까?
양자가 동시에 나일까?
사람들 앞에서는 위선자이고,
자기 자신 앞에서는 경멸할 수밖에 없는 불쌍한
　약한 자일까?
혹은 아직 내 속에 있는 것은,
이미 승패가 난 싸움에서,
흩어져 퇴각하는 패잔병과 같은 것일까?

나는 도대체 누구인가?
이 고독한 물음이 나를 비웃는다.
내가 누구이건,
아! 신이시여 당신은 나를 아십니다.
나는 당신의 것입니다.

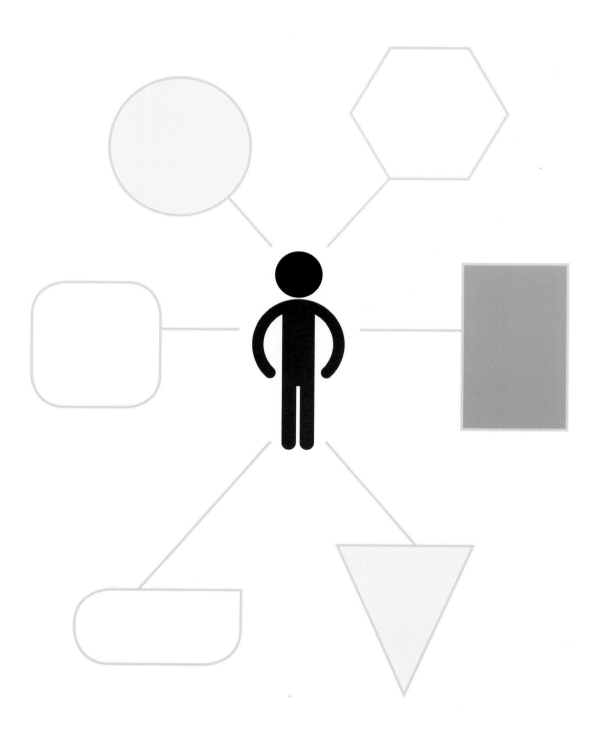

나에 대한 이해의 결과를 길지 않게 짧은 문장으로 정리해 보세요.

이때, '과거의 나'에 대한 이해를 통한 '미래의 나'를 기대하며 서술해도 좋습니다.

나는

2 '미래의 나' 내다보기

오늘날 내가 꿈꾸는 '미래의 나의 모습'은 어떠한 이유와 배경을 갖고 있는가?

왜❓이런일이

한때 우리나라는 '사고 공화국'이라는 오명을 얻은 적이 있다. 이는 시도 때도 없이 발생하는 잦은 사고 때문이기도 하지만 특정 사고의 영향으로 국민들이 큰 불안감을 느끼게 하고 매우 큰 충격을 받았기 때문이기도 하다. 그럼 이런 사건과 사고는 왜 발생하게 된 것일까? 이에 대한 해답을 '우리의 꿈'과 연계하여 생각해 보자.

| 1994년
성수대교
붕괴 | 1995년
삼풍백화점
붕괴 | 2003년
대구지하철
화재 | 2013년
태안 안면도
해병대 캠프
사고 | 2014년
마우나
리조트
붕괴 | 2014년
세월호
침몰 |

☑ ○○은/는 왜 무너지고 왜 침몰했을까?

   ○○의 역할은 무엇인가?

   ○○이 ○○(으)로서의 역할을 다하기 위해서는 무엇이 전제되어야 하는가?

☑ 다음은 우리가 찾고자 하는 개념에 대한 사전적 정의를 나열한 것이다. 각 개념에 대한 정의를 통해 앞에서 묻는 생각의 결과를 유추해 보자.

☑ 결과적으로 앞에서 언급한 과정을 통해 도출한 결과물인 경험형식은 외부의 감각적 재료를 통합하여, 하나의 의미를 부여하는 (이해하는) 사고의 기초로서의 역할을 하며, 우리는 이를 '개별적 기본경험(individuelle Grunderfahrung: an Experience: Dewey, 1938; individuelle Grunderfahrung: Gruhn, 2003; 개별적 기본경험: 조대현, 2011)'이라고 부르며, 이러한 개별적 기본경험의 총체를 '현상학적 장(phenomenal field: Rogers, 1951)'으로 정의한다.

☑ 현상학 이론가이자 인간중심이론을 주창한 로저스(Rogers, 1951)가 설명하는 현상학적 장의 세부 내용은 다음과 같다.

> '현상학적 장'이란 특정 순간에 개인이 지각하고 경험하는 모든 것을 의미하며, 매우 주관적인 개인적 경험의 결과를 가리킨다. 로저스가 바라보는 인간은 단순히 기계적이거나 무의식적인 욕망의 존재가 아니다. 인간은 자신을 창조하는 과정이 필수적이며, 스스로 생의 의미와 가치를 발견해야 하고, 이에 따라 주관적 자유를 실천할 수 있어야 한다. 로저스(1942)는 이러한 관점에서 인간을 '유기체(organism)적 존재'로 규정하고, 이러한 과정의 결과물을 '현상학적 장(phenomenal field)' 또는 '경험적 장'(experiential field)으로 설명한다.

☑ 따라서 나의 꿈을 발견하고 이를 발전시키기 위해서는 '나에 대한 이해'와 함께 '긍정적인 현상학적 장의 형성'이 전제된다. 긍정적인 현상학적 장은 새로운 유사 경험 환경에서 자극에 대한 새로운 자발적 동기부여를 유도한다.

다음은 서로 다른 느낌을 가진 가창곡이다. 이를 듣고 자신의 느낌과 생각의 정도를 주어진 기준에 따라 자유롭게 표현해 보자.

1

독일 예술가곡 '마왕(Erlkönig)'의 일부 – 슈베르트

가곡의 왕 슈베르트가 18세인 1815년 경 괴테의 시에 피아노 곡을 붙여 발표한 가곡이다. 이야기를 담은 발라드 형식을 띠며, 등장인물인 나레이터, 아버지, 아들, 마왕이 피아노 반주와 함께 극적으로 표현된다. 독일의 바리톤 피셔–디스카우(Dietrich Fischer-Dieskau)가 연주한다.

2

전라도 민요 진도 아리랑

대표적인 남도 민요로 진도에서 발생한 아리랑이다. 전형적인 전라도의 음악토리(육자배기 토리)로 되어 있으며, 떠는 음, 평으로 내는 음, 꺾는 음이라는 세 부분의 음을 뼈대로 하여 음계가 구성되고 발성법이나 가사의 발음도 그런 음을 잘 표현하도록 발달하였다.

내 ♫ 낌은 !

느낌	3	2	1	0	1	2	3	느낌
고요한		①			②			흥미로운
부드러운								단단한
가벼운								무거운
기쁜								슬픈
편안한								불편한
흥미로운								지루한
이해할만한								이해하기 어려운

☑ 마징가 Z의 기지를 설계한다?

이와사카 테루유키는 일본 마에다 건설의 판타지 영
업부에서 근무한다. 그는 만화영화에 나오는 구조물
들, 예를 들어 기지나 교량을 현재의 건축기술로 만
들 수 있는지 검토하고 인터넷에 공개하는 일을 하
고 있으며, 그의 회사는 만화영화에 나오는 구조물
전체를 재현하고자 하는 계획을 갖고 있다. 즉, 상상
에서 시작된 사고의 결과물을 현실로 재현하는 것
이다.

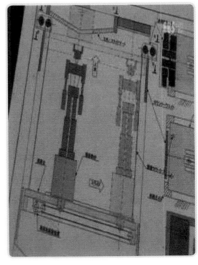

☑ 건물 안에서 벼농사를 짓는다?

일본 파소나 그룹의 카미우에 타다유키와 가와라이 쿠미코는 농업의 활성화를 통해 고
용을 늘이기 위해 도시 안에서의 농업, 건물 안에서의 벼농사에 대해 연구하고 있다. 이
는 식량자원에 대한 고려뿐만 아니라 삭막한 도시 건물에 자연의 내음을 제공하고자 하
는 목적을 갖고 있다.

인공 태양을 이용한 건물 안에서의 농사

☑ 이것 모두가 진실?

무인 자동차, 감정을 표현하는 인공지능 로봇의 사례 모두 꾸준히 연구되고 있고 현재 결과물이 도출된 진실이다. 오늘날의 산업과 기술은 과거에는 상상에 그쳤던 일들을 현실화하고 있다. 그리고 이는 그 꿈과 상상을 포기하지 않은 소수의 사람에 의해 이루어지고 있다.

무인자동차 로봇

의아한 표정을 짓는 인공지능 로봇

다른 한편으로는 사람들의 흥미와 관심을 불러일으킴으로써 상업적 가치를 높이고자 하는 시도도 발견된다. 감옥으로 사용하던 건물을 개조한 호텔과 유치장의 모습을 그대로 활용한 레스토랑이 좋은 예이다. 또한 작은 영감을 통해 얻은 사고의 결과물을 자신이 운영하는 비누 가게 진열대에 적용하여 많은 손님의 호감을 불러일으킨 예도 있다.

이들의 공통점은 주변의 작은 신호조차 간과하지 않았다는 것이다. 그 속에 담겨 있는 의미를 찾고자 하였고, 또한 이를 실제에서 의미 있는 것으로 활용하고자 시도하였다. 그리고 그 결과는 다음과 같이 모두 진실로 나타났다.

호텔로 바뀐 감옥

유치장 레스토랑

신선한 과일처럼 진열된 비누

☑ 이러한 사례에서 거짓이라고 생각했던 사건은 무엇인가?

☑ 앞의 사례를 거짓이라고 생각했던 이유는 무엇인가?

☑ 만약 그 결정에 오류가 있었다면, 원인은 무엇이라고 생각하는가?

☑ 결과적으로 본인만의 '꿈의 모양과 색'을 상상해 보고 이를 발전시키는 데 있어 필요한 것이 무엇인지 정리해 보자.

이런 모양과 저런 색을 띤 나만의 꿈이 있다는 사실이
뿌듯하고 든든하지 않은가?

제3장

내 꿈의 이유

이 사진은
저자가 사범대 음악교육과 학생들과 독일 음악교육 세미나에
참석했을 때 찍은 것이다. 하나라도 더 보고 듣고 경험하기를
목표했던 우리들은 열심히 십수 일의 힘든 일정을 이겨 냈다.
그러던 어느 날, 한 학생이 가져온 우쿨렐레에서 이런 글을 발견했다.

자세히 보아야 예쁘다.
오래 보아야 사랑스럽다.
너도 그렇다.

아마 우리의 꿈도 그럴 것이다.
그렇기 때문에 꿈을 이루고자 한다면 고개 숙여 자세히 보아야 한다.
힘들고 귀찮더라도 오래 보아야 한다.
그래야만 나만의 이유와 가치가 담긴
나의 꿈을 발견할 수 있다.

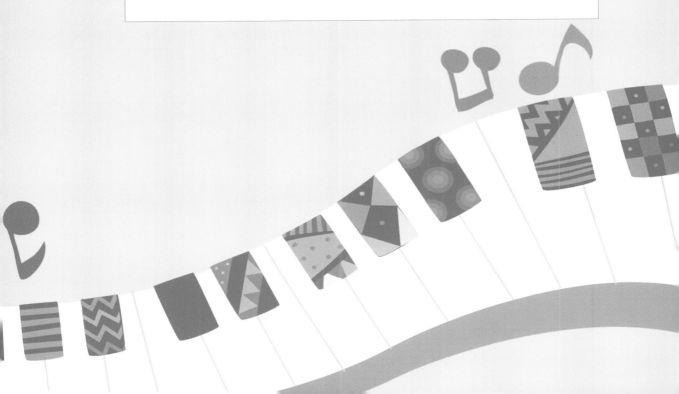

옛날 어느 마을에 혼자 사는 노인이 있었다. 노인의 조용한 창 밑으로 언제부터인가 동네 꼬마들이 모여들어 시끄럽게 놀기 시작했다.

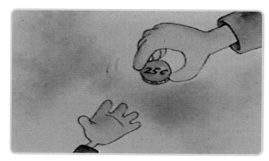

참지 못한 노인은 어느 날 아이들을 불러 놓고 이야기했다. 귀가 잘 안 들려서 그러니 앞으로 날마다 집 앞에서 큰 소리를 내며 놀면 한 사람당 25센트를 주겠다고 약속했다.

다음 날 아이들은 신이 나서 몰려 왔고 약속대로 25센트를 받고 시끄럽게 떠들며 놀았다. 노인은 돈을 주며 다음 날도 또 와서 놀아 달라고 말했다.

다음 날도, 그 다음 날도 노인은 아이들에게 돈을 주었다. 그러나 금액은 20센트에서 15센트로, 그리고 10센트에서 다시 5센트로 점점 줄어 들었다. 돈이 없어서 더 이상 줄 수 없다는 것이었다.

그러자 아이들은 화를 내며 말했다. 이렇게 적은 돈을 받고는 더 이상 떠들며 놀아 줄 수 없다는 것이었다. 그 후 노인의 집은 다시 평화를 되찾았다.

---

1) 이 내용은 EBS에서 2004년 9월 3일 방영한 다큐멘터리 프로그램 〈동기〉의 2편 '동기 없는 아이는 없다'의 내용을 일부 인용한 것이다.

- 동네 아이들이 할아버지 집 앞에 모였던 이유와 하고자 했던 것은 무엇인가?
- 앞의 내용에서 아이들에게 발견되는 변화는 무엇인가?
- 다음 그림에서 영상 속 혼자 사는 노인과 같은 생각을 가진 사람(등장 순서에 따라 아빠, 엄마, 할머니, 할아버지)은 누구인가?
- 반면 본래 아이들이 원했던 이유와 목적을 지지하는 사람은 누구인가?

2 나만의 중심가치 찾기

앞의 내용에서 아이들의 어떠한 변화를 발견할 수 있는가? 우리는 이러한 질문에 '중심가치'의 변화라고 답할 수 있다. 아이들은 본래 공놀이를 하고자 하였고 이를 위해 공놀이에 적합한 넓은 공터를 찾았으며, 그곳이 바로 혼자 사는 노인의 집 앞이었다. 그러나 혼자 사는 노인은 조용한 환경을 원하는 사람이다. 당연히 아이들의 공놀이는 노인의 마음을 불편하게 만들었고 이는 영상의 내용과 같이 재미있게 떠들고 공놀이하며 놀아 주면 돈을 주겠다고 제안하는 이유가 되었다.

혼자 사는 노인은 아이들의 행동이유, 즉 중심가치를 '친구들과 함께 하는 공놀이의 특별한 가치'를 '일반적 가치'인 돈으로 변화하게끔 유도한 것이다. 혹자는 혼자 사는 노인을 지혜로운 노인으로 평가할 수도 있으나 특정인의 목적 있는 행동은 특정인이 추구하는 그 목적에 따른 결과만을 목표하기 때문에, 결과적으로 혼자 사는 노인의 행동은 아이들이 누릴 수 있는 다양한 경험의 기회를 빼앗고 고유한 중심가치의 형성과 발전의 가능성을 훼손하며, 그 결과물과 내용을 획일화시키는 문제를 갖고 있다.

같은 맥락에서 직접적 경험의 중요성을 강조한 이강숙 교수(2002, p. 19)는 "시력이 좋다고 해서 그림을 볼 줄 아는 눈을 가졌다고 말할 수 없는 것과 마찬가지로 청각 기능 역시 그 기능이 정상이라 해도 음악을 듣는 귀는 다르다."라고 말한다. 이유는 우리의 귀가 개개인의 마음과 상관하기 때문이다. 즉, 공놀이 행위와 같은 가치로 보이는 25센트 역시 개개인의 마음에 따라 그 가치는 상이할 수 있다. 이러한 마음을 개별적 기본경험의 결과물인 '현상학적 장'이라고 칭하며, 이는 개개인의 상이한 배경과 융합의 과정을 통해 형성된다.

결론적으로 꿈을 이루기 위해 그리고 그 과정 속에서 겪는 여러 문제와 어려움을 극복하기 위해서 먼저 내가 원하는 것이 무엇인지, 그리고 그것의 이유를 '타인'의 입장이 아닌 '나'의 관점에서 발견하는 융합의 과정이 필요하다. 이러한 과정을 통해 발견한 그 이유는 세상의 상식과 일반적 가치를 뛰어넘는, 그래서 '나를 타인과 구별되게 하고 나를 온전히 나답게 만드는 나의 꿈'의 근원이 된다.

여러분은 세상의 질문에 답할 준비가 되어 있습니까?

저자가 10년이 넘는 독일 유학을 마치고 한국으로 돌아오고 나서 꽤나 자주 듣게 된 질문이 두 가지 있다. 첫 번째는 독일에서 학위를 받는 데 걸린 시간에 대한 물음이고, 두 번째는 유학에 필요한 경제적 지원에 관한 질문이다. 저자가 비교적 오래 걸리고 돈도 상당히 필요했다고 대답하면 대개 다음과 같은 두 번째 질문이 뒤따른다.

"와, 그렇게 오랜 시간과 돈을 투자해야 했는데 선생님은 왜 음악을 전공하셨나요?"

아쉬움이 듬뿍 묻어 있는 이 질문에서 '그 시간에 그 돈으로, 음악보다 더 나은 것을 전공했더라면 더 좋지 않았겠느냐'는 조용한 핀잔이 느껴진다. 저자는 이러한 경험에서 우리 학과에 진학한 신입생들에게 꼭 이런 질문을 한다. "여러분 중에 혹시 의대나 법대를 진학하려다가 우리 학과에 온 사람, 또는 졸업 후에 의학전문대학원이나 법학전문대학원으로의 진학 계획을 갖고 있는 사람이 있습니까?" 만약 모두가 아니라고 대답한다면, 추가로 이렇게 묻는다.

"여러분은 왜 세상이 좋다고 말하는 의학이나 법학이 아닌 음악(교육)을 전공으로 선택했습니까? 여러분은 이러한 세상의 질문에 답할 수 있습니까?"

우리는 자주 '갈등' 상황에 직면한다. 의견이 서로 다른 친구 사이에서 고민하고, 사고자 하는 물건을 결정하지 못해 우왕좌왕하기도 하며, 심지어 중국집 단골메뉴인 짜장면과 짬뽕을 선택하지 못해 짬짜면이 탄생했다는, 그저 웃고 넘기

기엔 심각한 '결정장애'를 앓고 있다. 사전적으로 '갈등'이란, 개인의 정서나 동기가 다른 정서나 동기와 모순되어 그 표현이 저지되는 현상을 뜻한다. 심리학적으로 볼 때 이러한 현상은 인간의 정신생활을 혼란하게 하고 내적 질서와 조화를 파괴하는 결과를 야기하며, 결과적으로 갈등상태에 놓인 사람은 두 개 이상의 상반되는 경향으로 인해 어떤 행동을 결정하는 데 큰 어려움, 즉 위에서 언급한 '결정장애'를 겪는다.

미국 실용주의 시카고 학파의 창시자로 알려진 철학자이자 교육학자인 듀이(Dewey)의 관점에서 볼 때, 결정장애의 원인은 '경험(an experience)' 양식의 부재에서 찾을 수 있다. 듀이는 우리의 경험이 삶 속에서 지속적으로 이루어지는 경험의 연속선상에서 발생하기 때문에 특정한 경향성을 갖고 있고, 이러한 경향이 개개인의 고유한 성격의 특성을 결정한다고 말한다. 그런 이유에서 듀이는 경험을 '완전한' 또는 '이미 완성된 의미의 경험'으로 보지 않고 현재의 경험양식이 새로운 경험에 영향을 주며 지속적으로 반복된다는 이유에서, 뿐만 아니라 남과는 다른 '나만의 경험양식'이라는 점을 강조하기 위해 'an'이라는 부정관사를 비물질명사인 'experience'에 덧붙여 설명하고 있다. 이를 독일의 음악교육심리학자인 그룬(Gruhn) 교수가 'individuelle Grunderfahrung', 즉 '개별적인 기본경험'으로 표현하면서 '내가 주체가 되어 반복적으로 관여하는 인지의 과정'까지 개념 속에 담고자 시도하였다.

우리는 흔히 언어사용에 있어서 우리가 눈으로 보고, 귀로 듣고, 입으로 말하지만, 이를 '내 눈이 본다' 또는 '내 귀가 듣는다, 내 입이 말한다'고 표현하지 않는다. 왜냐하면 '내'가 보고 듣고 말하기 때문이며, 이 과정을 행하는 주체가 바로 '나' 자신이기 때문이다. 따라서 우리가 무엇을 보고 듣고 그리고 이를 이해하고 반응하는 모든 인지과정에서 '자신'와 '자신의 배경'이 주체적으로 충분히 기능할 수만 있다면, 우리는 오늘날 세상이 우리의 결정에 대해 질문하는 '왜?'라는 물음에 충분히 답할 수 있을 것이다.

저자는 앞에서 설명한 이러한 개념을 '소명'이라는 말로 대신하고자 한다. 독일어에서 소명은 'Berufung'이라는 단어로 표현되는데, 이는 직업이라는 뜻을 가진 단어인 'Beruf'와 같은 어원을 갖고 있다. '생계를 유지하기 위해 자신의 적성과 능력에 따라 일정 기간 동안 계속하여 종사하는 일'이라는 뜻을 가진 '직업'이라는 단어와 '임금(신)이 신하(나)를 부르는 명령'이라는 의미의 '소명'은 언뜻 다르고 상관없는 단어로 보일 수 있다. 그러나 두 단어가 같은 어원을 갖고 있다는 점은 삶 속에서 언어가 만들어지고 다듬어진다는 관점에서 볼 때, 그리고 그 관계 형성에 '나' 자신이 주체적으로 관여한다는 점에서 볼 때 우리에게 시사하는 바가 매우 크다.

혹시 지금 나와 상반되는 경향, 예를 들어 사회적 경향과의 갈등상황 속에 있는 사람이 있다면, 그 갈등의 균형을 깰 수 있는 자신만의 확고한 신념이 필요하다. 신념은 그냥 생기지 않는다. 또한 지식으로 얻을 수 있는 것도 아니다. 그저 단지 좋아서 시작한 일이 반복되는 긍정적 경험 속에서 성숙이라는 과정을 겪을 때 비로소 우리는 그 대상에 대한 신념, 우리 행동에 대한 신념을 갖게 될 것이다. 개인적 경향은 남과 비교할 때 차이가 있을 수밖에 없다. 사회적 경향에서 오는 실망과 낙담보다는 내가 원하는 일의 소명과 신념을 찾아가는 하루가 되기를 간절히 바라 본다.

출처: 음악교육신문사(2017. 2. 24.)

제2부

What? 융합적 사고의 이해

제4장 융합에 대한 이해
  1 융합의 개념
  2 통합에서 융합으로의 변화
  3 융합의 대명사 'STEAM 교육'

제5장 융합적 사고에 대한 이해
  1 융합적 사고의 개념
  2 융합적 사고의 형성
  3 융합적 사고의 발달

제4장

융합에 대한 이해

융합은
'왜(Why?)'라는 질문에서 시작하여
'어떻게(How?)'의 답을 찾아가는 과정이라 할 수 있다.

오늘날 현대 사회는 '왜?'라고 하는 다양한 시대·사회적 질문 속에서
'이거야!'라고 답할 수 있는 창의적 융합인재를 고대하고 있다.

융합에 대한 개념 및 융합적 사고의 형성과정을 살펴봄으로써
융합을 향한 우리의 사고를 시작해 보자.

1 융합의 개념

융합은 '왜(Why)'라는 질문에서 시작하여 '어떻게(How?)'라는 답을 찾아가는 과정이다.

 새로운 시대적 패러다임 '융합'

저서 『부의 미래』를 저술한 미래학자 앨빈 토플러(Toffler, 2006)와 『생각의 탄생』의 저자인 루트-번스타인 부부 (Root-Bernstein & Root-Bernstein, 2007), 그리고 애플사의 전 CEO 스티브 잡스(Steve Jobs)의 공통점은 무 엇일까?

먼저 책을 쓴 앨빈 토플러와 루트-번스타인 부부의 경우 표면적으로는 모두 베스트셀러 (Bestseller)의 저자라는 공통점이 보인다. 그러나 내용적인 면을 볼 때 우리는 더욱 분명한 공 통점을 발견할 수 있다. 앨빈 토플러는 물질적 자산보다 지식의 중요성을 강조하고 제조 산 업에서 서비스 중심 산업으로의 변화를 주장하였으며, 루트-번스타인 부부는 다양한 관점에 서의 통합적 마인드의 필요성과 혁신적인 사고의 구체적 방법론을 제시함으로써 현대 사회 가 요구하고 개인이 필요로 하는 '그 무엇'에 대해 이야기하고 있다는 것이다.

그렇다면 이 저자들이 말하고자 하는 '그 무엇'은 어떤 것인가? 우리는 이 질문의 답변을 스 티브 잡스의 경우에서 찾을 수 있다. 그것은 바로 그가 삶 속에서 끊임없이 구현하고자 노력 했던 다양한 '창의적 사고의 결과물'이다. 스티브 잡스는 과학적 사고의 결과물을 인간의 감 성에 맞는 기술적 결과물로 승화시킴으로써 과학과 기술 그리고 인성을 반영한 역사에 남을 만한 기념비적인 업적을 세운 인물이다. 즉, 자신의 창의적 사고의 결과물을 실제 속에서 구 체화한 것이다. 이러한 관점을 통해 볼 때, 서두에서 질문한 인물의 공통점은 다양한 영역 간 에 존재하는 교집합의 발견을 통해 새로운 범학문적 사고의 방향을 제시하고 나아가 이를 현실에서 구현함으로서 현대 사회가 목표하는 창의적 결과물을 도출한 업적이 있다는 사실 이다.

21세기 현대 사회가 요구하는 것이 바로 이것이다. 지난 20여 년간의 경제 패러다임은 포 스트(post) 산업경제에서 정보경제, 디지털경제, 창조경제 등으로 변화·발전하고 있으며 이 러한 현상은 앞으로도 지속적인 분화와 통합 아래에서 계속될 전망이다. 이러한 이유에서 현대 사회는 잦은 변화에 대처하고 새로운 경향을 창조하여 이끌어 나갈 수 있는 창의적 아이디어의 개발과 충분한 과학기술 및 인간에게 적용하는 구현 기술의 발달을 국가의 경쟁력 그리고 개인의 능력으로 평가하고 있으며, 이러한 인재 양성을 위해 지식, 기술, 학문 등 다양한 영역의 자유로운 융합을 허용하는 융합교육의 실현이야말로 21세기 창조경제 시대에 선제적으로 대응할 수 있는 최선의 방법이라 말하고 있다. 이러한 배경에서 융합의 시대·사회적 가치는 다음과 같이 정의될 수 있다.

☑ 융합은 미래 사회를 준비하는 사회적 요구이다.

> 미래 사회는 조직력에서 창의성으로, 물질적 자산에서 지식 자산으로, 제조 중심에서 서비스 중심으로 재편될 것이며, 한 개인의 창의성이 전 세계를 뒤흔드는 유망 사업이 될 수 있다(Toffler, 2006).

출처: 조향숙(2012).

오늘날 경제 패러다임의 변화는 미래의 또 다른 많은 변화를 예고한다. 이러한 변화는 무엇보다 직업 분야에서 크게 예측되는데, 이는 정보통신기술, 생명공학기술, 나노(Nano) 기술 등의 발달에 따른 새로운 사회 가치와 체계의 등장에 기인한다. 같은 맥락에서 창의적 아이디어와 과학기술의 경쟁력이 개인은 물론 국가 경쟁력의 주요 잣대로 평가될 것으로 예상되며, 이러한 이유에서 미래 사회를 준비하는 개인을 비롯한 전 사회적 차원의 준비가 요구된다.

☑ 융합은 미래 사회를 준비하는 교육적 요구이다.

> 미래 사회에서는 다양한 관점에서의 통합적 사고능력과 남과는 다른 혁신적 사고능력이 요구된다(Root-Bernstein & Root-Bernstein, 2007).

이러한 추세에 따라 미국은 국가 경쟁력 강화를 위한 일환으로 'STEM 교육'을 국가 중점 정책의 하나로 운영하고 있으며, 영국은 '과학과 혁신을 위한 기본 틀 2004~2014'를 수립하고 다양한 교육 프로그램(Advisory Committee for Mathematics Education, Science Community Representing Education, National STEM Centre, STEMNET, The National HE STEM Program 등)의 개

발과 적용을 지원하고 있다. 그 외에도 과학과 수학의 융합에 중점을 둔 핀란드의 'LUNA'를 비롯하여, 이스라엘이 세계 여러 나라에 수출한 초등학생 대상 창의교육 시스템인 'Time to Now' 프로그램 등이 미래 사회를 준비하는 교육적 요구에 대한 대표적 결과물이라고 할 수 있다. 이러한 결과물들은 공통적으로 방법적 지식의 습득을 목표한다.

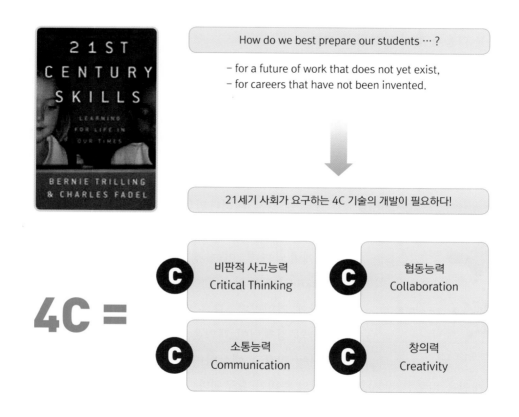

☑ 융합은 미래 사회를 준비하는 우리에게 다양한 체계적, 내용적 변화를 요구한다.

융합인재교육은 가치와 창의성을 중시하는 시대적 변화에 따라 우리 사회에서도 크게 부각되고 있다. 창조경제 체제로의 변화와 더불어 현 사회는 개인 및 사회, 국가의 경쟁력 강화를 위해 창의적인 사고와 그 결과물을 높이 평가하고 있으며, 이에 따라 인적·물적 자원을 비롯한 지식, 기술, 학문 간의 융·복합이 빈번하게 이루어지게 되었다. 이러한 현상은 창조적 아이디어를 통해 고부가 가치를 창출할 수 있는 융합형 두뇌(Brainware) 육성의 필요성을 보여 주는 것이라 할 수 있으며, 또한 시대적 과업으로서 융합교육의 당위성을 제공하고 있다.

이러한 현실 아래 우리나라 교육과학기술부는 2010년 12월 17일 청와대에서 실시한 '2011년 업무계획' 보고를 통해 '창의적인 융합인재 양성을 목표한 초·중등 융합인재교육 강화 계획'을 발표하였으며, '창의적 과학기술인재대국을 위한 제2차 과학기술인재 육성·지원 기본계획(2011~2015)'에서도 학생들의 과학기술에 대한 이해를 높이고 흥미를 유도하며 잠재력 향상을 목표하는 '미래형 융합인재교육'의 필요성을 강조하고 있다.

또한 학교현장에서는 2011년부터 시작된 연구시범학교(융합인재교육 리더스쿨)와 교사연구회 등이 정책적 지원 아래 운영되고 있으며, 그 외에도 융합인재교육 파이오니아 양성과정 및 첨단과학 교사연수센터 등을 통해 교육현장에서의 융합인재교육을 장려하고 있다.

그러나 이러한 노력에도 불구하고, 초기 단계에 있는 우리의 융합교육은 여러 면에서 불균형한 모습이 발견된다(박상욱, 2012; 손연아 외, 2012; 안동순, 2013; 우정주, 2013; 이효녕 외, 2012; 임유나, 2012; 조대현, 2014). 정책적으로는 미국을 비롯한 유럽의 경우 주정부 차원의 특색 있는 융합교육 프로그램이 운용되는 반면, 우리나라의 경우 정부와 한국과학창의재단의 주도 하에서 획일적인 융합인재교육이 진행되고 있기 때문이다. 학문적으로도 2007년 김진수에 의해 융합인재교육 관련 내용이 소개된 이후 과학이나 기술 분야에서의 연구는 활발했던 반면, 교육학적 관점에서의 논의, 특히 2011년부터 학교현장에 도입되어 적용되고 있는 융합인재교육에 대한 학문적 검토와 분석은 매우 부족한 상황이다. 더욱이 우리가 살펴보고자 하는 음악 중심의 융합교육에 대한 논의는 거의 전무하다. 따라서 시대적·사회적 요구에 부응하는 이론적·실제적 노력이 필요하다.

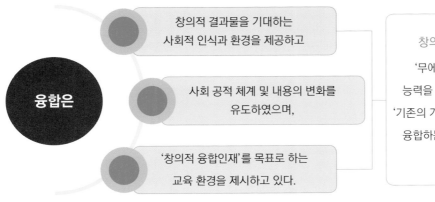

융합은
- 창의적 결과물을 기대하는 사회적 인식과 환경을 제공하고
- 사회 공적 체계 및 내용의 변화를 유도하였으며,
- '창의적 융합인재'를 목표로 하는 교육 환경을 제시하고 있다.

창의적 융합인재란,
'무에서 유를 창조하는 능력을 가진 사람'이 아니라 '기존의 기술을 새롭고 조화롭게 융합하는 능력을 가진 자'를 의미한다.

융합이란?

☑ 흔히 융합은 '둘 이상의 사물을 서로 섞거나 조화시켜 하나로 합한 것'을 의미한다.

☑ 한자어 융합(融合)은 화할 융(融)에 합할 합(合)자를 사용하는데, 이는 '여럿이 만나서 하나가 되는 데 있어 화합하고 녹아내려서 틀리거나 어긋남이 없이 어울리게 되는 것'을 의미한다.

☑ 같은 맥락에서 융합은 '다른 종류의 것이 녹아서 서로 구별이 없게 하나로 합하여지는 일'로 정의될 수 있다.

- '융합(Convergence)'이라는 용어는 18세기 초 영국의 물리학자 더햄(W. Derham)에 의해 최초로 사용되었다.
- 어원적으로는 라틴어 'convergere'에서 유래하였다. convergere는 'con(together)'과 'vergere(to bend)'가 결합되어 만들어진 단어로 '한 곳으로 수렴한다'는 의미를 갖고 있다.
- 이는 단지 녹아서 하나로 합쳐지는 현상만을 의미하는 것이 아니라, 새로운 결과물에 대한 지향점과 방향성을 동시에 담고 있는 말이다.
- 의미적으로 통용되는 용어로는 통합, 통섭, 하이브리드(hybrid), 크로스오버(crossover), 퓨전(fusion), 매시 업(mash-up), 복합 등이 있다.

☑

융합은 오늘날 흔히 혼용되는 '통합' 또는 '통섭'의 개념과는 분명하게 구별되는 내용적 차이를 갖고 있다. 다음의 '생각하기' 과정을 통해 융합에 대한 '자신의 생각'을 정리해 보자.

♬ 생각하기

다음 카드에 담긴 내용을 '자신의 생각'에 따라 통합이나 통섭, 또는 융합의 개념으로 구분해 보자!

1 생물학적인 변신의 성격으로 서로 다른 요소가 모여 새로운 개체로 변화하는 것

2 화학적인 섞임으로 녹아서 하나로 합쳐지는 것

3 서로 다른 학문 물리적으로 일부분만 통합하는 것

4 원래의 학문이 사라지는 것이 아니라 학문 간 잦은 소통을 하는 것

5 물리적으로 합친 것으로 진짜로 섞이지는 않은 상태

6 서로 다른 학문을 화학적으로 완전히 통합하는 것

내 생각엔 !

통합이나 통섭, 또는 융합의 개념에 대한 '내 사고의 기준'을 정리해 보자!

구분	통합	통섭	융합
해당 카드			
그렇게 생각하는 이유			

통합, 통섭, 융합의 구분

☑ 최재천(2007), 민경찬(2009), 김진수(2010) 등 융합과 관련하여 우리나라 연구자가 정리한 '통합'과 '통섭' 그리고 '융합'의 구분은 다음과 같다. 본인이 정리한 내용과 비교하여 어떠한 차이가 있는지, 그리고 차이가 있다면 그 차이의 이유에 대해 생각해 보자.

구분	통합(Integration)	통섭(Consilience)	융합(Convergence)
최재천 (2007)	⑤ 물리적으로 합친 것으로 진짜로 섞이지 않은 상태	④ 원래의 학문이 사라지는 것이 아니라 학문 간 잦은 소통을 하는 것	화학적으로 진짜로 합쳐져 원래 형태가 하나가 되면서 전혀 새로운 것이 되는 상태
민경찬 (2009)	물리적인 연합의 성격으로 둘 이상의 것을 하나로 모으는 것	① 생물학적인 변신의 성격으로 서로 다른 요소들이 모여 새로운 개체로 변화하는 것	② 화학적인 섞임으로 녹아서 하나로 합쳐지는 것
김진수 (2010)	③ 서로 다른 학문을 물리적으로 일부분만 통합하는 것	–	⑥ 서로 다른 학문을 화학적으로 완전히 통합하는 것

한 걸음 더 !

다음은 융합과 관련된 유사 개념어를 정리한 것이다. 이러한 개념들은 사회적 약속의 결과물로서 실제 상황을 기반으로 한다. 각각의 개념이 어떠한 상황에서 발생했는지, 그리고 오늘날 어떻게 사용되는지에 대해 알아보자.

구분	하이브리드 (hybrid)	크로스오버 (crossover)	퓨전 (fusion)	매시 업 (mash-up)	복합
개념	서로 상반된 두 개 이상의 개념을 합침	하나의 분야에 다른 분야의 개념을 교차시킴. 주로 음악 분야에서 많이 사용됨	서로 다른 개념을 합쳐 새로운 개념을 만들어 냄. 주로 요리나 음악 분야에서 사용됨	서로 다른 요소를 연결해 새로운 것을 만들어 냄. 주로 인터넷 서비스와 음악 분야에서 사용됨	여러 가지 기능을 하나로 합쳐 다기능성을 제공할 때 사용됨
상황					

융합에 대한 다양한 생각

☑ 통합론적 입장에서의 융합에 대한 생각 → '융합은 통합의 일부이다.'

> 통합은 본래 통섭이나 융합이라는 용어가 등장하기 이전, 분과 학문에 대비되는 개념으로 교과 간의 관련성을 강조하는 의미로 사용되었다. 즉, 초기 '통합'의 개념에서 현대 '통합'의 개념, 다시 말하면 오늘날 융합의 관점으로 의미가 변화된 것이다. 이러한 이유에서 통합을 융합보다 포괄적인 개념으로 간주하고 상위 개념으로 정의하며, 나아가 융합교육을 통합교육의 일부라고 보는 관점이다.

초기

여러 교과에 중복된 내용을
서로 관련시켜 교육내용을 적정화하고
학습자에게 유의미한 학습을 가능하게
하는 목적으로 사용

현대

특정 교과의 틀에 한정되지 않는
범교과적 학습 영역을
다루기 위한
하나의 방안으로 사용

☑ 학습 및 발달심리학적 관점에서의 융합에 대한 생각 → '융합은 통합과 통섭의 과정을 통해 도출된 사고의 결과물이다.'

> '통합 → 통섭 → 융합'으로 진행되는 인지·사고적 위계를 강조하는 견해이다.

통합적 환경

물리적 인지기관을 통한 외부 자료 수집

↓

통섭의 과정

개인의 사전경험(개별적 기본경험,
현상학적 장)에 기초한,
수집 자료에 대한 반복적인 비교·판단의 과정

↓

융합의 결과

개인의 주관적 인지 및 사고의 결과물 도출

- **통합**은 2개 이상의 대상을 물리적으로 결합한 것으로 통합적 환경을 뜻하고,
- **통섭**은 통합적 환경 내에서의 잦은 소통을 통해 생물학적 변화를 겪는 과정적 결과물을 의미하며,
- **융합**은 결국 화학적으로 새로운 하나가 된 것으로 통합적 환경에서 나타나는 최종 결과물을 의미한다.

다른생각 !

융합을 통합의 일부로 보는 생각의 문제점은 무엇인가?

> 통합과 융합의 차이를 다음과 같이 개념의 생성 배경을 통해 설명하는 경우도 있다. 즉, 기존의 통합은 학문 중심의 교육과정에서 탈피하려는 노력의 일환으로 생성되었지만, 융합은 미래 사회에서 당면하게 될 문제들을 해결하기 위한 시도로서, 예를 들어 과학기술에 대한 학생들의 흥미와 이해를 높이고, 학문 분야 간의 경계를 허물어 보다 창의적인 사고를 할 수 있는 인재 양성을 목표하여 생긴 개념이라는 주장이다. 이러한 이유에서 통합을 융합보다 포괄적인 개념으로 설명하고 동시에 상위 개념으로 파악, 융합교육을 통합교육의 일부로 보는 견해이다.

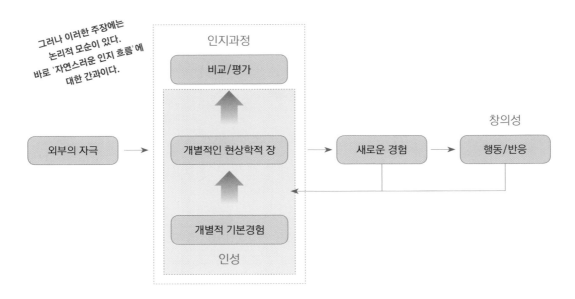

인간은 특정 대상을 인지할 때, 그리고 그 대상 사이에 발생한 문제상황을 직면하게 될 때, 다음과 같은 단계적인 인지의 과정을 겪는다.

- 먼저 물리적인 인지기관을 통해 외부의 자료를 객관적으로 수집하고, 수집한 자료에 대해 개인의 사전경험(개별적 기본경험, 현상학적 장)에 기초한 비교·판단의 과정을 거치며, 종래에는 개인의 주관적인 인지의 결과물을 도출한다.
- 더욱이 그 대상이 2개 이상의 복수이고 대상 상호 간 특정 관계가 형성된 경우라면, 그 결과는 더 이상 객관적이기보다는 매우 주관적이고 남과는 구별되는 것일 수밖에 없다. 즉, 2개 이상의 통합적 환경이 통섭의 과정을 거쳐 융합이라 할 수 있는 새로운 결과물을 불러오는 것이다.

결론적으로 융합은 어떻게 정의될 수 있는가?

> 일부 학자(최재천, 2010; 김광웅, 2011)는 융합교육에 대해 말하면서 단순히 통합과 융합을 구분하는 데 집중하기보다는 학생 스스로가 문제해결의 필요성을 발견할 수 있는 교육 환경을 제공하여 궁극적으로는 학생이 창의적으로 사고하고 적극적으로 문제를 해결하게 하는 것이 더 필요하다고 주장한다. 이는 융합교육에서 기대할 수 있는 '과정적 목표'의 중요성을 강조하는 것으로서 앞에서 언급한 인지의 과정과 단계 그리고 통합적 환경에서 도출되는 융합이라는 행위의 위계적 관계를 전제하고 있다.

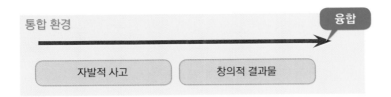

이리한 이유에서 융합은 무에서 유를 창조하는 것이 아니라, 다양한 요소로 구성된 통합 환경과의 작용 속에서 이루어지는 학습자의 자발적인 사고와 이를 통해 창의적인 결과물을 도출하는 '하나의 과정'이라고 정의할 수 있다.

마치 성서에 기록된 오래 전의 말씀처럼 …….

> There is nothing new under the sun.
> (Ecclesiastes 1:9)
>
> 해 아래 새로운 것은 없나니.
> (전도서 1:9)

2 통합에서 융합으로의 변화

통합을 거쳐 융합 개념으로의 변화를 인간 사고의 변화라고 한다면, 이 또한 융합의 결과물이 아닐까?

오늘날 교육의 주된 이슈는 융·복합이라고 할 수 있다. '통합'이라는 개념에서부터 시작된 학문 간, 또는 교과 간 경계의 붕괴 및 확장과 공유의 현상은 비단 개인적인 학문적 흥미나 실험적 차원분만 아니라, 이제는 공적이고 체계적인 교육현장에서까지 그 모습이 발견되고 있다. 이러한 시대적 변화에 따라 우리나라의 교육부 또한 '창의와 인성을 지닌 미래 융합형 인재 양성'을 교육의 주된 목표로 내세우고 있으며, 이를 국가 정책에 반영하여 초·중등교육에서의 집중적인 융합교육을 추진하고 있다(한국과학창의재단, 2012). 그 대표적인 예가 바로 'STEAM 교육', 즉 '융합인재교육'이다.

 STEAM이란?

☑ STEAM은 다섯 개의 교과 영역, 즉 Science, Technology, Engineering, Arts, Mathematics의 약칭이다.

☑ STEAM은 과학, 기술, 공학, 예술 및 수학 간의 통합적이고 융합적인 교육을 추구한다.

☑ STEAM은 현대 사회가 요구하는 '창의적인 인재 양성'을 목표하는 교육 프로그램이다.

한국과학창의재단 STEAM 홍보물

한국과학창의재단 STEAM 홍보물

통합에 기초한 STEAM으로의 변화

일상에서 발견되는 다양한 현상적 경험이 모여 유목화의 과정을 거치며 하나의 학문 영역으로 발전하고, 나아가 학문 간 경계를 넘어 통합에서 통섭, 그리고 융합에 이르는 대표적 개념의 진화와 발달과정이 다음과 같이 나타난다.

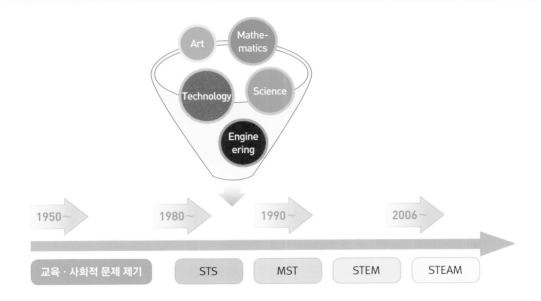

☑ 1950년대 말 미국에서의 문제 제기

> 1950년대 말 미국에서 대두된 학문 중심 교육과정은 과목별로 세분화되어 있는 교과목의 특성상 내용적인 분절을 야기하였고, 지식 및 결과 중심의 교육이 이루어진다는 점에서 시대적 문제점으로 거론되기 시작하였다.

☑ 1980년 중반 이후 과학교육에서 통합적 성격의 융합 초기 모델 발생

> STS
> MST
>
> 통합교육의 초기 모델이라 할 수 있는 STS(Science, Technology, Society) 교육은 과학적 지식과 기술 및 사회적 문제의 통합을 추구한 것이며, MST(Mathematics, Science, Technology) 교육은 수학과 과학 및 기술의 통합을 목표한 경우로 주로 기술교육 분야의 전문가들이 주도하였다.

☑ 1990년대 'STEM'의 탄생

> **STEM**　STEM 교육은 앞에서 언급한 다양한 통합적 시도 속에 나타난 과학 중심의 융합을 목표하는 교육계의 결과물이다. 1990년대 이후 세계적 과학기술 교육개혁을 의미하는 대표적인 개념어로 사용되었으며, 당시 가장 핵심적인 연구주제로 다루어졌다.

☑ 2006년 'STEAM'의 탄생

> **STEAM**　2006년 미국 버지니아 공대의 대학원생인 Yakman이 기존의 STEM에 예술을 의미하는 'A'를 추가하면서 오늘날의 STEAM으로 발전하였다.

Yakman의 STEAM 철학

> Georgette Yakman은 미국 버지니아 공대 대학원 재학 중 'STEAM'에 대한 생각을 고안하고 발전시켰다. 미국 중·고등학교에서 기술교사로 학생들을 가르쳤던 Yakman은 보다 효율적인 수업방법을 찾던 중 STEAM에 대해 연구하게 되었으며, 추후 자신의 수업에 실제로 적용하여 그 효과와 가능성을 증명하였다. 그녀가 발전시킨 평생학습 기반의 STEAM 교육은 FUNctional Literacy for All이라고 불린다. 2011년 우리나라에서 열린 STEM/STEAM 관련 학술대회에 기조 강연자로 초청되기도 했던 그녀의 STEAM 철학은 다음과 같다.
>
> 학습자 중심 교육의 성격

☑ STEAM은 융합수업을 위한 하나의 구조(틀)이다. 그러나 방법적 구조라기보다는 '사고적 구조'로서 학교에서의 융합교육을 위한 철학을 담고 있다.

> "Framework for Teaching Across the Disciplines." (Yakman, 2008)

☑ STEAM은 수학적 기초에서의 과학과 기술의 이해이다. 이러한 개념적 정의는 STΣ@M 이라는 표현에서도 잘 나타난다.

> "Science & Technology interpreted through Engineering & the Arts, all based in Mathematical elements." (Yakman, 2008)

☑ STEAM은 단계적 통합에서부터 시작된다. 즉, 일상에서의 다양한 경험이 유목화를 거쳐 하나의 학문적 영역으로 발전하고, 나아가 학문 간 경계를 뛰어넘어 융합에 이르는 과정을 담고 있다.

내용 중심 ➜ 학문 중심 ➜ 다학문적 ➜ 통합적 ➜ 총체적

☑ STEAM은 일생 동안 삶 전반에서 총체적으로 이루어지며, 다양한 영역에서 반복적으로 시행된다.

> "Life-long Holistic." (Yakman, 2008)

한걸음더 !

이러한 STEAM의 교육철학을 Yakman이 제시한 '피라미드 모형'에 적용해서 설명해 보자.

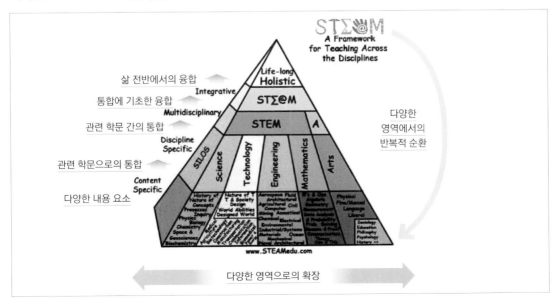

3 융합의 대명사 'STEAM 교육'

융합인재교육이 '과학적 방법'에 의한 융합이라면 '음악적 방법' 또는 '예술적 방법'에 의한 융합도 있어야 하지 않을까?

 융합인재교육이란?

☑ STΣ@M

> 수학은 다른 영역을 아우르는 '보편적인 기초언어'의 역할을 하는 반면,

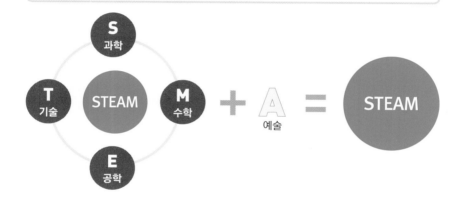

☑
> Art(예술)는 음악이나 미술만을 의미하지 않고,
> 언어, 체육, 교양 및 사회 등 인문학적 요소 모두를 포함한다.

> 이를 통해 볼 때, 융합인재교육이 목표하는 인재상은 단지 과학 영역에서만의
> 융합이 아닌, 보다 다양한 영역에서의 융합인재, 예를 들어 풍부한 상상력과
> 창의력 그리고 예술을 포함한 인문·사회적 감성까지 아우를 수 있는
> '전인교육 차원에서의 창의적 융합인재'임을 알 수 있으며,
> 이때 무엇보다 학습자의 자발성이 보장된다.

융합인재교육의 목적

과학 중심으로 시작된 STEAM 교육의 가장 큰 특징은 현대 사회가 요구하는 창의적 인재를 양성하는 데 있어 '과학적 방법'(신명경, 2013)을 사용한다는 것이다.

☑ '과학적 방법'이란?

'과학적 방법'은 STEAM 교육을 구성하는 모든 영역에 걸쳐 있는 교집합의 역할을 한다.
다양한 분야에 영향을 주는 과학 중심의 '범학문적 사고'의 가능성을 제공한다.
새롭고 창의적인 지식의 생성과 결과물의 도출을 목표한다.

☑ STEAM 교육의 목표는?

STEAM 교육은 현대 사회가 요구하는 필수 능력의 하나로 '과학적 방법의 습득과 활용'을 강조한다. 이때, STEAM 교육의 목표는 다음과 같이 다양한 관점에서 제시된다.

관점	목표 및 주요 내용
개인	• 개인의 창의 · 인성, 지성과 감성의 균형 있는 발달 • 타인을 배려하고 협력하며 소통하는 능력 함양 • 창조적 협력 인재의 양성
사회	• 빠르게 변화하는 사회에 대한 개인의 적응력 향상 • 합리적이고 다양성을 인정하는 문화 형성 • 대중의 과학화를 기반으로 한 합리적인 사회 구성
교육	• 융합적 지식 및 과정의 중요성 인식 • 교육과정의 유연성 • 학습자 중심의 수평적인 융합적 교육 수립 • 과학 효능감과 자신감, 과학에 대한 흥미 등을 증진시킴으로써 학습에 대한 동기유발
국가	• 과학기술 및 융합인재 양성 • 이공계 기피 현상을 최소화하여 과학기술 분야로 진출하는 학생 수 확대

학습 및 발달심리학적 관점에서 보는 융합인재교육의 목적

다양한 학문적 융합의 과정과 결과물을 교육학적 관점에서 연구한 학자들이 제시하는 목표에는 다음과 같은 차이점이 발견된다.

☑ 김광웅(2011)은 '한 우물을 깊게 팜으로써 그 깊이를 더해 가는 것도 중요하지만, 지나친 외골수를 경계'해야 한다고 지적하는 한편,

☑ 최재천(2010)은 다양한 학문 영역 간의 소통과 교환의 필요성을 강조하고 있고,

☑ 같은 맥락에서 조대현(2013)은 융합의 주체가 되는 학습자 입장에서의 학습, 즉 학습자 중심 교육을 융합교육의 근간으로 제시하고 있다.

즉, 아래 그림에 나타난 바와 같이 과학적 방법만을 활용한 융합을 목표하는 것이 아니라, 학습자의 다양한 입장과 관점, 혹은 상이한 배경에서 발생하는 결과물의 차이를 인정하고 존중할 때 가능한 '학습자 중심의 융합'을 제시하고 있다.

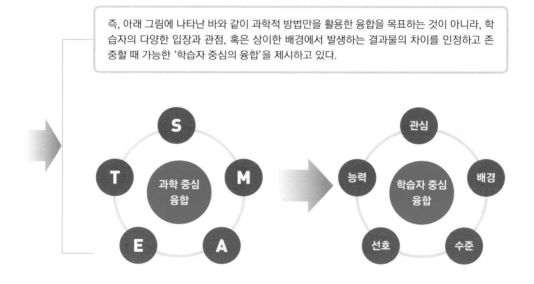

이러한 관점에서 볼 때 오늘날의 융합교육은 '소통을 통해 각 학문의 독립된 전문적 지식이 서로 만나 뭔가 가능성 있는 새로운 것을 찾고 만들어 가는 교육적 과정'(조대현, 2013)이라고 정의할 수 있으며, 이는 무에서 유를 창조하는 것이 아니라 기존의 지식과 기술을 바탕으로 새롭고 조화로운 결과물을 도출하는 '융합적 사고의 형성'을 목표한다고 정의할 수 있다.

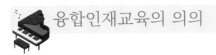

융합인재교육의 의의

앞의 내용을 통해 정리한 STEAM 교육이 갖는 시대적·교육적 의미는 다음과 같다.

☑ 첫째, 융합인재교육은 현대 사회가 요구하는 창의적 과학기술인재를 양성한다는 점에서 매우 큰 의미를 갖는다. 오늘날 세계 인류가 누리는 문명과 문화는 '과학적 방법'으로 획득한 과학기술 진보의 결과라고 말할 수 있다. 과학적 방법은 융합인재교육을 구성하는 모든 영역에 걸쳐 있는 교집합으로서, 이는 다양한 분야에 영향을 주는 범학문적 사고의 능력을 제공하고, 이를 통한 새로운 지식의 생성을 목표한다. 따라서 융합인재교육은 현대 사회가 요구하는 필수 능력, 즉 과학적 방법을 통한 창의적 과학기술인재의 양성을 가능하게 한다고 평가할 수 있다.

☑ 둘째, 이러한 범학문적 사고를 유도하는 융합인재교육(STEAM 교육)은 다양한 영역으로 분화·단절되어 있는 학문 영역 간 통합을 통해 현대 사회가 추구하는 새롭고 창의적인 다양한 결과물을 생산하고 있다(김정효, 2012). 김광웅(2011)은 융합인재교육에 대해 "한 우물만 파 깊이를 더해 가는 것도 중요하지만 지나치게 외골수가 되면 학문의 진수를 놓칠 가능성이 있다. 눈가리개를 한 경주마같이 뛸 이유가 없다면 옆에서 무엇이 이루어지고 있는지를 외면하지 말아야 하고, 나아가 섞어 보면 뭔가 더 새롭고 나은 세계가 열릴 수 있다는 기대를 하게 만드는 것"이라고 정의하고 있으며, 최재천(2010) 또한 "학문 간의 거리, 경계를 완전히 허물자는 것이 아니고, 건널 수 있을 만큼 충분히 낮추고 구멍도 뚫어 서로 소통하고 교환하는 것"이라고 설명하고 있다. 즉, '학문 간의 소통(communication)'과 '배려(caring)'에 의한 창의(creativity)적인 내용 융합(convergence)'을 강조하는 것이다. 이는 오늘날 융합인재교육이 표방하는 핵심역량(4C)을 반영하고 있다.

☑ 셋째, 소통과 배려를 통한 창의적 융합인재 양성을 목표하는 융합인재교육은 빠른 변화 속에서 현대 사회가 기대하는 미래형 인재 양성을 목표한다는 점에서 높은 평가를 받을 수 있다(권수미, 2012; 승윤희 외, 2013; 신명경, 2013; 신영예, 2013). 이는 비단 과학 분야에서 요구하는 과학기술인재에만 국한되지 않는다. 다문화화(化)되어 가고, 다민족·다인종화(化)되어 가는 현대 사회는 뛰어난 개인의 능력과 더불어 상대를 배려하고 소통하

며, 함께 공존·발전해 나갈 수 있는 창의적이고 감성적인 인재상을 필요로 한다(권수미, 2012; Maes, 2010; Platz, 2007; Yakman, 2010). 이러한 인재 양성을 바로 융합인재교육이 표방하고 있으며, 이는 우리나라의 교육과정이 목표하는 창의·인성교육과도 내용상 그 맥을 같이 한다고 볼 수 있다.

HOT NEWS

News paper   한국일보

진화하는 급훈, 화석이 된 교훈

박서강 입력 2017.04.13. 04:42

학습자 관점의 진화하는 급훈

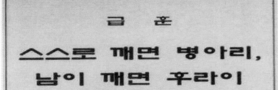

시대·사회적 관점의 화석이 된 교훈

흥미로운

사고의 결과

제**5**장

융합적 사고에 대한 이해

"흰색과 검정색을 섞으면 무슨 색이 될까?"

대부분의 사람은 이 질문에 대해 '회색'이라고 답한다.
왜냐하면 우리는 학교에서 그렇게 배웠기 때문이다.
그러나 답은 '회색'만이 아니다.
색은 섞고자 하는 '나'에 의해서
섞이는 물감의 양이 달라지고,
이로 인해 결과가 매우 다양해질 수 있기 때문이다.

마치 빛을 받으면 형형색색의 파장을 뿜어내는
하나의 스펙트럼(spectrum)처럼.

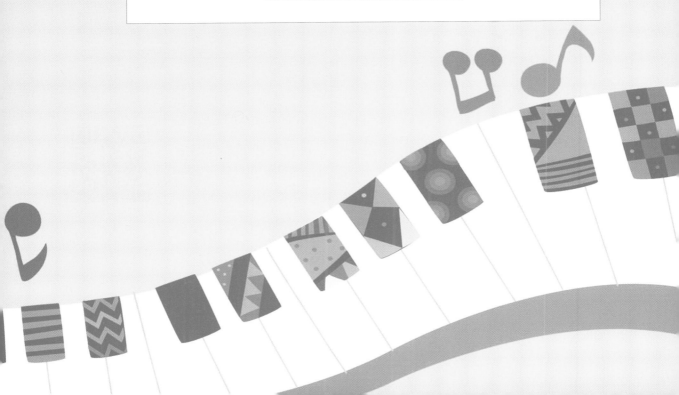

뮤지컬 〈Sound of Music〉에 나오는 유명한 넘버 〈My Favorite Things〉를 들으면서 문득 '내가 좋아하는 것들'은 무엇이고 어떻게 좋아하게 됐는지 궁금해진다.

〈My Favorite Things〉는 오스카 해머스타인 2세(Oscar Greeley Clendenning Hammerstein II, 1895~1960)가 작사하고 리처드 로저스(Richard Rodgers, 1902~1979)가 작곡한 뮤지컬 〈Sound of Music〉의 유명한 넘버이다. 1965년 줄리 앤드류스(Julie Andrews)가 마리아 신부 역을 맡고, 크리스토퍼 플러머(Christopher Plummer)와 함께 주연한 영화 속에 삽입되었다.

다음은 〈My Favorite Things〉의 주요 내용이다. 노래의 의미를 생각하며 감상해 보자.

장미꽃에 빗방울. 새끼고양이의 수염. 빛나고 있는 구리 물주전자. 따뜻한 털장갑.
리본이 달린 갈색 종이의 패키지. 이것이 내가 좋아하는 몇 가지 것이지요.

크림색의 망아지, 사과로 만든 과자, 문의 발, 썰매의 방울,
누들이 딸린 슈니첼(돈가스), 달빛에 날개를 반짝이며 날아가는 들오리.
그것은 내가 좋아하는 몇 가지 것입니다.

하얀 드레스에 푸른 셔츠를 입은 여자 아이. 내 코와 눈썹에 멎는 눈 조각.
봄에 녹아 드는 흰 은빛 겨울. 그것이 내가 좋아하는 몇 가지 것입니다.

개한테 물렸을 때, 벌한테 쏘였을 때, 슬픈 기분일 때,
그것을 생각하면 나쁜 기분은 사라집니다.

내**생각**엔 ❗

앞의 노래를 감상하며 떠오른 '내'가 좋아하는 것을 아래 생각박스 안에 적어 보고 그 이유에 대해 경험했던 일을 중심으로 정리해 보자.

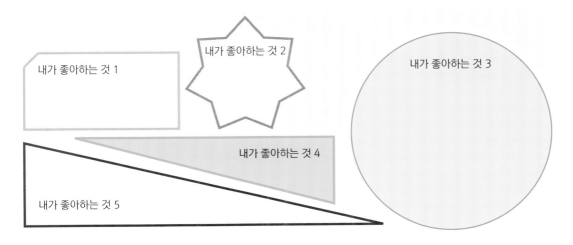

내가 좋아하는 것 1

내가 좋아하는 것 2

내가 좋아하는 것 3

내가 좋아하는 것 4

내가 좋아하는 것 5

융합적 사고란?

교육적 관점에서의 융합적 사고는 다음과 같이 정의할 수 있다.

☑ 통합적 환경에서 발생하는 융합적 사고와 이해는 '종합지(綜合知, Synosia)'의 동의어이다.

☑ 사전적으로는 다양한 개개의 관념, 사고, 판단 따위를 결합시켜 새로운 개념을 구성하는 '과정'을 의미한다.

☑ 철학적으로는 더욱 완전한 견해나 체계를 형성하기 위해 부분이나 요소를 결합하여 얻게 되는 '지적 과정'으로 이해할 수 있다.

☑ 변증법 논리나 헤겔 철학에서는 서로 모순되는 정립과 반정립을 거쳐, 대립과 모순이 통일되는 '새로운 단계의 사고과정'으로 해석하기도 한다.

즉, 융합적 사고란 '같은 것을 단지 같은 것'으로만 바라보는 획일적 관점에 상대되는 개념으로 자발적 경험과 확산적 사고의 과정을 통해 자신만의 가치를 발견하는 '같은 것을 다르게 하는 것'일 뿐만 아니라 다른 어떤 것을 발견하거나 창작하게 하는 '실천적 경험 사고의 결과물'이다.

이러한 이유에서 루트-번스타인 부부(Root-Bernstein & Root-Bernstein, 2007)는
– 통합적 환경에서의 '이해의 단계'를 '다양한 생각도구의 완결'이며,
– '생각도구를 가르치는 일의 최종 목표'라고 정의한다.

통합적 사고의 관점에서 출발하는 융합적 사고란, 결과적으로 통합적 이해를 가능하게 하는 통합적인 환경적 자극을 통해 도출되는 개개인의 '개별적 사고의 결과물'로 정의할 수 있으며, 이를 위해서는 '개별적 기본경험'의 중요성이 강조된다.

융합적 사고를 위한 '개별적 기본경험'의 예

2007년 5월 저자는 독일 음대생을 대상으로 다양한 음악적 자극에 대한 상이한 반응, 즉 자신들의 고유한 문화적 경험(토대)에 따른 다양한 음악적 반응을 관찰하였다. 당시 연구 대상자에게 상이한 음악적 배경의 비교 환경을 제공하기 위해, 독일 예술가곡 〈마왕(Erlkönig)〉과 한국의 민요인 〈진도아리랑(전라도 민요)〉을 들려주었다. 그리고 감상 중, 그들의 느낌을 주어진 문항에 따라 표현하도록 설정하였다. 이때 다음과 같은 흥미로운 결과가 나타났다.

☑ 독일의 예술가곡 〈마왕〉의 경우, 개개인의 표현과 느낌에 있어 개별적인 정도의 차이는 있으나, 참가자의 대부분이 '마왕'에 대해 무겁고 슬프며, 어두운 감정을 표현하는 등 거의 일치된 인지의 결과를 나타내었다.

☑ 반면, 독일 참가자에게 익숙하지 않은 한국 민요의 경우, 이해와 표현에 있어 큰 문제점을 드러내었다. 참여자 모두 음악을 전공하고 있음에도 불구하고, 내용의 이해뿐만 아니라 전반적인 음악적 해석조차 어려워한 것이다. 따라서 한국의 민요 인지에서는 그 음악적 특징을 발견할 수 있는 일치된 인지결과가 발견되지 않았다.

그 원인은?

우리는 이러한 상이한 결과의 원인을 연구 대상 개개인의 '개별적 기본경험'(Gruhn, 2008; an Experience: Dewey, 1938; individuelle Grunderfahrung: Elschenbroich, 2001)에서 찾아볼 수 있다.

☑ 당시 실험에 참여한 대부분의 학생은 독일 혹은 유럽에서 태어났고, 또한 그곳에서 성장하였기 때문에 유럽음악에 대한 다양한 기본경험과 익숙함이 형성되어 있다고 볼 수 있다.

☑ 또한 이러한 기본경험은 동일하거나 적어도 유사한 문화적 영역 안에서 형성되었기에, 낯선 한국의 민요와는 달리 경험한 음악에 대한 느낌이나 해석상의 일치, 혹은 유사한 반응을 그 결과로 가져왔다고 할 수 있다.

☑ 그러나 이전에 경험하지 못한 낯선 자극과 만나게 될 때, 이는 복잡한 인지과정을 통해 인식되고 이해되며 다양한 개인의 배경적 원인이 내재되어 있기 때문에 그 결과에 있어 개인적인 편차가 나타나는 것이다.

2 융합적 사고의 형성

나의 '생각안경'은 어떤 모습일까? 좀 더 튼튼하고, 좀 더 잘 보이며, 디자인도 멋진 '생각안경'이 갖고 싶다.

생각하기

$100m^2$가 얼마나 넓은 면적인지 생각해 보자.

☑ $100m^2$의 수학적 개념을 알고 있는 사람의 대답은?

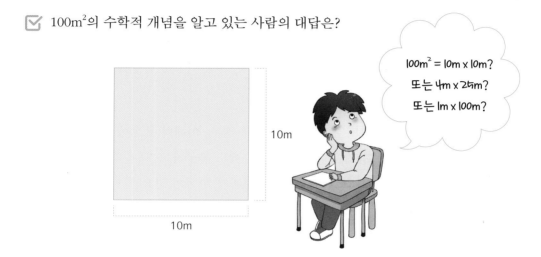

$100m^2 = 10m \times 10m$?

또는 $4m \times 25m$?

또는 $1m \times 100m$?

☑ 이 면적은 지금 책을 읽고 있는 장소보다 넓은가? 아니면 좁은가?

☑ $100m^2$의 장소에서는 무엇을 할 수 있는가?

☑ 우리 주위에서 $100m^2$에 해당하는 공간을 찾는다면? 그리고 이곳의 용도는 어떠한가?

$100m^2$라고 생각하는 장소	사용 가능하다고 생각하는 용도

직접적 경험의 중요성

독일의 음악교육 심리학자 그룬(Gruhn)은 인간의 보고, 듣고, 이해하는 모든 행위를 하나의 '과정'(Prozess: 1998)으로 설명한다. 이 과정에 있어서 가장 중요한 것은 바로 개별적 자극에 대해 자신만의 고유한 의미(Verkörperung: Plesner; formale Repräsentation: Bamberger, 1991; Audiation: Gordon, 1997)를 부여하는 일이다. 즉, 우리가 어떤 외적 자극을 저장하고자 할 때, 그 자극이 제공하는 모든 정보를 저장하는 것이 아니라 나에게 의미 있는 특성만을 코드(code)화하여, 이후에 쉽게 재발견할 수 있는 하나의 프로그램으로 재구성하는 것을 말한다(Gruhn, 2008). 이러한 개별적 의미부여를 위해 반드시 필요한 과정이 '비교(pattern-matching/self-talk/self-object)'의 단계이다. 이때 외부로부터의 새로운 자극과 개개인의 배경, 즉 개별적 기본경험과의 비교가 이루어지며, 이를 통해 우리는 새로운 경험의 결과를 얻을 수 있다. 따라서 새로운 경험이란, 항상 나 자신의 배경 속에서 주어지는 것이며, 심지어 나 자신의 고유한 사고의 토대 위에서 외부자극에 대한 인지 여부가 결정된다.

☑ 피아제(Piaget, 1975) 또한 이러한 직접적 경험의 과정과 그 중요성을 그의 인지발달 단계 중 '전조작기'와 '조작기'의 관계를 통해 강조하고 있다.

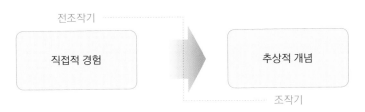

전조작기(preoperational thought stage)란, 감각운동기(sensori-motor stage)의 다음 단계, 그리고 구체적 · 형식적 조작기 이전에 해당하는 발달의 단계로서, 흔히 학령기 이전 시기의 인지발달과정을 대표하는 용어로 사용된다. 전조작기 시기 유아의 특징은 성인이 사용하는 인지의 방법과는 달리 언어 또는 사회적 약속과 같은 추상적 개념에 대한 이해가 불가능하다는 것이다. 즉, 다양한 매체를 통한 지식적 · 언어적 · 개념적(형식지: explicit knowledge) 이해가 아닌, 자신의 몸을 통한 직접적인 경험(암묵지: tacit knowledge)을 가리키는 것이다. 그의 인지발달이론에 의하면, 이러한 몸을 통한 직접적 경험은 학령기 이후 조작기에서 이뤄지는 추상적 개념학습을 가능하게 하는 매우 중요한 토대가 되며, 이를 통해 사회적으로 약속된 다양한 개념을 자신이 직접적으로 겪었던 다양한 경험의 테두리 안에서 이해한다.

결과적으로는 꽃의 색과 향, 촉감과 느낌 등 개별적인 인지 영역의 결과가 아닌, 인지하는 주체가 가지고 있는 '생각 안경'이 대상을 이해하는 데 가장 큰 역할을 한다. 우리는 이 생각 안경을 지금까지의 경험, 즉 '개별적 기본경험(Gruhn, 2008; an Experience: Dewey, 1938; individuelle Grunderfahrung: Elschenbroich, 2001)이라고 하며, 이에 따라 우리가 하는 사고의 결과가 달라진다.

재미있는 사실은 이러한 이론이 성인의 인지과정에도 그대로 적용될 수 있다는 사실이다. 예를 들어, 생각열기에서의 제시한 100m²의 경우를 생각해 보자. 수학적 개념을 알고 있는 대부분의 사람은 100m²를 간단하게 10m×10m의 면적으로 대답한다. 즉, 100m²에 대한 직접적인 경험이 없는 한, 이러한 면적이 어느 정도의 크기이고, 또 '이 공간에서 무엇을 할 수 있는가?'라는 질문에 답하는 데 있어 어려움을 갖는 것이다. 그러나 30평대 아파트에 사는 사람들은 이에 대한 경험이 없는 사람들에 비해 100m²를 쉽게 이해할 수 있다. 왜냐하면 자신들이 사는 공간, 대략적으로 방 3개, 화장실 2개, 주방과 거실, 베란다 등으로 이루어진 본인의 집이 100m²에 해당하기 때문이다. 따라서 이들은 100m²란 면적에 대해 자신의 주거공간에 대한 경험을 통해 자신만의 의미, 예를 들면 '좁다' '넓다' '이사하고 싶다' 등의 의미를 부여하는 것이다.

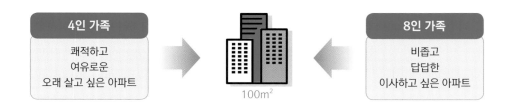

같은 맥락에서 일찍이 많은 교육학자 또한 교육의 목적을 지식에서 가치를 발견하게 하는 '하나의 과정'으로 정의하고 있다.

☑ 고든(Gordon, 1997)은 이러한 과정을 '예비 오디에이션(Preparatory Audiation)'과 '오디에이션(Audiation)'의 관계를 통해 설명하였고,

☑ 밤베르거(Bamberger, 1991)는 '형태적(figural) 표상'과 '형식적(formal) 표상'으로,

☑ 페스탈로치(Pestalozzi, 1746~1827)는 '외면적 직관'과 '내면적 직관'의 원리를 통해,

☑ 헤르바르트(Herbart, 1776~1841)는 '전심(傳心)'과 '치사(致思)'의 관계로 이를 구체화하였다.

개념정리

☑ 예비 오디에이션(Preparatory Audition) | E. E. Gordon
오디에이션의 전 단계로서, 음악 옹알이를 벗어나지 못한 음악적 사고의 단계이다.
'문화이입−모방−동화'의 세 단계로 구성된다.

☑ 오디에이션(Audition) | E. E. Gordon
음악을 청취하고 본인의 감수성 속에서 음악을 상상하고 즐길 수 있는 능력이다.

☑ 형태적(figural) 표상 | J. Bamberger
물리적이고 형태적인 개별 현상으로서의 표상이다.

☑ 형식적(formal) 표상 | J. Bamberger
다양한 개별 현상에서 구조적이고 형식적이며 추상적 개념으로 발전한 표상이다.

☑ 외면적 직관 | J. H. Pestalozzi
겉으로 드러나는 외형을 통한 인지의 결과이다.

☑ 내면적 직관 | J. H. Pestalozzi
외형과는 비교되는 내적인 인지의 결과로서 인지하는 주체에 따라 상이한 결과 도출이다.

☑ 전심 & 치사 | J. F. Herbart
전심은 개개의 대상에 집중하여 그것의 개념을 명확히 파악하는 심적 상태의 1차적 인지이다.
치사는 전심에 의한 개별적 표상을 특정한 관계 아래 결합, 통일하는 총체적 사고의 결과물이다.

3 융합적 사고의 발달

성서에 이런 말이 있다. '범사에 감사하라.' 이는 내 주변의 작은 것 하나까지도 소중하고 의미 있게 여기라는 말이 아닐까?

Was man aufnimmt und versteht, hängt deshalb von diesen unterschiedlichen individuellen Faktoren ab. Danach sind das Hören, Sehen und Verstehen als Prozesse' zu betrachten.

우리가 느끼고 이해하는 것은 우리가 갖고 있는 상이한 개별적 요소에 의해 결정된다. 따라서 보고, 듣고, 이해하는 것은 그러한 개별적 요소와 대상 간의 '과정'으로 간주된다(Gruhn, 1998, p. 21).

인지의 차원에서 볼 때 융합적 사고의 결과물이란, 특정한 외적 자극이 제공하는 모든 정보를 저장하는 것이 아니라 본인에게 의미 있는 특성만을 선별하여 이후에 쉽게 재발견할 수 있는 하나의 프로그램으로 구성하는 것을 의미한다. 따라서 이때 대상 간 구분(Klassifizierung)하는 과정과 그 기준은 매우 중요하다. 이 과정을 그룬(1998, 2003)은 교사가 추구해야 하는 '학습' 또는 '학습의 과정'으로 정의하였고, 이에 대한 결과로 현상학적 장이 형성·발달된다고 말하였다.

 현상학적 장이란?

'현상학적 장(phenomenal field)'이란 대표적인 현상학 이론가이자 인간중심이론을 주창한 로저스(Rogers, 1951)가 정의한 것으로 특정 순간에 개인이 지각하고 경험하는 모든 것을 의미하며 매우 주관적인 개인적 경험의 결과를 말한다.

☑ 현상학적 장은 인간의 '유기체적 성격'에서 발현된다.

로저스가 바라보는 인간은 단순히 기계적이거나 무의식적인 욕망의 존재가 아니다. 인간은 자신을 창조하는 과정이 필수적이며, 스스로 생의 의미와 가치를 발견해야 하고, 이에 따라 주관적 자유를 실천할 수 있어야 한다. 로저스는 이러한 관점에서 인간을 '유기체(organism)적 존재'로 규정하고, 이러한 과정의 결과물을 '현상학적 장' 또는 '경험적 장(experiential field)'으로 설명한다.

☑ 현상학적 장은 인간의 주관적 경험으로 형성된다.

인간은 출생과 동시에 특정한 성격유형을 갖고 태어나는 것이 아니다. 이를 위해서는 다양한 주관적 경험이 요구된다. 즉, 주변 환경과의 다양한 관계경험을 통해 자신을 발견하고(자기탐색), 자신의 위치를 파악하며(자기이해), 성격 또한 자신만의 특성으로 형성(자기행동)해 가는 것이다. 이러한 과정은 일생 동안 진행되고, 그 과정 속에서 지속적으로 변화한다.

☑ 현상학적 장은 '충분히 기능하는 사람'에게서 형성된다.

로저스는 이러한 인간의 특성을 '충분히 기능하는 사람'(fully functional person: Rogers, 1961)으로 표현했다. 이는 자신의 잠재능력을 인식하고 자신의 능력과 자질을 발휘하여 자신에 대한 이해와 경험을 풍부하게 발전시키는 인간의 내적 형성과정을 가리키는 것이다.

결론적으로 이러한 내적 요소들이 잘 기능할 때, 유기체로서의 향상과 자아의 발전이 가능하고, 신체적 측면과 정신적 측면의 기능이 일치하여 '충분히 기능하는 사람'이 될 수 있다.

다른생각!

만약 우리가 유기체적 존재로서 충분히 기능하지 못한다면?

충분히 기능하는 유기체적 존재가 되기 위한 조건

저자는 로저스가 말하는 이러한 인간 특성의 형성과정을 교육심리학적 관점에서 반대로 살펴보았다. 로저스에 의하면, 인간은 '유기체적 존재로서 자신을 스스로 변화시키는 존재'라고 설명되며, 또한 이러한 변화가 인간발달 측면에서 긍정적으로 나타날 때, '충분히 기능하는 사람'으로 인정받을 수 있다. 다시 말하면, 유기체적 존재인 우리는 충분히 기능하는 경우와 그렇지 못한 경우로 구분될 수 있다는 것이다. 그렇다면 '충분히 기능하는 유기체적 존재'가 되기 위해서는 어떠한 조건이 필요한가? 이에 대해 우리는 다음의 내용을 생각해 볼 수 있다.

☑ 개개인의 행동양식을 결정짓는, 개인의 실제 세계이자 주관적 현실(subjective reality)인, 현상학적 장의 형성이 가능한 한 긍정적으로 이루어져야 한다.

여기에서 말하는 '긍정적'이란 유기체적 존재인 인간의 발달과정 중 나타나는 '충분히 기능하는 사람'을 목적하는 것으로, 교육심리학적 관점에서 설명하는 긍정적인 개별적 기본경험으로 바꿔 이해할 수 있다. 즉, 미래의 지속적이고 더 나은 발달은 현재의 긍정적인 현상학적 장에 의해 가능하다는 생각이다. 이는 이 책의 제3부에서 살펴보고자 하는 학교음악교육의 목적이기도 하다.

☑ 긍정적인 현상학적 장의 형성을 위해서는 유기체적 자아가 충분히 기능할 수 있는 환경적 조건이 담보되어야 한다.

이는 궁극적으로 목표 대상의 관심을 불러일으키기 위한 내적 동기부여와 더불어 이러한 신념을 장기간 지속시키는 내적 통제신념의 발달을 목적하게 된다. 이는 우리가 추구하는 학교음악교육의 내용이 된다.

☑ 앞에서 언급한 내용과 더불어 '과정'의 중요성이 강조되어야 한다.

인간이 주변 환경과의 다양한 관계경험을 통해 자기를 탐색하고 이해하며, 바로 그 과정이 어떠하였는가에 따라 자신만의 특성을 갖고 행동하는 변화의 정도가 결정된다. 이 조건은 오늘날 학교음악교육에 대한 교사의 자세 및 교육적 접근방법에 대해 질문하고 있다.

Quiz! 본인이 좋아하는 음식의 이상형을 찾아보고 그 이유에 대해 생각해보자.

☑ 다음 중 좋아하는 것을 하나만 고른다면?

1

2

☑ 다음 중 식욕을 더 자극하는 것은?

1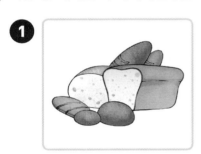

2

☑ 다음 중 그 가치와 의미가 더 크다고 생각하는 것은?

1

2

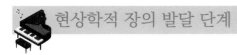 현상학적 장의 발달 단계

현상학적 장의 발달 단계는 학습 및 발달심리학적 관점에서 보는 인지발달의 단계와 매우 긴밀한 관계를 갖고 있다. 왜냐하면 이러한 과정은 처음부터 가능하거나 일회성으로 이루어지는 것이 아니라 단계적으로 일어나는 또 다른 과정과의 지속적인 관계를 요구하기 때문이다. 현상학적 장의 발달 단계는 다음과 같이 크게 세 단계로 구분된다(조대현, 2011).

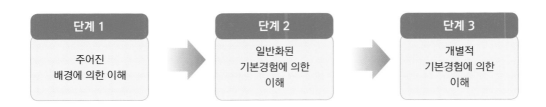

☑ 첫째, '주어진 배경에 의한 이해의 단계'이다.

이는 1차적 인지과정으로서 외부로부터의 정보를 그대로 받아들이는 초기 단계이다. 예 1과 2를 통해 그 주요 특징에 대해 살펴보자.

예 1 다음의 A와 B 중 비교하고자 하는 원의 크기가 더 커 보이는 것은 무엇인가?

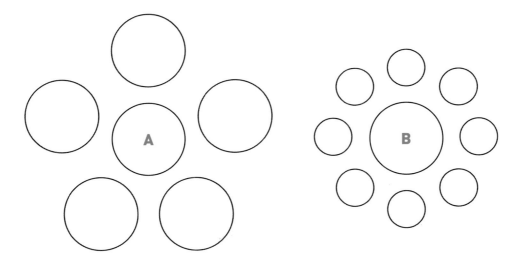

예 2 다음의 A와 B 중 비교하고자 하는 선의 길이가 더 길어 보이는 것은 무엇인가?

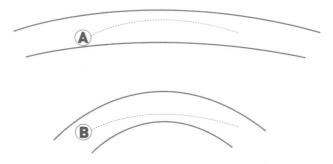

우리는 '어느 원이 더 크게 보이는가?'라는 질문에 큰 어려움 없이 B라고 답할 것이다. 또한 길이를 묻는 질문에도 B를 선택할 것이다. 그러나 실제 비교하고자 하는 원의 크기와 선의 길이는 모두 동일하다. 다만 '주어진 상이한 배경'에 의해 우리의 인지기관이 특정한 것을 더 크거나 긴 것으로 착각하는 것이다.

이러한 결과는 외부로부터 주어진 배경에 의해 야기되는 것이며, 결과적으로 이때 우리의 현상학적 장은 전혀 기능하지 않는다.

이와 같이 주어진 배경에 의한 인지, 그러므로 인지기관의 물리적 기능에 이상이 없는 한 모든 사람에게서 동일한 인지의 결과를 가져오는 단계를 '1차적 인지 단계'로 규정한다. 이는 외부로부터의 정보를 그대로 받아들이는 초기인지의 단계이며, 이러한 관점은 피아제(Piaget, 1973)가 말하는 '인지구조의 재구성' 등을 통해 설명 가능하다. 또한 1차적 인지의 단계는 음악교육적 관점에서 고든(1997)과 그룬(2003)이 구분한 초기 유아 음악능력 발달(Preparatory Audiation)의 세 단계, 즉 순응(Acculturation)-모방(Imitation)-동화(Assimilation)의 시기 중 순응에 해당하는 '무조건적 수용의 단계'와도 비교할 수 있다.

☑ 인지발달의 두 번째 단계는 '일반화된 기본경험에 의한 이해의 단계'이다.

이때부터는 1차적 인지 단계에서의 경험과 정보를 이용하여 직면한 현상이나 사건을 나름대로 비교·판단할 수 있다. 그러나 이 역시 일반화된 경험에 의해 이루어지는 제한된 인지의 단계이므로, 대부분의 사람은 익숙함의 정도에 따라 유사한 인지의 결과를 가져올 수 있다. 예 3을 통해 일반화된 기본경험이 우리의 사고에 미치는 영향을 살펴보자.

예3 다음의 그림 A와 B의 모습이 주는 인상은 어떠한가?

먼저 A 그림만을 살펴보자. 우리는 어떠한 현상을 발견할 수 있는가? 한 여자의 두상이 거꾸로 놓여 있고, 그 여자는 웃는 얼굴을 하고 있다. 그러나 정상적인 방향의 그림 B는 우리가 A에서 이해한 인지의 결과가 그릇되었음을 깨닫게 한다. 그렇다면 이러한 상이한 이해의 원인은 어디에서 오는 것인가?

우리는 선행된 경험을 통해 형성된 우리의 현상학적 장 안에서 그 원인을 찾을 수 있다.

A의 얼굴을 밝게 웃는 것으로 이해하는 가장 큰 요인은 먼저 입 모양에서 발견되는 ‿ 표상이다. 우리는 이미 생활 속의 경험을 통해 ‿는 웃는 얼굴이라는 절대적인 표상을 갖고 있다. 어린아이들 또한 그림을 그릴 때 이러한 표상을 이용하여 나름대로 원하는 모습의 분위기를 표현한다.

이와 반대로 그림 B에 나타난 ⌒ 표상은 기분 나쁜, 또는 화가 났음을 의미하는 대표적 표현 방법이다. 다시 말하면, 이미 우리에게 익숙하게 경험된 이러한 시각적 표상이 우리로 하여금 특정 사물과 사건, 또는 현상을 기분 좋거나 또는 슬프거나 화난 모습으로 이해하게 하는 것이다.

그 외에도 전체적인 얼굴에 나타난 주름의 모양과 광대뼈의 명암 그리고 눈 주위의 모습들이 우리의 현상학적 장에 저장되어 있는 특정한 기본경험을 자극한다. 이러한 비교과정은 우리로 하여금 특정한 대상에 대해 '~은 어떠하다'는 이해를 갖게 한다. 따라서 두 번째 인지 단계는 우리에게 다양한 기본경험을 요구하고 있으며, 이러한 경험이 우리에게 익숙할수록, 더 많은 자극에 대해 관심을 갖고 행동하게끔 유도한다. 이러한 이유에서 그룬은 인지발달 첫 번째 단계와 두 번째 단계에서 필요한 다양한 경험의 중요성을 다음과 같이 강조한다. "우리는 단지 우리가 이미 알고 있고 표현한 적이 있는 것만을 보고 들을 수 있다. 그리고 단지 우리가 이미 갖고 있는 사고의 토대에 일치하는, 또는 그와 관계 있는 것만을 인지하고 이해할 수 있다(1998, p. 33). 따라서 음악적 기본경험이 다양할수록 우리는 더 나은 음악적 이해를 할 수 있다. 이것은 많이 듣고 말하는 아이가 언어적으로 더 많이 이해할 수 있는 것과 같다(2003, p. 101)."

☑ 인지발달의 세 번째 단계는 '개별적 기본경험에 의한 이해의 단계'이다.

> 이는 지금까지 우리의 현상학적 장에서 형성된 다양한 경험이 특정한 조건 아래 재구성되고, 또한 상호 간에 간섭하여 긴밀한 영향을 맺게 될 때 시작된다.

🎹 **예 4** 이 펜은 얼마나 길어 보이는가?

예를 들어, 여기 하나의 펜(Pen)이 있다. 이 펜은 대략 16cm 길이의 일반적인 형태를 띠고 있다. 그러나 시각적으로만 인지한 이 펜의 길이에 대한 사람들의 인지 결과는 매우 상이하게 나타난다.

어떤 사람은 cm라는 단위를 사용하여 대답하고, 어떤 이는 자기 손 크기를 판단의 잣대로 이용할 수 있으며, 혹자는 단지 나에게 '유용한가'의 여부만으로 길이에 대한 이해를 대신할 수도 있다. 즉, 개별적인 경험의 정도에 따라 측정 잣대와 그 결과가 상이하게 나타나는 것이다. 물론, 이에 대한 경험이 전무하거나 오히려 부정적이라면 질문에 대한 답변을 거부할 수도 있을 것이다. 따라서 이러한 세 번째 인지발달 단계의 결과물은 우리의 성격을 특징짓는 매우 중요한 요소라고 할 수 있다.

긍정적 현상학적 장 형성의 중요성

"우리가 세상에 영향을 끼치면, 이로부터 생기는 송환효과에 의해 우리도 영향을 받는다.
그 송환효과는 우리에게 다양한 정서를 불러일으킨다. 우리는 이와 같은 정서적 경험을 통해 우리의 존재를
확인하고 우리의 가치를 인정한다." (Kusyszyn, 1977)

☑ 즉, 앞에서 언급한 반복된 현상학적 장의 형성 및 변화 과정 속에서, 우리는 우리의 행동에 대한 세상의 반응에 의해 '나의 행동은 ~하다' 또는 '나는 ~한 사람이다'로 이해하게 되는 것이다. 반대로 내가 의미부여하는 '나만의 세상(주관적 현실: subjective reality)' 또한 이러한 과정 속에서 의미 있게 형성된다.

☑ 이러한 발달의 과정은 모든 학습 영역 안에서 동일하게 발생한다.

예를 들어, 고든(1997, p. 8)은 개별적 기본경험에 의한 의미부여의 능력을 음악 영역에서 '오디에이션'(Audiation)이라 정의했고(A musician who can audiate is able to bring musical meaning to notation. A musician who cannot audiate can only take theoretical meaning from notation),

호건(Horgan: Root-Bernstein, 2007, p. 37에서 재인용)은 미술 영역에서 '마음의 눈'이라 표현했으며(존재하지 않는 것을 상상할 수 없으면 새로운 것을 만들어 낼 수도 없으며 자신만의 세계를 창조하지 못하면 다른 사람이 묘사한 세계에 머무를 수밖에 없다),

독일의 무용교육학자 플레스너(Plesner: Richter, 1987에서 재인용)는 'Verkörperung'이라는 개념어를 통해 '음악을 몸으로 표현하는 사람'(Der Mensche verkörpert Musik)과 '음악을 통해 자신을 표현하는 사람'(Der Mensch verkörpert sich in oder durch Musik)으로 구분하여 제시하였다.

즉, 오디에이션할 수 있고 자신만의 마음의 눈을 갖고 있으며, 음악을 통해 자신을 발견하고 표현하는 사람이야말로 '자신과 세상과의 관계'를 긍정적으로 설정하고, 이를 통해 세상에서 나만의 '긍정적인 의미를 부여'하는 창의적인 '현상학적 장'을 가진 사람인 것이다. 한편 그렇지 못하다면, 즉 작곡가에 의해 주어진 악보를 악상기호대로만 연주할 수 있고 다른 사람의 창작물을 모방하며 내가 아닌 다른 사람의 것만을 표현한다면, 그는 세상의 주변인에 지나지 않는 것이다. 이러한 이유에서 세상과의 교류를 통해 긍정적인 자신만의 시각을 찾고 그 영역을 확장시키는 작업이 필요하다.

한걸음더 !

☑ 아래 제시된 '본질'에 대한 정의를 통해 현상학적 장의 발달과정을 본인의 경험과 실례를 토대로 하여 재정리해 보자!

첫째, 본디부터 갖고 있는 사물 스스로의 성질이나 모습-1단계
둘째, 사물이나 현상을 성립시키는 근본적인 성질-2단계
셋째, 실존에 상대되는 말로 어떤 존재에 관해 '그 무엇'이라고 정의할 수 있는 성질-3단계

단계	경험한 대상이나 사건, 현상	현상학적 장의 결과물
1	김○○	키가 크고 덩치 큰 김○○
2	큰 키로 나뭇가지에 걸린 연을 꺼내 주는 김○○	키 작은 친구를 도와주는 김○○
3	어려움을 겪는 친구들에게 매번 도움을 주는 김○○	'섬세하고 좋은 친구' 김○○

내가 만드는 현상학적 장

☑ 그럼 '음악의 본질'은 어떻게 정의될 수 있는가? 우리가 위에서 인용한 '본질'의 정의 중 첫 번째와 두 번째 관점에 따라 '음악'을 정의한다면 다음과 같다.

> '음악은 박자, 가락, 소리 등을 갖가지 형식으로 조화하고 결합하여,
> 목소리나 악기를 통해 사상 또는 감정을 나타내는 예술의 하나이다.'

☑ 따라서 음악적 현상을 성립시키는 근본적인 성질은 다음과 같다.

> '박자, 가락, 소리'

☑ 음악의 본질을 학습하고자 한다면, 이러한 특정 성질을 교육현장에서 다루어야만 한다. 그러나 '본질'이란 의미가 갖고 있는 세 번째 사전적 의미에 따른 음악적 본질은 그 내용 이 사뭇 달라질 수 있다.

> 왜냐하면 이는 사전지식으로 인한 고착(fixation: Roediger, 1991)이 일어나지 않은,
> 또는 실존하는 물리적 그 자체가 아닌 그 어떤 존재에 대한 '그 무엇'이기 때문이다.

> 즉, '나로부터 의미부여된 그 무엇'을 뜻하기 때문이다.

☑ 그룬(Gruhn, 2008)과 고든(Gordon, 1997)은 이를 다음과 같이 정의한다.

> '내적(심미적) 표상'(Gruhn, 2008), '오디에이션(Audiation)'(Gordon, 1997)

결과적으로 음악의 본질에 대한 이해의 결과 또한 나에 의한 특별한 의미인 '그 무엇'으로 나타난다. 이때 도출된 결과 는 나의 주관적 배경, 예를 들면 사전경험의 유무, 경험의 결과, 관심 영역, 흥미의 정도 등에 따라 개별적으로 부여되 는 것으로 나에게만 의미 있는, 나만의 결과물이다. 우리는 이러한 개성 있는 결과물을 '창의적인 것'이라고 평가한다. 따라서 음악의 본질에 대한 이해는 관여하는 각 요소의 합으로만 결정되는 것이 아니라(Sternberg & Lubart, 1995), 내가 주체가 되어 이 요인과 '어떻게 상호작용하게 하는가'에 달려있다고 할 수 있다.

얼음이 녹으면 봄이 와요!

얼음이 녹으면 어떻게 될까? 대부분의 사람은 이 질문에 대해 당연히 '물이 된다'고 답할 것이다. 왜냐하면 '얼음이 녹았을 때 물이 된다'는 사실은 초등학교의 자연 수업 이후 우리에게 만고불변의 진리(?)가 되었기 때문이다. 그러나 최근 들어 이러한 진리가 조금씩 변화하고 있다. 특히 이러한 변화는 성인이 아닌 어린아이들에게서 먼저 발견된다.

'얼음이 녹으면 봄이 와요!' 라는 말은 어느 방송사 CF에서 방송된 내용이다.

이 말을 한 아이는 밝고 예쁜 모습을 가진 여자아이였다. 아이는 얼음이 녹으면 어찌되느냐는 질문에 잠시 생각한 후 '얼음이 녹으면 봄이 온다'고 답하였다. 그러나 아이의 반응을 조금 더 자세히 들여다보면 의미 있는 사실을 발견할 수 있다.

먼저 아이는 이 질문을 받음과 동시에 짧은 시간의 생각과 함께 본인의 대답에 대한 느낌을 먼저 표정으로 보여 주고 있다. 그리고 그 느낌을 담아 감정 어린 목소리로 '봄이 와요!'라고 표현한다. 즉, 이 아이의 대답은 학교교육이나 책을 통한 일방적인 지식에서 비롯된 것이 아니라 본인 스스로의 체험과 경험, 예를 들면, 얼음이 녹아 냇가에 물이 흐르고, 작은 물고기가 헤엄치며, 개구리가 뛰노는 냇가 주변의 파릇파릇한 새싹의 모습, 즉 봄이 오는 모습에 대한 경험의 결과임을 알 수 있다. 이러한 자연스러운 경험의 결과는 무표정하고 획일적인 지식이 아니라 자신의 생각과 감정 그리고 표정까지 일치하는 자연스럽고 솔직하며 풍부한 표현의 결과물을 불러온다.

오늘날 우리 교육의 주된 이슈는 융·복합이라 할 수 있다. '통합'이라는 개념에서부터 시작된 학문 간, 또는 교과 간 경계의 붕괴 및 확장과 공유의 현상은 비단 개인적인 학문적 흥미나 실험적 차원뿐만 아니라, 이제는 공적이고 체계적인 교육현장에서까지 그 모습이 발견되고 있다. 이러한 시대적 변화에 따라 우리나라의 교육과학기술부 또한 '창의와 인성을 지닌 미래 융합형 인재 양성'을 교육의 주된 목표로 내세우고 있으며, 이를 국가 정책에 반영하여 초·중등교육에서의 집중적인 융합교육을 추진하고 있다.

사전적 의미로 볼 때 융합은 '둘 이상의 사물을 서로 섞거나 조화시켜 하나로 합한 것'이라고 정의된다. 만약 누군가 우리에게 흰색 물감과 검은색 물감을 섞었을 때 무슨 색이 나올지에 대해 묻는다면, 그 대답은 어떠하겠는가? 아마도 열의 아홉은 별다른 고민 없이 '회색'이라는 학습된 지식의 결과물로 답할 것이다. 마치 '얼음이 녹으면 물이 된다'는 자연 시간에 배운 지식처럼. 그러나 적어도 일부는 아래 그림이 보여 주는 바와 같이 다양한 혼합의 가능성 중 하나를, 자신의 경험을 통해 가장 익숙하거나 선호하는 결과물의 하나로 제시할 것이다. 마치 '얼음이 녹으면 봄이 온다'는 그 아이의 표정처럼.

개별적 기본경험에 의한 다양한 융합의 가능성

지금 우리에게 중요한 것은 바로 다양한 혼합의 가능성과 그 기회를 보장하는 것이라 할 수 있다. 그 가능성이 다양하면 다양할수록 결과물 또한 남과는 다른 창의적인 것이 되기 때문이다. 그러나 이러한 기회의 보장은 누군가에 의해서가 아니라 '자신'에 의해 이루어져야 한다. 다시 말하면, 설사 아직 남의 눈에는 이해가 안 되고 부족해 보인다 하더라도 '내'가 주체가 되어 도출한 '나의 결과물'은 '나'에게는 가장 가치 있고 의미 있는, 그래서 더욱 노력할 만한 '나만의 이유'를 제공하기 때문이다.

검정색과 흰색 속에서 나만의 색을 찾는 작업, 혹시 타인의 기준 아래 실패로 낙담하는 사람이 있다면, 오늘이 '나의 기준'을 찾고자 시도하는 첫날이 되기를 바란다.

출처: 음악교육신문사(2016. 2. 2.)

제3부

Why? 융합적 사고에 기초한 음악 & 교육의 이해

제6장 음악이란
    1 음악은 삶이다
    2 음악은 예술이다
    3 음악은 메시지다
    4 음악은 자연스러운 것이다

제7장 음악과 관계하는 나의 음악
    1 음악과 나의 관계
    2 내가 만드는 음악
    3 융합적 사고에 기초한 음악의 정의

제8장 음악교육이란
    1 음악교육의 필요성
    2 음악교육의 목적
    3 교육철학적 관점에서의 음악교육
    4 교사의 자질과 역할

음악이란

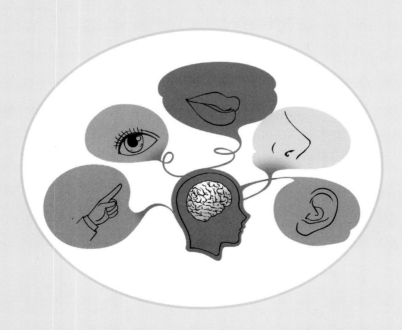

음악은 흔히
'인간의 사상과 감정을 소리에 담아 표현하는 예술'이라고
정의된다.

그러나
진정으로 음악이 우리에게 의미 있는 '무엇'이 되기 위해서는
이러한 개념적인 정의의 학습보다는,
음악을 만나고 경험하고 이해하는 가운데 습득할 수 있는
음악에 대한 '나만의 시각'이 필요하다.

이미 영국의 낭만파 시인 바이런이 말했던 것처럼,

갈대의 나부낌에도 음악이 있다.
시냇물의 흐름에도 음악이 있다.
사람들이 귀를 가지고 있다면 모든 사물에서 음악을 들을 수 있다.
(G. Byron, 1788~1824)

1 음악은 삶이다

음악이란 말로는 표현할 수 없는, 그렇다고 침묵할 수도 없는 것을 표현하는 것이다(V. M. Hugo, 1802~1885).

🎹 생각하기

다음의 상황에서 발생할 수 있는 소리들을 상상해 보고 우리의 삶 속에서 발견되는 음악의 기원[1]에 대해 생각해 보자!

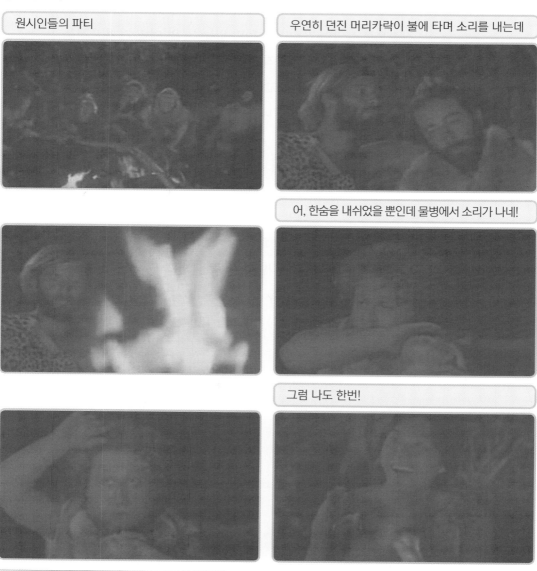

원시인들의 파티

우연히 던진 머리카락이 불에 타며 소리를 내는데

어, 한숨을 내쉬었을 뿐인데 물병에서 소리가 나네!

그럼 나도 한번!

---

1) 〈Caveman〉(1981)—〈Invention of Music〉의 일부를 발췌하였음

이것도 소리가 나네!

힘차게 두드리고

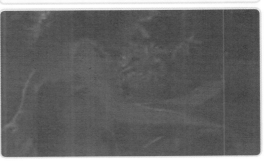

신나게 흔들며

앗! 뜨거워! 또 다른 우연으로 새로운 소리를 만들고

어울림도 생각하다 보니

인류 최초의 남성 듀오 그룹도 결성되고, 밤새 춤추고 노래하고 소리 내며 즐기는데…….

Invention of Music

☑ 음악은 '모방'에서부터 시작되었다.

> 학자들은 고대인이 잔치를 열고 음악을 하는 이유가 '모방'이었다고 말한다. 다만 여기에서의 모방은 단순히 자연물이나 타인의 행동을 모사하는 것이 아니었다. 집단으로 춤을 추고 노래를 부르는 것은 그들이 느낀 감정을 재현하고 타인으로부터 그 감정이 전이되는 체험의 과정이었고, 이를 '미메시스(mimēsis)', 모방이라고 한다.

> 모방에서 음악의 기원을 찾는 학자들의 관점 내에도 다양한 시각의 차이가 존재한다. 학자들의 상이한 시각에서 오는 음악의 기원에 대한 주장은 다음과 같다.

성적 충돌설(C. R. Darwin, 1809~1882)

- 새들의 행동을 관찰하는 가운데 발견한 '이성을 유혹하고자 하는 성적 충동의 발성'을 모방, 이를 음악의 기원으로 주장하는 학설

언어 억양설(J. J. Rousseau, 1712~1778; J. G. V. Herder, 1744~1803)

- 인간 언어의 자연스런 억양으로부터 음악 선율의 기원을 찾고자 하는 학설

감정 표출설(H. Spencer, 1820~1903; W. M. Wundt, 1832~1920)

- 인간의 다양한 감정에 따라 변화하는 목소리 현상에 음악의 기원을 두는 학설

집단 노동설(G. Büchner, 1813~1837)

- 집단 노동의 경우와 같이 여러 사람이 힘을 모아야 할 때 지르는 '영차 영차' 등의 리듬 현상에서 음악의 기원을 주장하는 학설

☑ 음악은 다양한 '의식과 행사에 사용'되며 발전하였다.

> 고대 그리스인들은 술의 신인 디오니소스(Dionysus)를 찬양하기 위해 함께 모여 술을 마시고 춤을 추며 노래를 불렀다. 당시 이러한 춤을 추고 노래하는 행위를 가리켜 '코레이아(Choreia)'라고 일컬었고, 코레이아가 이루어지던 장소인 원형 극장을 '오케스트라(Orchestra)'라고 불렀다. 즉, 오늘날의 합창과 오케스트라의 어원인 것이다.

☑ 음악은 음악을 다루는 현장, 곧 '공연예술현장' 속에서 발전하였다.

> 고대 원형극장인 오케스트라에는 춤을 추는 배우들이 옷을 갈아입는 막사, '스케네(Skene)'가 있었다. 이후 스케네는 공연무대의 개념으로 발전하고, 이때 관람자와 연주자의 개념이 공간적으로 구분되기 시작하였다. 이것이 공연예술의 출발이다. 이 공연예술에서 많은 것이 분화, 발전하는데, 우리가 다루고자 하는 음악은 이 공연의 서사적이고 음악적인 요소, 즉 '무지케(mousike)'에서 출발하였다.

☑ 결국 음악은 '인간의 삶과 생활' 속에서 시작되어 인간에 의해 발전되었음을 알 수 있다.

① 인류는 생존을 위해 땅을 경작하는 농기구와 사냥에 필요한 도구를 발명하였다. 이와 함께 최초의 악기도 만들었다.

② 속이 빈 나뭇가지나 뼈로 머리를 만들었고, 가죽으로 북을 만들었으며, 활줄을 이용해 기타를 만들었다.

③ 이 시대부터 음악은 생활의 일부였다.

소리에 대한 사고의 시작

인간의 삶 속에서 시작된 의미 있는 소리의 발견은 오늘날 음악을 '하나의 언어'로 비유하게 하면서 나아가 '세계 공통어' 또는 '만국어'로 지칭하게 되었다. 이는 아마도 음악이 갖고 있는 일반성, 즉 모든 인간이 느끼고 경험할 수 있는 음악의 성격에서 기인했을 것이다. 그러나 이러한 음악에 대한 생각이 어느 날 갑자기 등장한 것은 아니다. 음악에 대한 심도 있는 이해를 위해서는 역사 속에 나타나는 음악과 인간의 관계 그리고 그 변천의 과정을 살펴보는 것이 필요하다.

☑ 음악은 신(神)적 존재이다.

고대 그리스, 로마 시대의 사람들은 음악이 '인간의 육체 및 영혼'과 깊은 관계를 맺고 있다고 생각하였다. 이러한 생각은 그들의 신화에 등장하는 아폴로(Apollo), 디오니소스(Dionysus), 뮤즈(Muse) 등의 모습과 당대를 대표하는 여러 철학자, 예를 들어 플라톤, 아리스토텔레스, 피타고라스 등에게서 발견된다.

아폴로와 뮤즈(Simon Vouet, 1590~1649)

☑ 음악과 리듬은 인간 영혼의 깊은 곳까지 파고드는 힘을 갖고 있다.

> 플라톤
> (Plato,
> B.C. 427~B.C. 347)

소크라테스의 제자이자 아리스토텔레스의 스승으로 잘 알려진 고대 그리스의 대표적 철학자 플라톤은 음악이 인간에게 미치는 '도덕적 영향'을 통해 좋은 음악과 나쁜 음악을 구분하고 좋은 음악 사용의 필요성을 강조하였다.

모든 예술은 그 자체로서의 미의 추구가 아닌, 이상국가 건설이라는 목적에 부합하는 것이어야 한다. 그중에서도 음악은 리듬과 선율이 어느 예술보다도 인간의 감정적 생활과 내부의 영혼에 더욱 강하게 영향을 미치기 때문에, 모든 예술 중 가장 우월한 것이며, 조화로운 인격을 형성하고 인간의 열정을 평정하는 역할을 한다.

☑ 그래서 음악에는 인간 감정에 영향을 주는 좋은 음악과 나쁜 음악이 있다.

> 아리스토텔레스
> (Aristotele,
> B.C. 384~B.C. 322)

소크라테스, 플라톤과 함께 고대 그리스를 대표하는 철학자 아리스토텔레스는 스승 플라톤의 영향을 받아 음악이 인간의 성격과 습관 형성에 큰 영향을 준다고 보았으며, 특히 '음악과 인간 감정의 관계'에 주목하였다.

음악은 영혼의 열정이나 상태를 직접적으로 모방한다. 온화함, 분노, 용기, 절제 등과 같은 감정이 음악으로 나타난다. 따라서 인간이 어떤 특징의 감정을 모방한 음악을 들으면 그는 이에 물들게 된다. 오랜 기간 동안 습관적으로 저속한 감정을 유발하는 음악을 들으면 그 사람의 성격도 저속하게 형성된다(Grout, 1996, p. 7에서 재인용).

☑ 음악은 다양한 소재나 요소에 질서를 부여하여 만들어진 의미 있는 통일체이다.

> 피타고라스
> (Pythagoras,
> B.C. 580~B.C. 500)

모든 물질의 근원을 '수(number)'라고 보는 피타고라스는 음악 또한 수학적 법칙으로 이해하고자 하였다. 소리를 내는 줄의 길이가 반으로 줄면 한 옥타브 높은 소리가 발생한다는 것을 우연히 발견한 그는 음의 높이와 현의 길이 사이에 존재하는 상관관계를 통해 '피타고라스의 음계'를 정리하였는데, 이는 훗날 평균율 체계의 토대가 되었다.

이러한 음악에 대한 생각과 정의는 오랜 역사 속에서 진행된 더욱 다양한 영역의 실제적 경험을 통해 다음과 같이 보다 세련되고 정제된 모습으로 발전하였다.

말이 통하지 않는 곳에서도 통하는 것이 바로 음악이다.

안데르센
(H. C. Andersen,
1805~1875)
동화작가

음악과 사랑은 정신의 날개다.

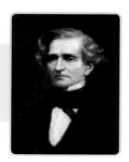

베를리오즈
(L. H. Berlioz,
1803~1869)
작곡가

노래의 비밀은 노래하는 사람의 목소리가 지닌 진동과
듣는 사람 마음의 떨림 사이에서 발견된다.

지브란
(K. Gibran,
1883~1931)
작가

음악은 형용사는 표현하나,
명사는 표현하지 않는다.

한슬리크
(E. Hanslick,
1825~1904)
음악미학자

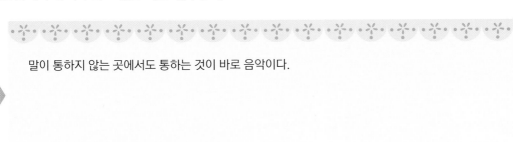

내 생각엔!

제시된 음악의 정의가 담고 있는 내면적(과정적) 의미를 '나의 경험'에 따라 역으로 유추해 보자!

말이 통하지 않는 곳에서도 통하는 것이 바로 음악이다.

음악과 사랑은 정신의 날개다.

노래의 비밀은 노래하는 사람의 목소리가 지닌 진동과 듣는 사람 마음의 떨림 사이에서 발견된다.

음악은 형용사는 표현하나, 명사는 표현하지 않는다.

 음악의 정의

앞에서 언급한 내용과 같이 다양한 사람의 다양한 관점과 다양한 배경을 가진 음악을 정의한다는 것은 쉽지 않은 작업이다. 그러나 이러한 다양성을 고려하여 일반화된 음악에 대한 정의는 매우 명료하고 분명하게 개념화되어 있다. 먼저 음악에 대한 사전적 정의를 살펴보면 다음과 같다.

☑ 음악은 박자, 가락, 음성, 화성 따위를 갖가지 형식으로 조화시키고 결합하여, 목소리나 악기를 통하여 인간의 사상 또는 감정을 나타내는 예술이다.

> 다양한 소재나 요소에 질서를 부여하여 만든 유의미한 통일체

☑ 음악은 소리의 높낮이, 장단, 강약 등의 특성을 소재로 한 예술로, 공간예술과 구분된다.

> [소리] 청각기관을 통해 뇌에서 해석되는 매질의 움직임으로, 공기나 물 같은 매질의 진동을 통해 전달되는 종파
> [높낮이] 소리의 진동수와 파장에 의해 결정
> [강약] 소리의 세기는 음압, 즉 파동의 압력을 의미

☑ 음악은 소리를 바탕으로 이루어진 시간예술이다.

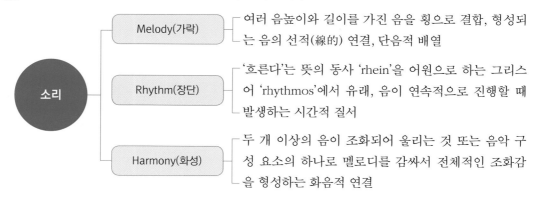

소리
- Melody(가락) — 여러 음높이와 길이를 가진 음을 횡으로 결합, 형성되는 음의 선적(線的) 연결, 단음적 배열
- Rhythm(장단) — '흐른다'는 뜻의 동사 'rhein'을 어원으로 하는 그리스어 'rhythmos'에서 유래, 음이 연속적으로 진행할 때 발생하는 시간적 질서
- Harmony(화성) — 두 개 이상의 음이 조화되어 울리는 것 또는 음악 구성 요소의 하나로 멜로디를 감싸서 전체적인 조화감을 형성하는 화음적 연결

☑ 음악은 악음(樂音)과 소음(騷音) 중 악(樂)음을 소재로 하는 예술이다.

이러한 음악에 대한 정의는 시대 및 지역적 차이에 따라 그 표현과 내용이 다름을 알 수 있다. 이러한 내용적 차이는 음악이 사람들의 다양한 일상 속에 존재하였음을 보여 주는 좋은 예이며, 이를 통해 음악에 대한 보다 본질적이고 현실적인 정의와 이해가 가능해진다.

- ☑ 고대 이집트에서는 음악을 'hy'(히)라고 불렀다. 이는 종교음악과 세속음악을 통칭하는 용어로서 '즐거움'과 더불어 '향기로운 꽃을 피운 연꽃'을 의미한다.

- ☑ 그리스에서는 음악을 '무지케(mousike)'로 표현하였다. 음악과 시(詩) 및 학문까지 두루 포괄하는 무지케는 후대에 오직 음악예술만을 가리키는 대표 용어가 된다.

- ☑ 고대 인도에서는 성악, 기악, 무용을 총칭하는 '삼기타(samgita)'라는 용어를 사용하였다.

- ☑ 고대 중국에서는 오늘날의 음악을 상징하는 '악(樂)'으로 불렀다.

- ☑ 고대 우리나라에서는 '악(樂), 가(歌), 무(舞)'로 통칭되어 사용되었으며, 이때 악은 기악, 가는 성악, 무는 무용을 의미한다.

- ☑ 오늘날 음악은 나라와 언어에 따라 'music'(영어), 'Musik'(독어), 'musique'(불어) 등으로 표기되고 있으며, 내용적으로는 성악과 기악을 포함한 음악을 나타나는 용어로 일반화되었다.

- ☑ 음악은 서양음악과 동양음악, 고대음악과 현대음악, 순수음악과 대중음악을 통칭하는 말로 사용된다.

음악의 기능과 역할

그러나 이와 같은 개괄적인 개념 및 배경 설명만으로는 음악이 무엇인지를 가늠하기가 쉽지 않다. 음악이란 개념은 표기 및 명칭의 경우에서와 같이 시대와 민족에 따라서 각기 다르게 정의될 수 있으며, 또한 보는 이의 시각차에 의해 다양하게 설명되기 때문이다. 따라서 음악이 무엇인가라는 물음에 답을 찾는 일은 단순할 수 없다. 보다 의미 있는 음악의 정의를 찾기 위해서는 음악의 의미와 기능에 대한 질문이 반드시 전제되어야 한다. 음악의 의미와 기능은 바라보는 관점에 따라 다음과 같이 크게 다섯 가지로 구분될 수 있다. 이러한 구분이 의미 있는 것은 바로 음악과 관계하는 우리 사고의 결과물이기 때문이다.

☑ 음악은 예술로서의 미(학)적 기능을 갖고 있다. 이는 미적 · 학문적 자극을 말한다.

☑ 음악은 종교의식에 사용되는 종교적 기능을 갖고 있다. 종교적 기능은 인간과 사회, 교육 그리고 심리 차원의 깊은 관계성을 보이는 기능이다.

☑ 음악은 사회 · 정치적 기능도 갖고 있다. 이는 한 사회의 정체성, 소통, 화합과 통합을 비롯하여 문화 창달 등에 미치는 영향을 말한다.

☑ 음악은 심리적 기능이 있다. 따라서 인간의 도덕적 · 영적 유도가 가능하고 인간의 감정적 소통에 영향을 준다.

☑ 음악은 교육 및 치료적 기능을 통해 인간의 정서 및 감정의 정화, 신체, 생리적 기능에 영향을 주며, 오락 및 여가 선용, 치료 등에 활용된다. 이때 음악의 심리적 역할이 함께 기능한다.

☑ 결론적으로 볼 때 음악이란,

- 첫째, 현상적인 관점에서 인간이 귀로 듣는 모든 소리, 더 나아가 파동적 의미를 갖는 시·공간적인 모든 현상으로 정의될 수 있으며,
- 둘째, 앞에서 정의한 음악의 자연적인 성질에 인간의 목적과 필요에 따른 미(학)적·사회(정치)적·종교적 그리고 교육 및 치료적 의미를 포함한 '공감각(共感覺)적'인 결과물이라 할 수 있다.

청각적 자극에 대한 인지의 과정을 설명하는 다음의 그림은 이러한 현상적으로 나타나는 음악의 특징과 공감각적 결과물로서의 내용적 의미에 대한 유추를 가능하게 한다.

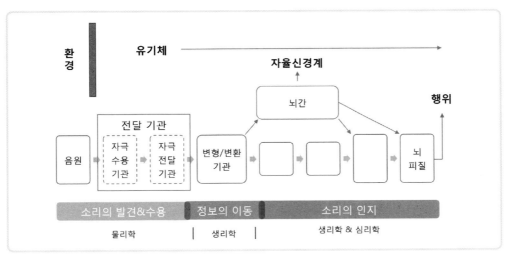

청각적 자극에 대한 인지의 과정(Keidel, 1960)

Keidel에 의하면, 결국 음악이란 음악을 향유하고자 하는 개개인에 의해 정의되는 것이며, 이는 현상적이고 내용적인 배경이 주요 변인으로 작용하여 나타나는 '과정적 결과물'이라 할 수 있다. 따라서 음악을 정의하고자 한다면, 음악적 현상을 발견하고 인지하여 이에 대해 판단 및 이해를 가능하게 하는 개개인의 배경과 역량이 전제되어야 한다. 이러한 결론은 예술가 혹은 전문가의 음악적 정의만을 가리키는 것이 아니고, 일반인을 포함한 모든 사람이 음악에 대해 이해하고 정의할 수 있음을 강조한다. 즉, 음악의 주체가 될 수 있는 것이다. 역사적으로 볼 때, 사실 이러한 음악에 대한 일반인의 정의가 오늘날 '음악'이라는 전문 영역의 발전을 가져오고 '전문가'라는 타이틀을 선사한 것이라고 할 수 있다.

2 음악은 예술이다

음악은 소리를 이용하여 인간의 사상과 감정을 표현하는 예술의 하나이다(이성천).

인간의 삶 속에서 발견된 음악적 행위와 이에 대한 생각들은 음악에 대한 새로운 필요와 요구에 의해 더 많은 현상으로 발전한다. 예를 들면, 소리를 만드는 행위적 과정 속에 사랑하는 마음이나 이별의 슬픔, 기쁨과 환희 등의 감정을 싣거나, 또는 특정한 규칙이나 체계 등을 적용하면서 새로운 소리 질서의 결과물을 만들어 내고 있다. 우리는 이러한 현상을 음악사라고 하는 역사 속에서 발견하게 되고, 이를 예술적 관점에서 '음악'이라고 명하고 있다. 이러한 예술로서의 음악을 융합적 관점에서 살펴보면 다음과 같은 내용적 위계가 발견된다. 이러한 사고의 결과는 역으로 예술로서의 음악이 인간에게 주는 의미가 무엇인지를 깨닫게 한다.

☑ 음악은 자연과 인간의 조화로운 결과물이다.

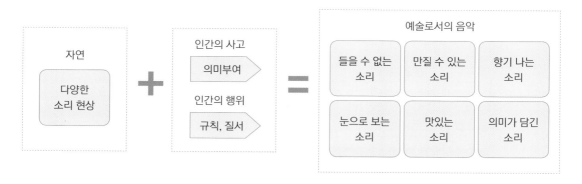

☑ 음악은 역사적 · 사회적 자극에 대한 인간의 자연스러운 반응이다.

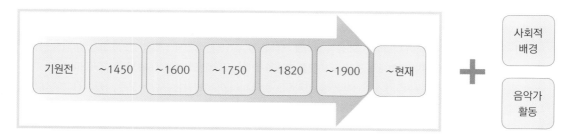

| 시대별 사회적 배경 | 주요 음악가 |

시대별 사회적 배경

기독교 중심 사회,
십자군 원정(1095),
백년전쟁(1337),
흑사병(1347)

인간 중심 사상,
금속활자(1450),
종교개혁(1517)

절대 왕정 사회,
30년 전쟁(1618),
과학 혁명,
자본주의 등장

산업혁명(1760),
미국 독립(1776),
프랑스혁명(1789),
계몽주의 운동

개성과 감성 인정,
마르크스, 엥겔스의 공산주의
(1848),
미국남북전쟁
(1861)

다양성 인정,
제1차 세계대전(1914),
대공황(1929),
히틀러 집권(1933),
제2차 세계대전(1939)

주요 음악가

노트르담 악파(레오냉, 페로탱)

귀도 다레쵸(Guido d'Arezzo, 1300?~1377)

마쇼(Machaut, 1300?~1377)

오케켐(Ockeghem, 1410~1497)

조스캥(Josquin de Prez, 1440?~1521)

팔레스트리나(Palestrina, 1525?~1594)

비발디
(1678~1741/
이탈리아)

바흐
(1687~1750/
독일)

헨델
(1685~1759/
영국)

하이든
(1732~1809/
오스트리아)

모차르트
(1756~1791/
오스트리아)

베토벤
(1770~1827/
독일)

슈베르트
(1797~1828/
오스트리아)

멘델스존
(1809~1847/
독일)

슈만
(1810~1856/
독일)

리스트
(1811~1886/
헝가리)

쇤베르크
(1874~1951/
오스트리아
→ 미국)

스트라빈스키
(1882~1971/
러시아
→ 미국)

슈톡하우젠
(1928~2007/
독일)

☑ 음악은 인간의 의지가 담긴 창의적인 사고와 행위의 결과물이다.

시대별 사회적 배경

기독교 중심 사회,
십자군 원정(1095),
백년전쟁(1337),
흑사병(1347)

인간 중심 사상,
금속활자(1450),
종교개혁(1517)

절대 왕정 사회,
30년 전쟁(1618),
과학 혁명,
자본주의 등장

산업혁명(1760),
미국 독립(1776),
프랑스혁명(1789),
계몽주의 운동

개성과 감성 인정,
마르크스, 엥겔스의 공산주의
(1848),
미국남북전쟁
(1861)

다양성 인정,
제1차 세계대전(1914),
대공황(1929),
히틀러 집권(1933),
제2차 세계대전(1939)

주요 음악가

노트르담 악파(레오냉, 페로탱)

귀도 다레쵸(Guido d'Arezzo, 1300?~1377)

마쇼(Machaut, 1300?~1377)

오케켐(Ockeghem, 1410~1497)

조스캥(Josquin de Prez, 1440?~1521)

팔레스트리나(Palestrina, 1525?~1594)

비발디 / 바흐 / 헨델
(1678~1741/ (1687~1750/ (1685~1759/
이탈리아) 독일) 영국)

하이든 / 모차르트 / 베토벤
(1732~1809/ (1756~1791/ (1770~1827/
오스트리아) 오스트리아) 독일)

슈베르트 / 멘델스존 / 슈만 / 리스트
(1797~1828/ (1809~1847/ (1810~1856/ (1811~1886/
오스트리아) 독일) 독일) 헝가리)

쇤베르크 / 스트라빈스키 / 슈톡하우젠
(1874~1951/ (1882~1971/ (1928~2007/
오스트리아 러시아 독일)
→ 미국) → 미국)

음악적 사고의 결과물

그레고리오 성가,
다성 교회음악,
세속음악, 기악 춤곡

모방 대위법,
마드리갈,
악보 인쇄,

오페라, 오라토리오, 칸타타,
바로크 모음곡, 교회 소나타,
대협주곡, 푸가

소나타 형식, 교향곡,
독주 협주곡, 고전 오페라

독일 예술가곡,
피아노 소품, 표제 교향곡,
반음계주의, 교향시,
이탈리아 오페라, 민족주의

전위음악, 총렬주의,
전자음악, 우연성 음악

현상으로서의 음악

연주

☑️ 각 시대는 흐름이라는 연속성 아래 시대 및 지역적으로 상이한 음악적 특징을 갖고 있다.

오늘날의 음악사는 음악적 특징에 따라 시대를 구분하고 있으며, 다른 한편으로는 예술로서의 음악을 구분하는 중요한 기준이 되고 있다. 자신이 생각하는 시대별 기준을 자신만의 사건, 현상, 느낌(색, 의성어, 의태어, 닮은 인물 등)을 중심으로 정리해 보자.

중세 음악 | 종교

르네상스 음악 |

바로크 음악 | 꼬장꼬장

고전 음악 |

낭만 음악 | 파스텔톤

근·현대 음악 |

결론적으로 예술로서의 음악은 바이런이 음악에 대해 언급한 바와 같이, '갈대의 나부낌'에도 기뻐하고, '시냇물의 흐름'에도 눈물지을 수 있는, 즉 이를 통해 자신의 음악을 만들고 표현하고자 하는 사람들의 '융합적 사고의 결과물'이라고 말할 수 있다.

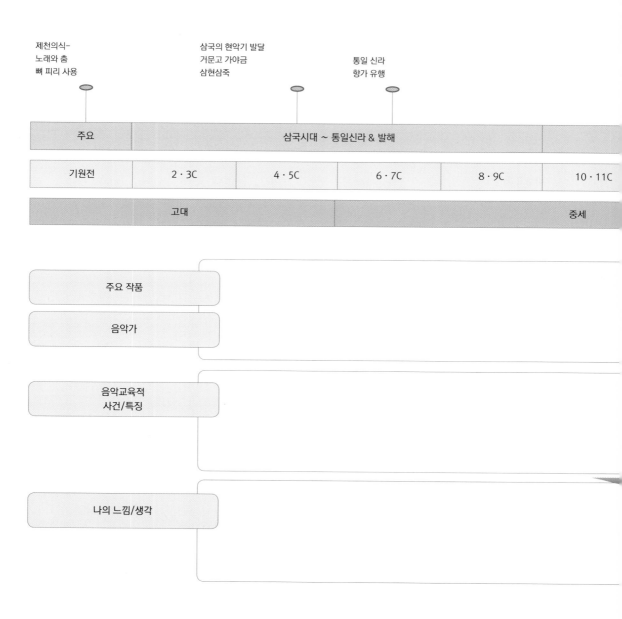

다음은 동서양 간 상이한 시대적 명칭을 주요 시기와 사건을 중심으로 조망한 것이다. 우리나라의 경우와 같이 서양 음악에서 발견되는 소리 현상의 특징에 대해 역사 및 음악적 관점에서 시대별로 구분하여 정리해 보자. 이때 그 소리를 담고 있는 음악 매체인 주요 작품, 즉 대표적인 음악적 결과물을 감상하고 이를 통해 음악에 대한 '나만의 중심가치', 즉 음악적 기준을 만들어 보자.

제천의식–
노래와 춤
뼈 피리 사용

삼국의 현악기 발달
거문고 가야금
삼현삼죽

통일 신라
향가 유행

주요	삼국시대 ~ 통일신라 & 발해			
기원전	2·3C	4·5C	6·7C	8·9C	10·11C
고대				중세

주요 작품

음악가

음악교육적
사건/특징

나의 느낌/생각

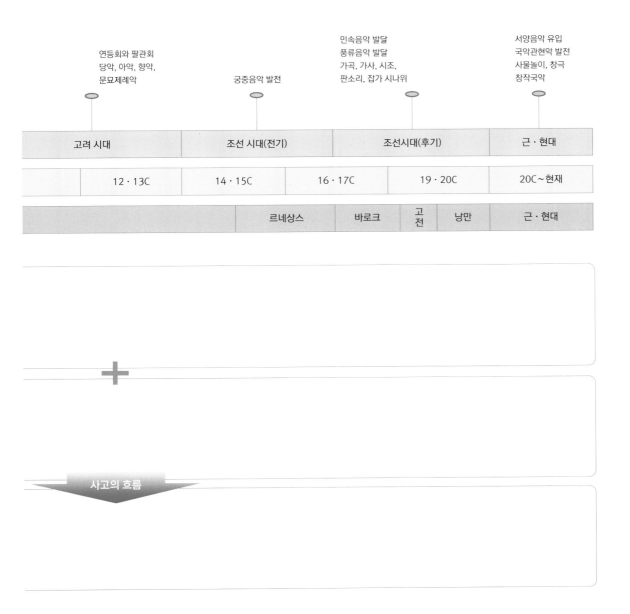

고려 시대		조선 시대(전기)		조선시대(후기)		근·현대

연등회와 팔관회
당악, 아악, 향악,
문묘제례악

궁중음악 발전

민속음악 발달
풍류음악 발달
가곡, 가사, 시조,
판소리, 잡가 시나위

서양음악 유입
국악관현악 발전
사물놀이, 창극
창작국악

	12·13C	14·15C	16·17C	19·20C	20C~현재

		르네상스	바로크	고전	낭만	근·현대

사고의 흐름

3 음악은 메시지다

음악은 정욕을 감화하는 일을 한다. 때문에 정부는 이를 크게 장려해야 한다. 좋은 가곡은 마음을 감동시켜 부드럽게 함으로써,
이성을 설복하려는 도덕보다도 그 영향력이 크다(Napoléon, 1769~1821).

음악이 처음부터 예술로서의 위치를 얻은 것은 아니다. 음악은 원시시대부터 주술·마술과 함께 당시 인간의 노동 행위와도 매우 밀접한 관계를 갖고 있었다. 이러한 관계는 형태는 다르나 역사적으로 어느 시대에나 발견되는 현상으로, 특히 종교와의 관계가 깊어 전례(典禮)를 장식하는 역할뿐만 아니라 음악이 기원(祈願)하는 행위 자체인 경우도 있었다. 또한 음악은 고대 그리스 사상에서 상징하는 것과 같이 사회적 인간 형성에도 밀접하게 기능하여 윤리적 교화(敎化)의 기능도 가진다. 또한 관혼상제 등의 사회적 행사에 빠질 수 없는 역할을 하고 있으며, 그와 같은 행사를 장식하는 실제적 목적을 위해 작곡되고 연주되기도 한다. 여기에서는 음악이 갖고 있는 이러한 힘의 근원에 대해 음악에 내재된 메시지를 중심으로 살펴보고자 한다.

 음악은 다양한 감정을 전달한다

☑ 음악은 말로는 표현하기 어려운 인간의 다양하고 복잡한 감정을 담고 있다. 예를 들어, 레퀴엠(Requiem)을 들을 때 분위기가 무겁고 어둡다고 느끼는 것처럼 음악에는 인간이 갖는 보편적 감정이 내재되어 있다.

노란색 – 총총총 – 내 친구 영철이

회색 – 우르르쾅쾅 – 프랑켄슈타인

☑ 이러한 음악에 담긴 감정은 다시 인간의 연주를 통해 표현된다. 심리학자 저슬린(Joslyn, 2012)은 실험을 통해 다음과 같은 인간의 감정과 표현방법 간의 상관관계를 주장하기도 하였다.

감정	템포	주법	다이내믹
분노	빠르게	레가토	크게
슬픔	느리게	레가토	작게
행복	빠르게	스타카토	크게
두려움	느리게	스타카토	작게

☑ 뿐만 아니라 이러한 감정이 담긴 음악은 인간의 신체에도 큰 영향을 끼친다. 슬픈 감정의 음악은 심장박동이나 혈압, 피부 전기 전도성, 체온 등에 변화를 주고, 두려운 느낌의 음악은 맥박의 수와 강도에, 행복감을 주는 음악은 호흡에 큰 변화를 준다. 이러한 배경에서 음악은 음악치료적 차원에서 '육체적 질병을 야기한 내적 질서를 재건하는 치료 수단'의 하나로 사용되고 있다.

> 다양한 감정의 매개물이라 할 수 있는 음악은 역사적으로 인간 사회의 여러 영역에서 다양한 메시지가 담겼고 이를 활용하고자 하는 다양한 목적 아래 사용되고 있다.

음악은 정치·사회적 상징과 목적을 담고 있다

☑ 사회적 통제와 관련한 음악이나 노래는 사회 구성원들에게 직간접적으로 적절한 행동에 대한 정보를 준다. 이는 사회적 규범에 대한 준거를 따르도록 유도하는 사회통합적 기능을 한다.

☑ 대표적인 예로는 나라를 사랑하는 마음을 담은 애국가와 군가, 사회계몽을 위한 새마을 운동 노래, 개천절이나 삼일절, 광복절과 같은 국가 기념일에 부르는 기념가, 역사적 사건이 주는 교훈과 의미를 기리기 위한 6.25의 노래, 그 외에도 새해와 추석 등 주요 절기를 상징하는 노래와 사회적 염원을 담은 통일노래 등이 있다.

> 이러한 노래의 경우 대부분 제창이나 합창의 형태로 연주되며, 정치적 · 사회적 의도를 극대화시키기 위해서 가사를 외워 부르게 하기도 한다. 음악이 정치적 · 사회적으로 이용된 역사적인 예는 독일 나치스의 '히틀러 유겐트(Hitler-Jugend: 히틀러 소년대)'이다. 히틀러는 이들에게 자신과 국가에 대한 맹목적이고 무조건적 충성과 희생을 강조하는 노래를 반복적으로 외워 부르게 함으로써 나치스 정권의 당위성과 권위를 인정받고 그 힘을 유지하고자 하였다.

히틀러 소년대의 모습

☑ 반대로 사회 구성원이 사회에 보내는 메시지도 발견된다. 대부분의 경우 상징과 풍자를 통한 정치적 투쟁이나 평화적 저항의 내용을 담고 있다. 이해하기 쉬운 예로는 프로테스트 송(Protest song)이 대표적이며, 우리나라의 경우 1970~1980년대 발표된 '아침이슬' '우리 승리하리라' '사계'와 같은 민중음악이 이에 해당된다.

아침이슬

김민기 작사
김민기 작곡
양희은 노래

1970년 김민기가 작사·작곡하고, 양희은이 노래하였다. '긴 밤 지새우고 풀잎마다 맺힌 진주보다 더 고운 아침 이슬처럼…'으로 시작되는 노래는 정치적 연관성이 없음에도 불구하고 독재시절이던 1975년에 금지 사유 없이 금지곡이 되어, 대학가에서 저항 가요의 대명사로 일컬어졌다.

사계

거북이

1980년대에서 1990년대에 걸쳐 활동한 민중가요 노래패 '노래를 찾는 사람들(노찾사)'의 노래로 1980년대 군부독재에 맞선 민주화 투쟁 시 많이 불렸던 민중가요이다.

음악은 이야기를 담고 있다

☑ 음악에는 시가 담겨 있다. 시는 '마음 속에 떠오르는 느낌을 운율적으로 표현한 글'을 뜻
하는데, 아름다운 자연을 노래하기도 하고 사랑하는 사람을 그리워하기도 하며 특정한
시대나 사회상을 반영하기도 한다. 이러한 시는 음악에 영감을 주거나, 가사로 음악의
한 부분을 이루기도 한다.

> '시'로 시작하는 바이올린 협주곡 '사계'
>
> 이탈리아 작곡가 안토니오 비발디(Antonio Vivaldi, 1678~1741)의 '사계'는 13세기 이탈리아
> 민요에서 파생된 정형시인 '소네트(sonnet)'에서 영감을 얻어 만들어진 작품으로, 봄·여름·
> 가을·겨울의 각 계절마다 소네트가 달려있다.

| 제1곡 '봄' 1악장 | 상쾌한 봄이 왔다. 새들은 즐겁게 아침을 노래하고 시냇물은 속삭이듯 부드럽게 흐른다. |

소네트

| 제2곡 '여름' 3악장 | 하늘을 두 쪽으로 가르는 무서운 번개가 내리치고 천둥 소리가 울리며 무자비한 우박이 쏟아진다. |

| 제3곡 '가을' 1악장 | 농부들은 춤과 노래로 풍성한 수확을 기뻐한다. 술은 그들의 흥겨움을 포근한 잠으로 인도한다. |

| 제4곡 '겨울' 2악장 | 사람들은 따스한 난롯가에서 쉼을 얻고 비는 만물을 촉촉이 적신다. |

'시'를 가사로 표현한 음악

황진이 시조
이유경 채보

청사 - 안리 - - 벽계 - - - 수야 수이 - - - 감을 -

자라 - 앙마 - - - 아 - 라 - - -

평시조 '청산리 벽계수야'는 황진이가 벽계수의 지조를 시험하기 위해 지은 시조시에 무릎장단이나 장구로 반주를 더한 곡이다.

들장미

괴테 시
윤기성 역사
슈베르트 작곡

Allegretto

C   *p*   Am/C   G7   C

방 긋 웃 는 들 - 장 - 미 한 송 이 피 었 네
Sah ein Knab' ein Ros - lein - stehn, Ros - lein auf der Hei - den,
자 아인 크납 아인 뢰스 라인 슈텐 뢰스 라인 아우프 데르 하이 덴

C   D/C   G/B Am/C   D7   Em
mp

사 랑 스 런 들 - 장 - 미 힘 껏 품 에 안 고 서
war so jung und mor - gen - schon, lief er schnell, es nah' _ zu seh'n,
바르 조 융 운트 모르 겐 쉔 리프 에어 슈넬 에스 나 추 젠

G/B Am/C   D7   G   *a tempo* G7   C
mf   *rit.*   *p*

너 - 의 - 고 - 운 - 얼 굴 을 어 루 만 져 주 었 - 다
sah's mit vie - len _ Freu - den Ros - lein, Ros - lein' Ros - lein _ rot,
자스 미트 필 렌 프로이 덴 뢰스 라인 뢰스 라인 뢰스 라인 루트

F   C/G G7   C
p

사 랑 스 런 들 장 - 미
Ros - lein auf der Hei - den.
뢰스 라인 아우프 데르 하이 덴

'들장미'는 괴테의 시에 독일 낭만파 작곡가 슈베르트가 곡을 붙인 예술가곡이다.

흔히 '리트(Lied)'라고 불리는 예술 가곡은 시와 음악이 결합된 19세기 낭만주의의 대표적인 성악곡으로, 피아노 반주의 역할이 중요하다.

☑ 음악은 이야기보따리이다. 문학작품을 비롯하여, 간단한 에피소드, 심지어 동화에 나오는 이야기까지 세상의 다양한 이야기가 음악적으로 표현되고 있다. 대표적인 예가 극음악이라 할 수 있으며, 우리나라의 판소리와 창극, 서양의 오페라와 오라토리오, 뮤지컬 등이 해당된다.

소리꾼과 고수, 청중이 함께 하나의 이야기를 만들어 가는 극음악 형식의 '판소리'

판소리 5마당	담긴 이야기
춘향가	춘향이와 이몽룡의 사랑 이야기
심청가	아버지에 대한 심청이의 깊은 효심의 이야기
흥보가	착한 흥부가 제비 다리 고쳐 주고 잘 살게 되는 이야기
수궁가	토끼 간을 빼내려는 자라의 이야기
적벽가	삼국지연의 가운데 적벽대전을 소재로 한 이야기

서양의 극음악

'오페라'는 레치타티보와 아리아, 서곡과 간주곡, 중창과 합창 등 다양한 기악 및 성악곡과 함께 미술, 무용, 문학, 연극적 요소가 포함되어 있는 '종합예술'로서 문학적 내용을 주제로 한 이야기를 담고 있다. 오페라와 유사한 성격을 띠는 오라토리오의 경우 연기, 무대장치, 의상 등의 요소가 없다는 차이가 있으며, 뮤지컬은 보다 자유로운 구성과 내용으로 이루어진 '현대 음악극'이라 할 수 있다.

오페라 공연

출처: 대구광역시 제15회 대구국제오페라축제(아이다 공연)

이와 같이 음악은 정치·사회적으로뿐만 아니라, 교육과 치료 그리고 종교와 문화에 이르기까지 다양한 메시지와 정보를 담고 있기 때문에 일찍이 플라톤(Plato)은 그의 저서 『국가론』(B.C. 380)을 통해 그 사용에 대한 주의와 경계 그리고 권고의 글을 제시하였다. 그러나 음악이 인류 사회에 주는 메시지와 가치는 날로 커져 가고 있으며, 이에 따라 음악에 대한 인류의 이해 또한 더 많은 상징적 내용과 표현 방법의 개발 속에서 실제의 영역을 확장해 가고 있다.

!

다음은 몇 년 전 어느 공중파 방송을 통해 방영되었던 '청춘 합창단' 장면의 일부이다. 이들의 열정 어린 이야기와 노래를 감상하고 우리에게 주는 숨어 있는 메시지에 대해 생각해 보자.

전남 완도 75세의
회춘 할머니

박자가 걱정인
행복한 사람

이 순간을 즐기러 온
도전하는 60대

지진으로 실의에 빠진
일본을 응원하는 참가자

일평생 합창으로 살아온
열정의 84세 할머니

심사기준 감동 약속 직감 융화

사랑하는 아내와 자식을
위한 노래

결혼해서 떠나는 딸을 위해
노래하는 엄마

아들에 대한 슬픔과 그리움을
이겨 내는 어머니

4 음악은 자연스러운 것이다

음악은 우주에 영혼을 부여하고 정신에 날개를 달며, 상상의 나래를 펼치게 한다. 그리고 모든 것에 생명을 불어 넣는다(Plato).

생각하기

만약 많은 차량이 오가는 사거리 한가운데 커다란 박스를 두고 그 안에 들어가서 24시간을 보내게 된다면, 그리고 그곳에서의 경험을 기록한다면 우리는 무엇을 기록하게 될까? 질문에 대한 자신의 생각과 그 이유를 설명해 보자. 그리고 이러한 이유를 통해 음악의 자연스러움에 대해 다양한 관점에서 살펴보자.

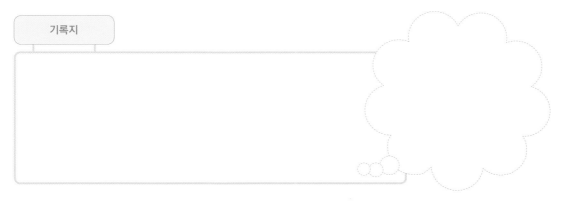

기록지

이유1: 청각적 경험 환경은 모태(母胎)에서부터 시작된다?!

다음은 현재 음악가로 활동하고 있는 브롯(B. Brott: Gruhn, 2008에서 재인용)의 '모태에서부터 시작되는 소리경험'에 대한 이야기이다.

아주 어렸을 때, 나는 익숙하지 않은 자신의 능력에 놀라곤 했다. 그 능력이란 특정한 곡을 악보도 없이 연주하는 것이었다. 내가 처음 보는 어떤 곡을 지휘할 때였다. 갑자기 첼로 파트가 부각되어 들리기 시작했고, 다음 장을 넘기기도 전에 이 곡이 어떻게 진행될지 나는 이미 알고 있었다. 어느 날, 나는 이러한 사실을 첼리스트인 어머니께 말씀드렸다. 어머니는 항상 내게 첼로 연주를 해 주시던 분이다. 나는 당연히 어머니도 놀라실 거라고 생각했다. 물론, 어머니의 놀라움 또한 상당했다. 그러나 그 곡이 어떤 곡인지를 들으신 어머니는 수수께끼에 대한 답을 알 수 있었다. 왜냐하면 그 곡은 바로 어머니께서 나를 임신하셨을 때 매일 연습하시던 곡이었기 때문이다.

✅ 신생아는 태아 시기에 경험했던 특정인의 목소리를 구별하고, 또 익숙한 그 소리에 더 많은 긍정적인 반응을 보인다.

엄마와 아이 사진
(Gruhn, 2008)

> 독일의 그룬 교수는 '특정 소리에 대한 신생아의 행동', 즉 소리 자극에 대한 고무 젖꼭지를 빠는 힘과 속도의 변화를 관찰하는 실험을 통해, 신생아는 낯선 소리보다 익숙한 소리를 선호하며 이에 대한 집중도 또한 더 높다고 보고하였다.

✅ 메치틸드와 파포세크(Mechtild & Papoušek: Gruhn, 2003a에서 재인용)는 신생아의 음량구별능력에 대한 연구를 통해 부모가 제공하는 언어 환경과 이에 대한 반응으로 나타나는 아이들이 내는 소리 간에 긴밀한 상관관계가 있다고 주장한다.

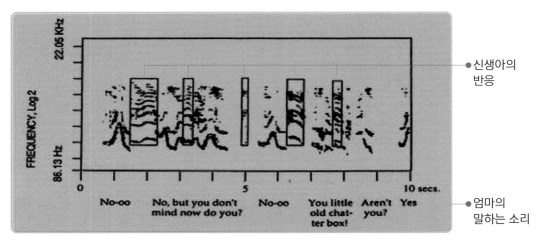

12주 된 아기의 발성에 대한 분석

> 그래프에 의하면, 아이와 엄마는 마치 하나의 음악적 요소를 가진 재미있는 놀이를 하는 것처럼 보인다. 엄마는 아이와의 대화 속에서 아이가 반응하는 목소리의 높이나 형태의 변화를 발견하며, 아이가 엄마와 같은 화성적 스펙트럼 속에서 리듬적으로 반응할 때 또 다른 변화를 통해 재반응하고 있다.

이유2: 빠른 청각 기관의 발달은 청각적 경험을 기본경험으로 만든다?!

☑ 태아의 청각기관은 임신 28주부터 완벽한 기능을 갖게 된다.

임신 28주째 태아의 모습

임신 후 4주부터 태아의 머리에는 청각기관으로 발전하는 두 개의 중요한 관이 형성되기 시작한다. 이 두 개의 관은 임신 5주와 10주 사이에 그 길이가 점차 길어지고, 임신 10주와 20주 사이 약 16000여 개의 솜털세포가 생겨나며, 또한 점차적으로 그 기능이 성숙하여 결과적으로는 청각적 자극을 인도하는 첫 번째 시냅스(Synapse)가 발생한다. 이후 임신 24주부터 28주까지 태아의 청각기관은 외부로부터의 모든 소리를 들을 수 있는 완전한 청각기능을 갖춘다.

☑ 엄마의 배는 소리 전달을 위한 가장 안전하고도 훌륭한 매질 역할을 하며, 태아기의 안전하고 풍부한 청각적 경험을 유도한다.

외부로부터의 청각적 자극은 먼저 엄마의 배를 거쳐 태아에게 전달된다. 이때 엄마의 배는 악기에서 사용하는 약음기와 같이 외부의 거칠고 큰 소리를 거르는 역할과 함께 다양한 소리를 전달하는 매질의 역할을 한다. 태아는 이를 통해 엄마의 목소리를 비롯하여 심장소리, 혈액 순환 및 맥박 소리 그리고 그 외 기타 장 기관의 운동에 의한 소리 등 모태 내·외부의 다양한 소리를 안전하게 경험한다.

☑ 이 시기의 풍부한 청각적 경험은 성숙의 시기를 거치며 소리와 음악적 현상에 대한 긍정적 '현상학적 장'을 형성한다.

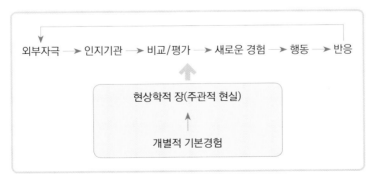

현상학적 장에서의 인지과정(조대현, 2011)

청각 기능의 성숙과 발달과정(Elliot, 2001; Gruhn, 2008에서 재인용)은 다음과 같다.

- 음역의 증가: 생후 높은 음에 대한 민감도가 점차적으로 높아진다. 신생아는 높은 음보다는 먼저 낮은 음에 대한 인지가 가능하다. 그러나 시간이 흐름에 따라 그들의 신경세포는 점차 높은 음에 대해 민감한 반응을 보이고, 생후 6개월이 지나면 이미 높은 영역의 음을 낮은 영역의 음보다 더 잘 들을 수 있다.
- 음에 대한 공간적 이해: 점차적으로 음이 어디에서 발생하였는지에 대해 공간적으로 이해한다. 초기에는 수평적 차원에서 가능하며 이후 수직적 공간으로 확장·발달한다. 이를 통해 집중력과 섬세함이 발달하며, 또한 인지 대상에 대한 개별적 의미를 부여하기 시작한다.
- 음량의 발달: 아이들은 동일한 음을 어른보다 20~25dB 높게 인지한다. 이는 상대적으로 낮은 음과 적은 음량에 익숙하기 때문이다. 그러나 이들의 청각기능이 점차 높은 음역으로 발전하면 음량적으로도 더욱 예민하게 반응한다.
- 음에 대한 시간적 이해: 시간적 차이를 갖고 있는 서로 다른 두 소리를 인지할 수 있는 능력이 더욱 발달한다. 즉, 시간의 차이가 점차적으로 줄어들며, 청각능력은 성숙기에 접어들 때까지 계속적으로 더 정화되고 세련되어진다.

☑ 즉, 청각적 인지 영역은 모태라고 하는 환경적 제약을 뛰어넘어 외부의 다양한 자극에 반응할 수 있는 유일한 인지 영역이라고 말할 수 있으며, 이를 통한 초기의 청각적 경험은 신생아가 주변 환경과 세상을 이해하는 기준이 될 '개별적 기본경험'의 역할을 하게 된다.

 이유3: 음악은 전 시대적, 전 지역적으로 존재했다?!

☑ 인류 역사상 음악이 존재하지 않았던 '시기'나 '장소'는 없다.

적어도 인류 역사가 쓰이고 그 기록이 남아 있는 범위 내에서 음악은 인류의 역사와 공존해 왔다고 말할 수 있다. 여러 기록에 의하면, 자료의 부족과 정확성 등의 이유에서 분명해지는 않으나 음악은 대략 5만 년전부터 1만 년전쯤인 제4빙하시대, 즉 후기 구석기 시대부터 존재한 것으로 추정되고 있다. 이러한 추정은 발굴된 악기나 그림, 조각 등을 통해 가능하며, 이러한 자료는 음악이 인간 사회에서 종교적 제사와 축제뿐만 아니라 윤리적·교육적 목적과 오락 등을 위해서 사용되었음을 보여 주고 있다.

B.C. 1400경 이집트 벽화의 하프와 류트 연주 모습

고대 벽화 악기를 연주하는 사람들

세이킬로스의 비문

C Z Ž KIZĬ   Ḱ I Ż Ĩ̇Ḱ O C O̅O̅Φ̇
Ὅ σον ζῇς   φαί νου   μη δέν ὅ λως σὺ λυ ποῦ
C KZ Ǐ ḰἶΚ C O̅Φ̇   C Κ Ο Ι Ż Κ̇ C C C̅X̅Ι̇
πρός ὀ λί γον ἐσ τὶ τὸ ζῆν   τὸ τέ λος ὁ χρό νος ἀπ αι   τεῖ.

현존하는 가장 오래된 악보가 완전하게 실려 있는 고대 그리스의 비문이다. 내용은 분명하지 않으나 세이킬로스가 죽은 아내를 추모하는 내용, 또는 그리스 신화의 신을 찬양하는 노래라는 해석이 지배적이다.

세상에 이런 음반이

이 음반은 스페인 음악학자 라파엘 페레즈 아로요(Rafael Peréz-Arroyo)가 피라미드 벽화 속에 잠자고 있던 고대 이집트 음악을 복원하여 만든 음반이다. 이 음반은 파라오가 다스리던 기원전 2700년 경부터 기원후 6세기까지 3300여 년에 이르는 이집트 음악에 대한 고고학적 탐구의 결과물이다. 수록곡은 전적으로 제의적 목적의 노래이며 하프나 피리, 타악기 반주가 붙어 있다. 가사는 상형문자로 적힌 이집트 문헌에서 가져왔으며 신을 찬미하거나 죽은 자의 영혼을 거두어 달라고 기도하는 내용이다. 음악은 대체로 느리고 평온하며 신비스러운 분위기를 띤다. 5음계로 되어 있고 음을 길게 늘이거나 목을 떠는 창법을 사용하고, 수직적 화음구조 없이 수평으로 진행하는 단선율로 이루어져 중세 그레고리안 성가의 느낌과 비슷하다.

☑ 인류 역사상 음악이 존재하지 않는 '민족'이나 '지역'은 없다.

음악은 국가와 민족, 지역과 문화를 초월하여 사람에게 다양한 감정을 불러일으키는 능력이 있다. 이는 반대로 상이한 문화의 국가와 민족이 위치한 모든 지역에 음악이 존재하고, 음악의 영향 아래 있음을 뜻하는 것이기도 하다. 이러한 음악을 '민족음악'이라고 하는데, 민족음악은 각각의 자연 환경과 풍습, 사회구조 등에 따라 미적 가치와 인생관, 세계관 등 본연의 고유함을 띠는 반면, 다른 한편으로는 음악적으로 매우 공통적이고 보편적인 성격이 발견된다. 이러한 이유에서 구조나 의미는 다르다 해도 현상으로서의 음악은 전 인류에게 절대적인 존재라고 할 수 있다. 그 대표적 예가 바로 '자장가'이다. 자장가는 아이를 재우거나 달랠 때 불리는 노래의 하나로 세계 각국에 다양한 형태로 존재하는 음악의 자연스러움을 보여 주는 좋은 예이다.

여러 나라의 자장가

전통 민요 '자장가'를 소재로 활용한 창작 국악곡 '낯익은 소리'

이유4: 일찍이 많은 학자가 음악의 자연스러움을 강조해 왔다?!

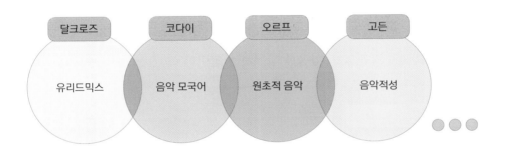

- 스위스 출신의 저명한 음악교육자이자 음악가인 에밀 자크-달크로즈(E. Jaques-Dalcroze, 1865~1950)는 음악교육의 목적에 대해 말하며 '인간의 잠재적이고 선천적인 모든 재능을 발견하는 감각적 음악학습'의 필요성을 주장하였다. 이를 위해 '여섯 번째 감각(근운동 감각)'의 중요성과 신체와 정신을 연결하는 통합적 환경, 즉 유리드믹스(eurythmics)를 활용한 시간, 공간, 힘, 균형, 무게, 유동성과 호흡의 밀접한 관계를 강조하였다.

> 리듬은 움직임이며 예술 작품에 생명을 불어넣고 이를 순환시키는 요소이다. 음악적 리듬의 원천은 사람의 신체에서 나오는 원시적인 리듬에서 시작되며, 음악적 리듬은 삶의 리듬을 재생산한다. 리듬은 음악의 원천적인 원동력이며 움직임을 통해서 감지된다(임미경 외, 2010에서 재인용).

- 헝가리 음악의 국부로 국민주의 음악을 소개한 졸탄 코다이(Z. Kodály, 1882~1967)는 "음악은 모든 사람의 것이다."라고 주장하며, '음악은 모든 사람이 가지고 있는 근본적인 유산 중 하나'이므로 인간 발전에 꼭 필요하다고 확신하였다. 특히 음악 모국어의 중요성을 강조하여 삶이 담긴 노래인 '민요'의 학습과 선천적 악기인 '목소리'의 사용, 그리고 조기 음악교육을 중요하게 생각했다.

- 독일의 음악교육가이자 작곡가 칼 오르프(C. Orff, 1895~1982)는 음악은 누구에게나 자연스럽고 선천적으로 주어진 음악적 본성에 기초한다고 생각하며 이를 '원초적 음악'이라고 칭하였다. 이는 배우는 음악이 아닌 '이미 자신에게 내재된 음악', 그래서 '누구나 자신 안에서 발견할 수 있는 음악'을 말한다. 같은 맥락에서 그는 "어린아이에게 그 어떤 강요도 용납되지 않는다."라고 말하며 교사와 어른에게 음악교육에 대한 자세를 강조하였다.

- 콘트라베이스 주자에서 음악교육가로 변신한 미국의 에드윈 고든(E. E. Gordon, 1927~2016)은 '차이는 있으나 모든 사람은 음악적'이라고 주장하고, 이러한 음악적 능력을 음악 IQ, 즉 음악적성으로 설명하였다. 음악적성은 '음악을 배울 수 있는 잠재력'으로 정의되는데, 이는 정상인이라면 누구나 언어를 배울 수 있듯이, 모든 사람이 음악을 배울 수 있는 선천적인 잠재능력을 갖고 있음을 강조하는 말이다.

역사적으로는 17세기 실학주의 철학자로 음악교육의 당위성을 지지한 코메니우스(J. A. Comenius, 1592~1670)와 '실낙원'의 작가이자 시인인 밀턴(J. Milton, 1608~1674), 교육소설 「에밀(Emile)」에서 어린이 음악교육의 새로운 개념과 방법을 제시한 루소(J. J. Rousseau, 1712~1778), 그리고 '음악은 모든 사람의 인격형성에 대단히 중요하기 때문에 모든 어린아이는 음악 훈련을 받아야 한다'고 주장한 자연주의 철학자 페스탈로치(J. H. Pestalozzi, 1746~1827) 등에서 인간과 음악의 자연스러운 관계에 대한 언급이 발견된다.

명❖언❖모음

음악적으로 긍정적인 경험을 갖고 있는 사람들이 전하는 음악 관련 명언을 찾아보고 그 의미를 되새겨 보자.

- Music and rhythm find their way into the secret places of the soul(Plato, B. C. 427~B. C. 347).
- Music is the universal language(H. W. Longfellow, 1807~1882).
- 음악은 야만인의 가슴을 어루만져 주는 희한한 힘이 있다(W. Congreve, 1670~1729).
- 음악이 천사의 언어라고 표현한 것은 올바른 표현이다(T. Carlyle, 1795~1881).
- You don't need any brains to listen to music(L. Pavarotti, 1935~2007).
- 음악은 천사들의 목소리라고 불린다. 그것은 사실이다. 그리고 나는 음악은 하나님의 목소리도 된다고 생각한다(C. Kingsley, 1819~1875).
- 시를 읽음으로써 바른 마음이 일어나고, 예의를 지킴으로써 몸을 세우며, 음악을 들음으로써 인격을 완성하게 된다(공자, B. C. 551~B. C. 479).
- 음악은 이따금 영혼의 활동을 자극하므로 계몽적이다(J. Cage, 1912~1992).
- 음악은 상처 난 마음에 대한 약이다(A. W. Hunt, 1830~1896).
- 듣기 싫은 음악에 대하여 말하지 말고 듣기 좋은 음악에 관하여 화제를 삼아라. 미워하고 싫어하는 감정은 되도록 발산하지 않는 것이 자신의 건강에 유익하다. 애정으로 표현된 감정만이 우리에게 좋은 피를 만들어 준다(E. A. Alain, 1868~1951).
- Music is well said to be the speech of angels (T. Carlyle, 1795~1881).
- There is two kinds of music, the good and bad. I play the good kind(L. Amstrong, 1900~1971).

제7장

음악과 관계하는 나의 음악

정말
사랑스러운
음악이야!

'관계'란, 둘 이상의 사람, 사물, 현상 따위가
서로 관련을 맺거나 관련이 있는 것을 일컫는 말이다.
그러나 한자어의 표현을 보면
'관계'는
'관계하다, 당기다'의 의미를 가진 '關(관)' 과
'매다, 이어 매다, 묶다'라는 뜻의 '係(계)' 의 조합어로
특정 대상을 '묶어서 당기는' 행위를 말한다.

같은 맥락에서 '음악과 관계하는 나의 음악'은
'내'가 자세히 보고자 하는 음악,
'내'가 오래 함께하고 싶은 음악,
그래서 '내'가 하고 있는 음악이 무엇인지에 대한
'나의 경험과 생각이 묻어 있는 음악'이라고
정의할 수 있다.

1 음악과 나의 관계

들리는 음악도 아름답지만 들리지 않는 음악은 더욱 아름답다(J. Keats).

'로저스(Rogers)는 '현상학적 장'에 대한 설명에 있어서 '자기탐색'과 '자기이해' 그리고 이를 통한 '자기행동'을 강조하였다. 즉, 특정 환경에서의 특정 순간 개인이 지각하고 경험하는 모든 것을 통해 자신이 관심 있는 것과 선호하는 것, 할 수 있는 것과 그렇지 않은 것을 알게 되며, 이는 바로 자기 자신에 대한 탐색 결과로 이어져서, 결과적으로는 자기이해에 도달하는 것이다. 이러한 발달의 과정 중에서 발견하는 생의 의미와 가치는 주관적 자유 실천의지를 불러일으키고, 이를 통해 주체적인 자기행동이 가능하다. 우리는 이러한 과정을 '철학적 사유의 과정'이라 말할 수 있다.

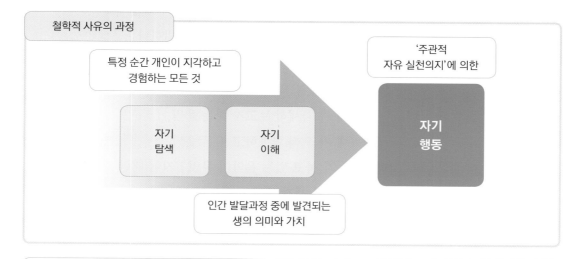

로저스에 따르면, 인간은 '유기체적 존재로서 자신을 스스로 변화시키는 존재'이다. 또한 이러한 변화가 인간발달 측면에서 긍정적으로 나타날 때, '충분히 기능하는 사람'으로 평가된다. 다시 말하면, 유기체적 존재인 우리는 충분히 기능하는 경우와 그렇지 못한 경우로 구분될 수 있다는 것이다. 그렇다면 '충분히 기능하는 유기체적 존재'가 되기 위해서는 어떠한 조건들이 필요한가? 이에 대한 조건으로 다음의 내용을 생각해 볼 수 있다.

철학적 사유의 과정이란?   철학적 결론에 상대되는 표현으로 사유의 과정을 통해 다양한 입장의 사람들이 각각 자신에게 의미 있는 '정답 아닌 정답'을 찾아가는 과정을 말한다.

☑ 개개인의 행동양식을 결정짓는 개인의 실제 세계인 주관적 현실(subjective reality), 즉 현상학적 장의 형성이 '긍정적'으로 이루어져야 한다. 여기에서 말하는 '긍정적'이란 유기체적 존재인 인간의 발달과정 중 나타나는 '충분히 기능하는 사람'을 목적하는 것으로서, 긍정적인 기본경험으로 바꿔 이해할 수 있다. 즉, 미래의 지속적이고 더 나은 발달은 현재의 '긍정적'인 현상학적 장에 의해 가능하다는 생각이다.

☑ 긍정적인 현상학적 장의 형성을 위해서는 유기체적 자아가 충분히 기능할 수 있는 환경과 조건이 제공되어야 한다. 이는 궁극적으로 목표 대상의 관심을 불러일으키기 위한 내적 동기부여와 더불어 이러한 신념을 장기간 지속시키는 내적 통제신념의 발전을 목적하게 된다.

☑ 앞에서 언급한 내용과 더불어 강조되어야 할 것은 '과정'의 중요성이다. 인간이 주변 환경과의 다양한 관계경험을 통해 자기를 탐색하고 이해하며, 이에 따라 자신만의 특성을 갖고 행동하는 변화의 정도는 바로 그 과정이 어떠했는가에 따라 결정되기 때문이다.

나와 관계하는 '음악'에 대한 이해

다음은 우주의 에너지가 폭발, 분열하지만 총량은 생성될 때와 같다는 '열역학 제1법칙'의 내용이다. 현대 사회에서는 과학기술의 발달로 인해 이전에 없었던 새로운 물건들이 우리 삶의 일부를 차지하고 있다. 과거 없었던 새로운 물건들의 본질은 무엇인가? 이것들은 본래부터 이 세상에 존재했던 것일까? 이에 대한 생각을 '본질'이라는 관점에서 다음의 인용문을 통해 살펴보자.

"세상의 모든 에너지는 형태만 바뀔 뿐 사라지거나 생성되지 않는다."

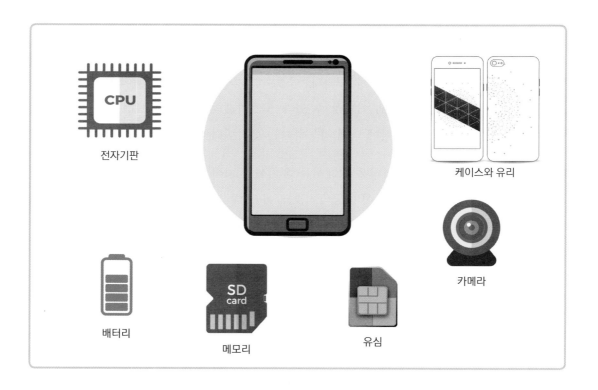

전자기판

CPU

케이스와 유리

카메라

배터리

메모리

유심

언제까지 & 어디까지 핸드폰?

- 핸드폰이 하나 있다. 핸드폰을 보호하기 위해 둘러싼 폰 케이스를 제거했다. 그럼에도 불구하고 아직 핸드폰이다.
- 이번에는 핸드폰 뒤의 판을 열어 배터리를 제거했다. 역시 아직 핸드폰이다.
- 유심과 메모리를 제거했다. 아직 핸드폰이다.
- 카메라를 제거했다. 전자기판을 제거했다. 앞면의 유리를 포함한 제거할 수 있는 모든 부품을 분해했다. 그럼에도 불구하고 아직 핸드폰이 맞는가? 만약 아니라면 언제부터 핸드폰이 아니었는가? 그리고 그 기준은 무엇인가?

우리는 이에 대한 대답을 '본질'에 대한 사전적 정의에서 찾을 수 있다.

☑ 본질이란, 본디부터 갖고 있는 사물 스스로의 성질이나 모습을 말한다.

그럼 핸드폰의 본질은 플라스틱, 유리, 그 외의 여러 부품의 주 원료가 되는 것인가? 아니다. 분명 플라스틱이나 유리 또한 제품으로 만들어지기 이전 단계의 원료 형태가 있을 텐데, 그럼 첫 번째 정의는 우리가 찾는 본질에 대한 정의로는 부족한 점이 있다.

☑ 본질이란, 사물이나 현상을 성립시키는 근본적인 성질이다.

> 적어도 핸드폰의 경우에 적용 가능한 정의이다. 다양한 부품과 부속으로 구성된 핸드폰은 이러한 구성 요소에 의해 완성된 사물이라 할 수 있다. 그러나 시중에 다양한 핸드폰 제품이 나와 있고, 뿐만 아니라 핸드폰의 기능을 대신할 수 있는 또 다른 대체품이 있다는 점에서 이 또한 본질을 설명하는 완벽한 정의는 아니다. 이에 대한 내용적 보충이 바로 다음의 정의이다. 이는 단지 물리적인 본질뿐만 아니라 인지적 관점에서의 본질, 즉 인지 주체의 관점까지 고려하고 있다.

☑ 본질이란, 실존에 상대되는 말로 어떤 존재에 관해 '그 무엇'이라고 정의할 수 있는 성질이다.

> 그럼 '음악의 본질'은 어떻게 정의될 수 있는가? 우리가 위에서 인용한 '본질'의 정의 중 첫 번째와 두 번째 관점에 따라 '음악'을 정의한다면, 음악은 '박자 · 가락 · 소리 등을 갖가지 형식으로 조화하고 결합하여, 목소리나 악기를 통해 사상 또는 감정을 나타내는 예술'이 될 것이다. 따라서 음악적 현상을 성립시키는 근본적인 성질로 '박자 · 가락 · 소리'를 들 수 있고, 이러한 음악의 본질을 학습하고자 한다면, 바로 이러한 특정 성질을 교육현장에서 다루어야만 한다. 그러나 '본질'이란 의미가 갖고 있는 세 번째 사전적 의미에 따른 음악적 본질은 그 내용이 사뭇 달라질 수 있다. 왜냐하면 이는 사전지식으로 인한 고착(fixation: Roediger, 1991)이 일어나지 않은, 또는 실존하는 물리적 그 자체가 아닌 그 어떤 존재에 대한 '그 무엇', 즉 '내게 의미부여된 그 무엇'을 뜻하기 때문이다.

☑ 이를 독일의 음악교육학자 그룬(Gruhn, 2008)은 '내적(심미적) 표상'이라고 하였으며, 페스탈로치(Pestalozzi, 1746~1827)는 '외면적 직관의 원리'와 '내면적 직관의 원리'로, 헤르바르트(Herbart, 1776~1841)는 '전심'(傳心)과 '치사'(致思)의 관계를 통해 설명하였다.

☑ 다시 말하면, 어떠한 대상이나 현상 또는 상황에 대해 하나의 연상코드(code)를 부여함으로써 특별한 의미의 '그 무엇'으로 이해하는 것이다. 이러한 연상코드는 나의 주관적 배경, 예를 들면 사전경험의 유무, 경험의 결과, 관심 영역, 흥미의 정도 등에 따라 개별적으로 부여되는 것으로 나에게만 의미 있는 나만의 결과물이다.

☑ 고든(Gordon, 1986, 1990, 1997)은 이러한 결과물에 대해 음악적으로 '오디에이션(Audiation)'이라고 정의하는데 오디에이션하는 사람과 할 수 없는 사람의 차이에 대해 다음과 같이 설명하였다.

> A musician who can audiate is able to bring musical meaning to notation.
> A musician who cannot audiate can only take theoretical meaning from notation.

☑ 미술교육학자 호건(Horgan: Root-Bernstein, 2003에서 재인용)은 이러한 결과물의 차이를 '마음의 눈'의 유무에서 찾았다. 마음의 눈은 자신의 세계를 만드는 준비된 도구의 역할을 한다.

> 존재하지 않는 것을 상상해 낼 수 없으면, 새로운 것을 만들어 낼 수 없으며,
> 자신만의 세계를 창조해 내지 못하면,
> 다른 사람이 묘사하고 있는 세계에 머무를 수밖에 없다.

☑ 무용교육가 플레스너(Plesner: Richter, 1987에서 재인용)는 이러한 결과물을 도출하는 행위를 '몸표현(Verkörperung)'으로 정의하였다.

> Der Mensch verkörpert Musik.
> (인간은 음악을 몸으로 표현한다.)

> Der Mensch verkörpert sich in oder durch Musik.
> (인간을 음악 속에서 또는 음악을 통해 자신을 표현한다.)

이러한 내용을 통해 볼 때 음악 본질에 대한 이해는 관여하는 각 요소의 합, 예를 들어 밑줄을 친 1, 2차적 인지의 결과로만 결정되는 것이 아니라(Sternberg & Lubart, 1995), 색으로 강조된 결과물, 즉 내가 주체가 되어 이 요인들을 '어떻게 상호작용하게 하는가'에 따른 사고의 방법과 행위에 의해 결정된다고 할 수 있다.

 음악과 관계하는 '나'에 대한 이해

☑ 음악의 이해는 '나의 직접적인 경험'에서부터 시작된다.

"음악이라는 말을 사람들과 같이 쓰고 있으나, 실상 그 말의 내용이 달라질 수 있는 이

유도 여기에 있다. 경우에 따라서는 음악을 이해하고 있지 않으면서, 마치 음악을 이해하고 있는 것으로 착각을 하는 문화인이 생길 수 있는 이유 역시 여기에 있다."(이강숙, 2002, p. 16)

> 직접적인 경험이란, 개념적 이해에 상반되는 말로서 자신의 물리적 감각기관을 중심으로 한 신체적 경험을 뜻한다. 앞에서 제시한 이강숙의 주장은 '몸을 이용한 직접적 경험'의 중요성을 강조한다. 인용문에서 반복되어 나오는 '여기'는 모두 '음악적 경험'을 지칭하고 있으나 서로 상반되는 의미를 담고 있다. 전자는 몸을 이용해 자신이 직접 경험하고 이에 따른 이해의 결과를 갖게 하는 직접적인 음악경험을 뜻하는 반면, 후자의 경우는 다양한 매체를 통해 습득한 간접적 경험의 결과물을 가리킨다.

☑ 직접적 경험이란 '나'에 의해 자발적으로 이루어진 자연스런 사고를 불러일으키는 경험을 말한다.

> 대부분 직접적 경험, 특히 어린 시기의 직접적 경험은 일반적으로 행위자의 자발성, 즉 내적 동기에 의해 발생함을 알 수 있다. 이는 행위자의 관심과 흥미를 유발할 만한 환경적 자극을 의미하며, 반대로 이러한 환경은 자발적이고 능동적인 새로운 행동을 불러일으킨다. 따라서 직접적인 경험, 특히 자발성에 기초한 직접적인 경험은 그 결과가 설령 부정적이라 하더라도 다음 행위를 저해하는 요소로 작용하지 않으며, 그 결과가 긍정적인 경우에는 그와 유사한 환경적 자극에 대한 새로운 능동적 반응을 불러일으키는 기본경험의 역할을 한다.

☑ 반복된 경험과정 속에서 형성된 이러한 사고를 '고유한 의식구조'라고 하며, 이는 음악에 대한 개념으로 발전한다.

> 우리는 흔히 음악에 대해 정의할 때 '음악이란 소리를 이용하여 인간의 사상과 감정을 표현하는 예술'(이성천, 1971)이라는 표현을 자주 사용한다. 그러나 이러한 음악에 대한 정의가 과연 우리의 내부에서부터 발현된 사고의 결과라고 할 수 있는가? 저자는 감히 그렇지 않다고 주장한다. 왜냐하면 이러한 정의에는 우리가 직접 행하고 사고하는 '능동적 체험'의 과정이 생략되었기 때문이다. 즉, 개인의 고유한 의식구조에 기초한 개별적인 의미부여가 결여된 것이다.

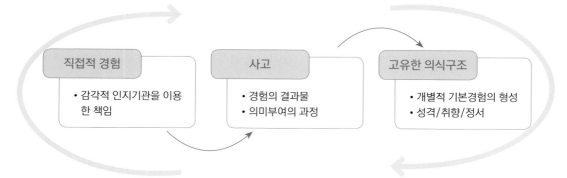

순환적 반복에 의한 이해의 과정

따라서 이러한 음악에 대한 정의는 남의 것을 모방한 것에 지나지 않으며, 이강숙의 말처럼 전혀 이해하고 있지 않으면서도 마치 이해하고 있는 듯한 착각을 불러일으킨다. 결과적으로 볼 때 이러한 경험은 자신만의 사고를 불러일으키고 이를 음악적 개념으로 발전시키는 과정이 결여되어 있기 때문에 간접적 경험에 의한 결과물이고, 따라서 비창의적인 모방의 산물이라 할 수 있다.

☑ 사전적 의미의 음악개념은 '음악의 본질적 속성을 다루는 경험형식', 즉 일정한 정해진 형식이나 개념에 의한 결과물이 아닌 '나의 경험'에 따른 상이한 인식의 결과물을 의미한다.

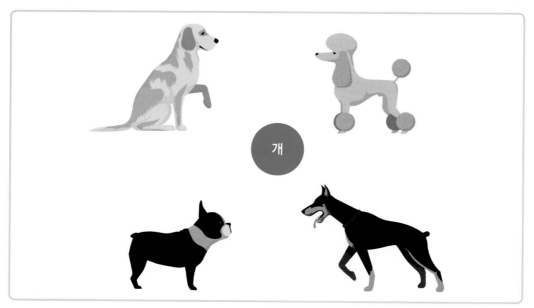

☑ 경험형식 또한 '외부의 감각적 재료를 통합하여, 하나의 의미를 부여'하는, 즉 음악을 이 해하는 사고를 위한 '나만의 기초'를 뜻한다.

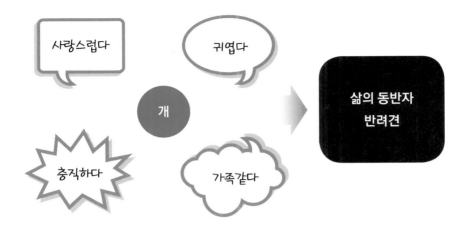

☑ 이때 모든 과정과 결정의 주체는 '나' 자신이 된다.

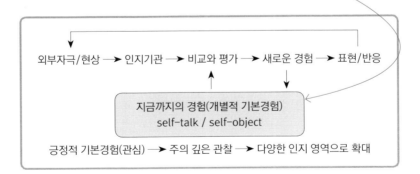

음악은 인간의 마음속에 존재하는 위대한 가능성을 인간에게 보이는 것이다(Ralph Waldo Emerson).

 어원적 이해

[명사]

1. [U] 미술; 예술(행위) 〈참고〉 clip art, fine art

modern / contemporary / American art 🔊
현대/당대/미국 미술

an art critic/historian/lover 🔊
미술 평론가/미술사가/미술 애호가

Can we call television art? 🔊
텔레비전을 예술이라고 부를 수 있을까?

stolen works of art 🔊
도난당한 미술 작품들

Her performance displayed great art 🔊
그녀의 연기는 대단한 예술을 펼쳐 보였다.

흔히 사람들은 예술을 뜻하는 영어 단어 art를 명사로 생각한다. 그러나 art는 어원적으로 볼 때 명사가 아닌 동사로서 '~을 짜 맞추다'는 자동적 의미를 갖고 있다. 즉, 이미 짜 맞추어진 결과가 아니라 짜 맞추어 가는 과정 그 자체를 가리키는 것이다. 이러한 이유에서 우리는 예술을 '일련의 경험을 통해 무엇인가를 얻고자 하는 하나의 행위'로 이해할 수 있다.

ar- 인도유럽 공통 조상어: 결합하다

arm ✓ 결합
↓
aristo ✓ 지식
↓
art ✓ (결합된) 마디 및 기술

무형의 것이 결합된 사건은 '지식'이고, 유형의 것이 결합된 사건은 '기술'이라고 정의된다. 이 중 어근을 살펴보면, ar-는 산스크리트어에서 rtih, 라틴어에서는 ars, 아르메니아어에서 arnam으로 변화하였다. 이후 14세기경, 영어권에서 사용되면서 오늘날의 art가 된다. 당시의 이 단어들은 모두 '기술'이란 뜻으로 사용되었고, 오늘날의 예술이란 의미는 약 18세기 이후부터 등장하게 된다.

물론, 행위로서의 예술은 당연히 결과물을 만들어 낸다. 그리고 이러한 결과물은 흔히 '작품'이라는 이름 아래 결과 위주의 예술에 대한 편협한 사회적 인식과 정의를 양산한다. 그러나 과정에 대한 이해가 없는 이러한 결과물은 우리의 삶에 대해 설명해 주지 않는다.

즉, 그 작품이 우리에게 주는 깨달음, 우리가 세상을 어떻게 이해하고 수용하는지, 그래서 우리의 삶이 어떻게 바뀌게 되는지 등에 대한 우리의 궁금증을 충족시키지 못하는 것이다. 그래서 무엇보다도 시급히 변화되어야 하는 것은 바로 예술에 대해 갖고 있는 획일화된 우리의 고정된 관념이라고 할 수 있다.

🎹 생각하기

베토벤(L. V. Beethoven)과 자신의 공통점 그리고 차이점에 대해 생각해 보자.

공통점	차이점

예를 들어, 고전시대 대표적인 작곡가 베토벤과 음악적 전문성이 전혀 없는 일반인 사이의 공통점을 찾으라면 무엇을 들 수 있겠는가? 먼저 쉬운 접근을 위해 공통점보다 차이점에 대해 먼저 생각한다면, 당연히 베토벤의 음악적 결과물과 일반인의 그것 사이에서 발견되는 비교할 수도 없는 수준의 차이를 말할 수 있다. 그러나 반대로 생각해서 결과물이 아닌 앞에서 언급한 과정에 초점을 둔 공통점을 생각한다면, 그것은 바로 음악적 행위 그 자체라고 할 수 있다.

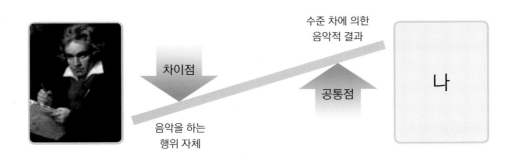

☑ 이는 천재적인 작곡가 베토벤에게도 필수불가결한 과정으로서 다양한 음악적 요소를 짜 맞추고자 하는 시도와 시간 그리고 과정이 절대적임을 의미한다.

☑ 즉, 대가라 불리는 이들 또한 수많은 보편적 기술의 반복적 행위를 거치면서 마침내 결과를 도출하였음을 보여 주는 것이다.

☑ 중요한 시사점은 이는 특별해 보이지만 일상 어디에서나 볼 수 있는 매우 보편적인 현상이라는 사실이다.

'짜 맞추다'라는 예술의 본래 의미를 고려할 때, '의미 있는 것'을 만드는 행위야말로 예술의 핵심이라 할 수 있다. 이는 공장의 조립라인에서 생산하는 물건과 예술적 생산물의 차이를 결정하는 기준이 된다. 즉, 행위자의 주체성의 존재 여부가 예술품과 공산품의 가치를 결정하는 것이다. 같은 맥락에서 일찍이 아리스토텔레스(Aristotele)는 예술을 외형이 아닌 품성이나 특성의 '모방'으로 보았고, 쇼펜하우어(Schopenhauer)는 작가의 의지와 예술을 관련하여 '의지 그 자체의 복사'라고 표현하였다.

우리는 세상을 살면서 많은 '의미'를 부여한다. 의미라는 용어는 다른 말로 '가치'라고도 표현할 수 있는데, 혹자는 '지식의 홍수 속에서 자신만의 가치를 발견하는 과정'을 교육이라고도 정의한다(조대현, 2011). 즉, 우리가 현재 알고 경험하며 배우고 익힌 것들을 자신의 생각과 철학을 담아, 남과는 구별되는 나만의 것을 통해 새롭게 체계화했을 때 가치 있는 것으로 평가되는 것이다. 이러한 관점에서 볼 때, 가치 있는 예술행위는 내가 지닌 내재적 속성과 하나가 되고 여러 재료를 질서 있게 조합하는 과정이라 정의할 수 있으며, 개인적인 철학을 중심으로 세상을 체계화시키는 작업이라 할 수 있다.

사고의 스펙트럼

이를 위해서는 사고의 스펙트럼을 다양화하는 것이 필요하다. 나만의 의미와 가치를 부여한다는 것은 이미 개념화되어 있는 틀을 깬다는 것을 뜻하기 때문에 새로운 질서와 체계가 당연한 결과로 도출된다. 이러한 결과물은 그 어떤 것과도 비교할 수 없는 창의적이고 독립적인 것으로서 이 장에서 논하고자 하는 융합적 관점에서의 음악의 정의를 가능하게 한다.

다른생각 !

다음은 보다 넓은 사고의 스펙트럼을 활용하는 데 있어 전제되는 요건을 설명하기 위해 인용한 이강숙(2002)의 글이다. 아래의 두 글에 공통적으로 제시된 '여기'에 대해 음악 또는 음악교육적 관점에서 자신의 경험을 중심으로 다시 한 번 생각해 보자.

> 음악이라는 말을 사람들과 같이 쓰고 있으나, 실상 그 말의 내용물이 달라질 수 있는 이유도 여기에 있다.

> 경우에 따라서는 음악을 이해하고 있지 않으면서 음악을 이해하고 있는 것으로 착각하는 문화인이 생길 수 있는 이유도 여기에 있다.

3 융합적 사고에 기초한 음악의 정의

눈에 보이는 것을 연주하지 말고 보이지 않는 것을 연주하라!(Miles Davis)

 생각하기

본인 생각에 '음악적'이라고 판단되는 사건, 현상 등을 사진이나 동영상으로 담아 보자. 그리고 이를 '음악적'이라고 판단한 근거를 토대로 작품의 제목을 붙이고 그 이유와 내용을 적어 보자.

제　목:

촬영일자:

内容

융합적 사고를 위한 '음악과 나의 긍정적 관계' 형성

☑ 앞서 언급한 바와 같이 개별적 기본경험이 기능하는 현상학적 장 단계에서의 이해와 개별적인 의미부여는 다양한 경험 간의 긴밀한 관계형성과 재구성의 노력을 통해 가능하다.

☑ 즉, 타 영역과의 경계가 허물어지고, 시각적 자극을 청각적으로 인지하여 이를 신체적으로 표현하며, 촉각적 느낌을 언어적으로, 또는 언어적 표현을 음악적으로 인지하는 등의 다양한 인지 영역 간의 활발한 교류가 우리의 현상학적 장 안에서 이루어져야 한다.

☑ 이를 위해서는 긍정적인 음악적 의식구조를 바탕으로 한 고유한 '음악개념'의 형성이 전제되어야 하며, 이는 나만의 배경에 의해 도출된 결과물이기 때문에 매우 창의적이고 독창적 성격을 가진다. 다만 여기에는 음악적 자극과 환경에 대한 자발적이고 주체적이며 예민한 인지와 반응이 요구된다.

 ## 융합적 사고에 기초한 '음악'에 대한 정의의 예

다음은 '음악과 나의 긍정적인 관계' 속에서 가능한 '음악적 사고의 생활화'를 보여 주는 융합적 사고 결과의 예이다. 저자는 '음악의 이해'라는 수업을 통해 '주변에서 발견할 수 있는 음악적 사건이나 현상'을 디지털 카메라에 담아 오는 과제를 주었다. 그러나 한 주 후에 학생들이 제출한 과제물은 단지 이미 모든 사람이 음악에 관련된 사진이라 생각할 수 있는 악기 또는 연주회 사진 같은 1, 2차적 인지 단계의 결과물뿐이었다.

음악에 대한 1, 2차적 인지의 결과물

이에 저자는 학생들에게 외부 환경으로부터 주어진 '수동적 인지'가 아닌 나만의 의미부여에 의한 '능동적 인지'의 결과물을 요구하였다. 다음 그림은 학생들이 제출한 결과물 중 하나이다.

학생 A의 생각

"풍선이 마치 ♩ 같지 않나요? 알록달록 예쁜 풍선들. 한 풍선이 소녀에게 건네집니다. 수많은 음표, 한 음표가 사랑의 손으로 옮겨집니다. 수많은 음표가 하나하나 사랑의 손으로 옮겨지며 아름다운 선율을 만들어 냅니다."

능동적 인지에 의한 음악적 이해

이 그림에서 우리는 어떠한 음악적 의미를 발견할 수 있는가? 이 과제물을 제출한 학생 A는 이 그림에 대해 다음과 같이 설명하였다.

☑ 먼저 눈에 보이는 시각적 정보 속에서 음악적 의미와 내용을 발견하였다.
즉, 검은 풍선에 음표의 의미를 부여하고, 놀이동산의 피에로를 음악가로 이해했으며, 이 음악가가 들고 있는 풍선을 음악으로 파악하여 이 풍선음악이 꿈 많은 어린 소녀에게 전달된다고 해석하였다.

☑ 그림에 대한 이러한 이해와 해석은 학생 A의 현상학적 장에 형성된 '음악과 음악가, 그리고 어린 소녀로 의미부여된 청중과의 긴밀한 상관관계'를 보여 주고 있다.

☑ 그러나 조별토론 속에 나타난 조원들의 생각은 이미 앞에서 언급한 바와 같이 개별적 현상학적 장에 의한 개인 간의 차이를 보여 준다. 다음은 조원들의 의견을 인지의 정도에 따라 순서대로 정리한 것이다.

조원 1~5의 생각

① 피에로-음악가가 갖고 있는 아름다운 음악을 꿈 많은 아이에게 전해 주는 듯하다.

② 같은 음악을 들어도 모두 다르게 느끼듯이, 같은 풍선을 나누어 주어도 받아들이는 사람에 따라 다르게 느낄 것이다.

③ 어린아이의 입장에서 재미있고 호기심을 가질 수 있는 눈높이에 맞는 피에로(음악가)가 풍선을 통해 음악을 전하는 듯하다.

④ 선생님이 아이의 특성에 따라 다르게 지도하시는 것과 같이, 아이들은 개개인에 맞는 다른 풍선을 받을 것이다. 음악은 그 사람의 경험에 의해 받아들여지는 것이라는 교수님의 말씀처럼 음악이란 만들어 내는 사람과 그 음악을 받아들이는 사람, 양쪽 모두가 중요하다고 생각한다.

⑤ 음악을 하는 남자(피에로)에게 사람들이 하나씩 음(풍선)을 주어 하나의 큰 음악이 완성되는 것 같다.

우리가 다섯 학생의 의견 속에서 발견할 수 있는 공통점은 그림 속의 물리적 대상인 피에로를 음악가로 그리고 풍선의 경우는 음표 또는 음악으로 의미부여했다는 점때문이다. 그러나 이러한 공통된 사고에도 불구하고 차이가 나는 것은 바로 인지 정도의 차이, 즉 관점의 차이이다. 학생 1이 음악적 이해를 요구하는 과제로서의 외부적 자극에 따른 2차적 수준의 인지(피에로-음악가)결과만을 보여 준 반면, 다른 학생들은 검은 풍선 속에서 다양한 색의 풍선을 발견하였고, 더불어 이러한 다양한 색의 풍선이 갖는 음악 또는 교육적 의미를 부여하고 있다. 마지막 학생 5의 경우에는 풍선을 주고받는 방향을 전환함으로써 다른 학생과는 구별되는 자신만의 새로운 의미를 창출하였다.

저자는 교육자의 관점에서 피에로의 복장분만 아니라, 피에로의 행동, 즉 작은 아이를 배려하여 허리와 무릎을 굽히고 팔을 모으며 시선을 아이에게 고정하는 교육자 또는 연주자의 세심한 마음을 발견할 수 있었고, 또한 이러한 교사의 노력에 팔을 뻗고 풍선 또는 교사를 바라보며 까치발을 통해 긍정적으로 반응하는 어린 여학생의 반응 또한 엿볼 수 있었다.

우리는 이와 같은 다양한 인지의 결과물을 통해 긍정적인 개별적 기본경험과 현상학적 장 형성의 당위성과 이들의 지속적인 발달을 위해 과정적 주체로서 꾸준한 노력이 요구된다는 점을 발견할 수 있다. 이러한 이해와 노력이 검고 둥근 풍선에서 다양한 색상과 모양을 가진 나만의 풍선을 발견하는 전제조건이라 할 수 있다.

한 걸음 더 !

☑ 다음의 글을 읽고 '내'가 주체가 되어 이루어지는 융합적 사고의 과정 속에서 기능하는 '새로운 것'과 '고유한 것'의 의미에 대해 이 장에서 언급한 주요 개념어를 중심으로 정리해 보자.

> 나는 새로운 것이 필요하다고 생각한다.
> 왜냐하면 새로운 무언가를 통하여
> 나의 고유한 것을 소중하게 여길 수 있기 때문이다.
> 반면, 고유한 것 역시 중요하다.
> 왜냐하면 나의 고유한 것을 통해
> 새로운 것을 경험할 수 있기 때문이다.
> 그러므로 내가 새로운 것을 바라보는 시각의 문제는
> 내가 나의 고유한 것을 어떻게 경험하는가에 달려있다.
> (Alexander J. Seiler: Führing, 1997에서 재인용)

주요 개념어 이해하기

고유한 것

새로운 것

나의 고유한 것은?

제**8**장

음악교육이란

아름답고 평온해 보이지만
한편으로 사상누각(沙上樓閣)이란 말이 떠오른다.
얕은 기초 위에 집을 지어 외부의 작은 충격에도
쉽게 무너질 수 있음을 뜻하는
'사상누각'은 기초의 중요성을 강조하고 있다.

이는 인간이 사는 모든 곳에 적용되는 말이나, 특히 교육에서,
더욱이 가르치는 교사 관점에서 의미가 더더욱 특별하다고 할 수 있다.
왜냐하면 교육은 불완전한 인간이 하는
불완전할 수밖에 없는 작업이기 때문이다.

따라서 교육에는 정답이 있을 수 없다.
다만 끊임없는 노력과 시도만이 반복될 뿐이며,
이러한 책임 있는 노력과 시도에 의해 얻는 결과물이
바로 '신념'이라고 할 수 있다.

음악성이란, 모두가 타고 나는 선천적 구조의 하나로 천재적 결과물의 이유가 아니라 누구나 음악을 배우고 즐길 수 있는 잠재된 능력을 뜻한다.(W. Gruhn)

음악교육의 필요성에 관한 질문을 받을 때마다 음악적 능력을 의미하는 다양한 표현을 대하게 된다. 재능, 탤런트, 음악성, 음악적 지성, 천재, 창의성 등이 대표적이다. 대부분의 사람은 모차르트의 경우와 같이 음악적으로 뛰어난 결과물을 보이는 어린아이에 대해서만 음악성이 있다고 생각한다. 또한 그런 음악성을 가진 아이가 자라서 어른이 되고 계속적으로 음악에 종사할 경우에만 예술가, 또는 음악가로 인정한다. 그러나 여기에서 논하고자 하는 것은 그러한 특별한 재능을 가진 천재가 아니다. 왜냐하면 우리의 음악교육은 앞에서 언급한 선천적 재능을 가진 음악적 천재보다 일반적이고 비음악적으로 평가되는 대상에게 더 큰 의미가 있기 때문이다. 즉, 일상에서 흔히 접할 수 있는 음악적 재능의 일반적 조건에 대해 이야기하고자 하는 것이다. 흔히 음악교육의 필요성은, ① 인간 본성으로서의 음악, ② 창의성 발달에 기여하는 음악, ③ 생활 속의 음악(역할), ④ 문화 유산으로서의 음악(가치) 등을 통해 설명된다. 그러나 저자는 음악교육의 필요성을 인간 본성의 관점, 그리고 학습 및 발달심리학적 관점에서 소개하려고 한다.

 음악성에 대한 다양한 정의

☑ 음악은 언어와 같다.

> 모든 인간은 음악적 능력을 갖고 태어난다. 이는 개인 간에 차이는 있으나 모든 사람이 선천적인 언어능력을 가지고 있는 것과 같다. 즉, 모든 사람은 음악을 음악으로 이해하고, 이 음악을 즐기며, 또한 음악적으로 스스로를 표현할 수 있는 잠재력을 가지고 있다. 따라서 특정 언어 환경에서 자연스럽게 특정 언어를 배우고 익히고 사용하듯이, 음악 환경에서 또한 모든 사람이 음악적일 수 있다.

☑ 다만, 음악을 익히기 위해서는 언어를 익히는 것과 같은 환경적 조건과 과정이 요구되며, 또한 개인 차에 대한 이해가 전제되어야 한다.

> '음악은 언어이다.'라는 정의는 일반적인 언어 환경과 같은 음악적 환경의 제공이 전제되었을 때 가능하다. 언어적으로 뛰어난 능력을 갖고 태어난 아이들이 그렇지 못한 아이들에 비해 더 나은 언어적 표현능력을 보여 주는 것과 같이, 아이들의 음악성은 개개인에 따라 상이할 수밖에 없다. 그러나 그럼에도 불구하고 음악적이지 않은 아이는 없다. 다만 엘쉔브로이히(Elschenbroich, 2001)가 주장한 바와 같이 이는 학습되어야 하고, 학습할 수 있는 기회가 필요할 뿐이다. 만약 선천적 재능을 계발하고 사용할 수 있는 기회를 환경적으로 제공받지 못한다면, 영어권에서 흔히 말하는 'use it or lose it'과 같이 오히려 퇴행하는 부정적 결과를 초래할 수 있다.

☑ 미국의 심리학자 스피어먼(Spearman: Gruhn, 2003a에서 재인용)은 모든 사람에게 존재하는 이러한 능력을 'g-factor'라고 설명한다.

> 음악성이란, 일반적으로 다양한 능력과의 연계 속에서 판단된다. 여기에서 다양한 능력은 수용적인 종류와 생산적인 종류로 구분할 수 있는데, 수용적 종류에는 음악에 의한 자극, 음악에 대한 섬세함, 음악적으로 풍부한 지식, 예민한 청감각능력 등이 해당되고, 생산적 종류로는 표현능력과 방법, 독창성, 표현의 기술적 완성도, 능숙함 등을 그 예로 들 수 있다. 스피어먼은 인간의 이러한 능력에는 특별한 기본구조를 만들어 주는 요인이 있다고 생각하고 g-factor, 즉 'general factor'를 설정하였다. 이 구조는 다양한 환경 자극에 반응하는 일반적 구조로서 당연히 음악적 자극에도 반응한다.

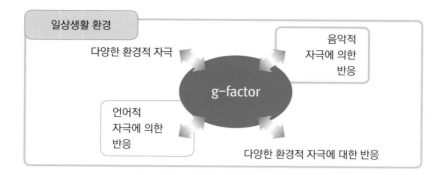

가드너(Gardner)는 이러한 g-factor이론에 이의[1]를 제기하며 새로운 모델인 '다중지능
(multiple intelligences)'이론을 제시하였다.

그는 모델 연구를 통해 모든 사람은 개인적 차이가
있는 '고유한 지적 프로필'을 다양한 영역 내에 형성
한다고 말하며, 이를 여덟 가지 영역의 지적 능력으
로 구분하였다. 가드너의 다중지능이론이 스피어먼
의 g-factor와 구별되는 가장 큰 요인은 '지적 능력'
이라는 개념을 선천적 재능을 표현하는 동의적 개념
으로 사용하고 있다는 사실이며, 이는 각 개인의 상
이한 선천적 재능의 프로필을 중요하게 보는 관점에
서 기인하였다.

이러한 이유에서 음악적 재능은 학습을 위한 '구조', 개개인의 상이한 '준비상태', 또는 '음
악을 학습하고 발전시킬 수 있는 개개인의 내재된 잠재력'으로 정의될 수 있다.

재능이란, 이러한 음악적 능력의 차이로 인해 발생하는 현상을 설명, 또는 지칭하는 '구조'를
의미한다. 즉, 재능은 '학습을 위한 개개인의 준비상태'를 뜻하며 따라서 어떻게, 그리고 얼마
나 배울 수 있는지에 대한 그 정도를 나타낸다. 결론적으로 재능은 우리가 흔히 말하는 타고
난 탤런트와 함께 다양한 환경적 요인에 따른 결과물이라고 볼 수 있으며, 이러한 관점은 후
천적 교육의 필요성, 즉 음악교육의 당위성을 나타낸다.

---

1) 스피어먼의 g-factor 이론만으로는 동일인의 발달에서 나타나는 다양한 영역 간의 차이가 설명되지 않
는다. 동일한 환경적 자극이 제공되었다는 전제하에 서로 다른 영역 간에 나타나는 상대적 차이가 설명
되기 위해서는 다중지능이론에서의 '고유한 지적 프로필'에 대한 고려가 필요하다.

음악성의 발달

"모든 사람은 각각의 특정한 능력을 가지고 태어납니다. 이 능력은 출생 직후 가장 컸다가, 외부자극이 효과적이지 못할 때, 점차적으로 줄어듭니다. 다시 말하면, 적당한 외부적 · 환경적 조건이 충족되어야만 이 능력이 유지될 수 있는 것입니다. …… (중략) …… 우리는 이러한 능력을 풍선에 비유해 봅니다. 아기가 막 태어났을 때, 이때의 풍선은 공기가 가득 찬 상태입니다. 그러나 시간이 갈수록 점차적으로 공기는 밖으로 빠져나갑니다. 단, 이 경우는 외부에서 아무도 이 풍선에 계속해서 바람을 보충해 주지 않거나, 혹은 적어도 공기가 빠져나가는 것을 막고자 하는 시도가 없을 때에 해당합니다. 만약 외부에서 계속적으로 바람을 주입하여도 풍선이 최고로 커지게 하는 것이 불가능하다고 할 때, 우리에게 가능한 것은 무엇일까요? 가능한 한 바람이 최소로 빠지게 하여, 그 상태를 유지하도록 하는 것이 최선이 아닐까 생각합니다."(Gruhn, 2008, p. 27)

☑ 선천적으로 준비된 구조의 발달은 외부로부터 제공되는 지속적인 자극에 의해 가능하며, 이러한 물리적 발달에는 특정한 '적기'가 있다.

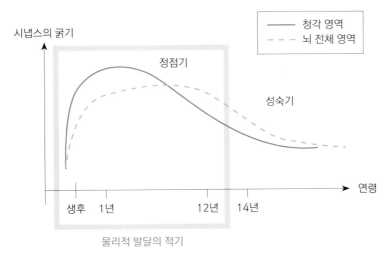

시냅스의 발달(Huttenlocher, 1979, 1987)

실험 1: 시냅스 실험

인간 뇌의 해부를 통해 뇌 일정 크기당 '시냅스(Synapse)의 수와 굵기'에 대한 연구를 진행한 후텐로커(Huttenlocher, 1979, 1987: Huttenlocher & Dabholkar, 1997에서 재인용)에 의하면, 생후 약 1년 동안 신생아의 시냅스 수는 굉장히 빠르게 증가하여 성인의 그것보다 50% 이상 많아지는 반면, 이후에는 성장속도가 줄어들며 성숙기에 접어든다. 청각능력의 경우, 발달의 정점기는 뇌 전체 발달에 비해 좀 더 이른 시기인 생후 약 3개월부터 시작되며, 이후 성숙기 전까지 약 12년 동안 진행된다. 물리적 발달의 수준은 이 시기에 주어지는 외부자극의 내용과 정도에 의해 결정된다. 음악 영역에서의 대표적인 물리적 발달의 예로는 절대음감의 형성 등이 있다.

실험 2: 포도당 실험

후텐로커의 실험결과는 츄가니(Chugani, 1998)와 그의 동료들이 실시한 포도당 변화의 관찰에서도 동일하게 나타난다. 뇌는 자신의 활발한 활동을 위해 혈액에서 포도당의 형태로 필요한 에너지를 공급받는다. 이때 발생하는 포도당의 변화를 관찰한 결과, 생후 1년 동안 신생아는 어른에 비해 65~80% 더 많은 포도당을 필요로 했으며, 2~4세의 아이의 경우 그 필요량이 최고 정점에 도달했고, 9살이 되면서 서서히 줄어들어 평균량을 유지하는 성숙기에 이르게 됨을 알 수 있었다.

☑ 이 실험을 통해 볼 때, '준비된 구조의 발달'은 생후 직후부터 빠른 속도의 상승기가 시작되고, 발달의 정도는 성숙기에 이르기까지 정점의 높은 수준을 유지하며, 이후 그 속도와 정도가 줄어들고 일정 수준을 유지하는 성숙기에 이름을 알 수 있다.

☑ 미국의 음악심리학자 고든(Gordon, 1997)은 이러한 음악 영역에서의 물리적 발달의 적기를 생후부터 약 9세까지로 규정한다.

여기에서 음악적 재능이라고 말하는 행동은 우선 소리에 대한 작은 관심으로부터 나타난다. 이것은 다양한 형태의 흥미로운 표현으로 소리를 직접 찾아 다니며 탐구하는 행동이다. 예를 들어, 스스로 멜로디를 만든다든가 노래를 부르는 등 다양한 소리를 흉내 내면서 소리를 장난감처럼 다루는가 하면, 소리 간의 차이를 발견하고 서로 다른 박자에 맞춰 자유롭게 움직임으로 표현하는 등, 아이들 스스로의 관심 어린 행동으로 표출되는 것을 말한다. 이 모든 것은 인간이 음악에 대해 어떻게 반응하는지를 보여 주는 지극히 자연스럽고 본능적인 행동양식이다. 그러나 이러한 반응은 단지 이른 시기의 음악적 경험이 존재할 때만 가능한 것으로, 마치 아이들이 일찍부터 언어를 경험하고, 이를 통해 학습하는 것과 동일하다.

☑ 발달의 적기가 구조적 차원의 물리적 발달의 시기를 의미한다면, 이후에 발생하는 성숙기는 기능적 발달, 즉 구조 및 조직의 분화와 질적 변화가 이루어지는 매우 중요한 시기이다.

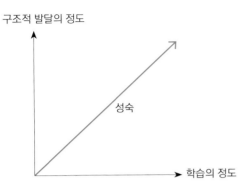

발달심리학적 차원에서의 발달은 크게 '구조'와 '기능'으로 구분되며, 구조는 신체의 물리적 성장을 의미하고 기능은 성숙, 즉 질적인 변화를 뜻한다. 이러한 발달은 각 요인 간의 긴밀한 상관관계를 띠고 있으며, 또한 학습이라는 후천적 환경에 의해 영향을 받는다는 공통점을 갖고 있다.

☑ 따라서 긍정적인 음악성의 발달은 대상에 적합한 음악적 환경이 지속적이고 체계적으로 제공될 때 가능하다.

언어적 능력향상에 도움이 되는 것은 분명히 음악적 발달에도 영향을 줄 것이다. 만약 아이들에게 음악적 대화상대를 제한하고 의미 없는 소음 속에 혼자 있도록 방치한다면, 이것은 그들을 자연적이지 못한 비음악적 상태로 만드는 것이다. 비음악적 상태란 잠재해 있는 음악성을 무시하거나 잃어버리는 것을 의미하며, 이러한 결과는 사회적 인식의 부족과 함께 교육적 환경의 부적합함으로 인해 발생한다. 반면, 음악적 상태라고 하는 것은 잠재되어 있는 고유한 능력과 기능을 생활 속에서 구현하고 사용할 수 있는 상태를 의미한다.

결론적으로 우리가 말하고자 하는 '음악적 재능'은 개인의 행동양식을 결정하는 개인적인 특성과 환경적 영향으로부터 발생한 총체적 영향의 관계 속에 놓여 있다고 할 수 있다. 이러한 관점에서 '음악성'이란, 개개인의 차이는 있으나 모든 사람이 선천적으로 갖고 태어나는 '학습을 위한 준비된 구조'라고 정의할 수 있으며, 이러한 구조에 내재된 음악적 잠재력은 다양한 음악적 환경에 의해 음악적 결과물을 도출하는 음악적 능력으로 발전한다. 이러한 과정에 있어서 음악적 환경에 해당하는 교육적 시도와 노력은 반드시 담보되어야 하는 전제조건이다. 이러한 사실은 음악교육의 필요성과 함께 그 당위성을 강조한다.

한걸음더!

다음은 그룬 교수(Gruhn, 2008)의 저서인 『아이들은 음악이 필요합니다』의 일부이다. 이를 통해 '음악적'인 경우와 '비음악적'인 상황의 차이를 이해하고, 긍정적인 '음악적 환경'에 대한 자신의 생각을 정리해보자.

능력 있는 아이

더 이상 아이들을 20세기 초반처럼 덜 성숙하고 '부족한 존재'로 취급하지 않습니다. 오히려 현재는 그들이 모태에서부터 청각적 경험을 시작하며, 이를 통해 뭔가 학습하기를 시작한다는 사실이 일반화되고 있습니다. 다시 말하면, 이는 생후 즉시 사고가 가능한 어떤 구조가 이미 존재한다는 것을 의미합니다. 그래서 우리는 아이들이 생후 이전에 들었던 특정 소리를 다시 기억해 내고, 구별해 내는 것을 경험할 수 있습니다. 즉, 자주 경험한 엄마의 목소리를 다른 사람들의 소리보다 더 선호하고, 편안해한다는 것입니다. 이렇듯 어린아이들은 그들 주변의 환경을 둘러보고 배울 수 있는 능력을 이미 갖고 있습니다. 그래서 오늘날 우리는 아이들의 모습 속에서, '엄마로부터 먹이를 기다리는 어린 새'의 모습은 더 이상 발견할 수 없습니다. 오히려 많은 잠재력을 지닌, 그리고 스스로 세상을 배우려고 노력하는 '능력 있는 아이'(Dornes)만이 있을 뿐입니다.

세상을 돌며 많은 것을 배우는 여행자

엘쉔브로이히(Elschenbroich)는 아이들을 '인내와 발견의 재미를 갖고 그들만의 세상을 여행하며, 많은 것을 배우는 여행자'라고 표현했습니다. 춤을 추듯이 버둥거리며 천정에 달린 모빌을 이리저리 만지고 돌려 보는 능동적인 아기들은, 단지 모빌을 바라만 보는 수동적인 아기와 비교할 때, 더욱 다양하고 적극적으로 자신의 감정을 표현합니다. 그러나 외부의 단조로운 현상이나 자극은 아이들로부터 금방 자극으로서의 매력을 상실합니다. 아이들의 인지발달을 연구한 한 자료에 의하면, 어린아이들은 그들의 집중력을 자극하는 새로운 뭔가를 발견했을 때, 새로운 자극에 대한 흥분으로 인해 그들 심장의 박동 속도가 매우 빨라지는 반면, 변화가 적거나 없는 무자극한 환경에는 빨리 적응하여(상습화 효과) 심장박동의 속도도 와 엄마의 젖을 빠는 속도와 같이 완만해진다고 합니다.

비형식적 환경

만약 아이들의 음악적 감수성을 일깨워 주고자 한다면, 그들에게 많은 노래를 불러 주어야 합니다. 아이들이 말을 시작하기 이전에 부모가 일방적으로 많은 얘기를 들려주어서 이를 통해 아이들이 말을 배우는 것과 같이, 아이들이 우리와 함께 노래를 부를 수 있기 전에 우리가 많은 노래를 불러 주어야 합니다. 이와 같은 비형식적 청각교육에 있어 가장 중요한 것은 아이들이 새로운 것에 대한 경험으로 자극받고, 동일한 것과 다른 것에 대한 구별과 이에 대한 다양한 상상력을 습득하게 하기 위해 변화가 풍부하고 다양한 멜로디와 리듬을 접하는 것입니다. 왜냐하면 이러한 구별능력이 주변 환경으로의 오리엔테이션을 가능하게 하는 학습의 첫 단계이기 때문입니다.

감각적 교류

'비음악적이다' 혹은 '음악성이 없다'는 판단은 절대로 선천적 재능의 정도에 의해서가 아니라, 존재 가능한 여러 제한적 방해 조건이나 기능에 의해 이뤄져야 합니다. 이는 이미 1920년대에 음악가이자 교육가인 야코비(Jacoby)에 의해 밝혀진 내용입니다. 흔히 비음악적이라고 하는 경우를 자세히 보면, 단지 부족한 부분만이 확대되고 강조되는 것을 발견하게 됩니다. 아이가 엄마의 목소리를 인식하고 엄마가 출입하는 것을 느끼는 등, 그 아이로부터 아무런 청각적 장애를 발견할 수 없음에도 불구하고 비음악적으로 행동하는 아이의 경우는 아이들에게 직접적인 영향을 주고 스스로 다양한 경험을 발견하며, 음악적 현상들을 접하고 경험할 기회가 없었다고 할 수 있습니다. 우리는 이를 통해 오늘날, 아이들의 전반적인 성장을 위해 엄마의 아이에 대한 배려가 얼마나 중요한지를 이해하게 됩니다. 그렇기 때문에 아이들에게는 활달하고 적극적인 대화상대를 통한 감각적 교류가 필요합니다. 절대로 상업적으로 판매되는 언어교육을 위한 CD나 카세트가 엄마의 역할을 대신할 수는 없기 때문입니다.

내적 동기부여

아이들은 단지 스스로, 즉 자신의 능동적 행위를 통해서만 뭔가를 배우게 됩니다. 언어적으로, 동사 '학습하다' 또는 '배우다'는 자동적 의미를 갖고 있습니다. 즉, 이러한 자의적인 학습의 과정은 내적으로부터 우러나오는 충동, 또는 동기, 흔히 말하는 배움에 대한 갈망과 관심, 지식발견에 대한 기쁨 등에 의해 발생하는 것입니다. 아이들의 언어학습에 있어 아주 흥미로운 사실은 아이들이 단순히 어떠한 모델에 대한 모방, 즉 타의적인 모방만을 통해 언어를 배우는 것이 아니라 자기 스스로의 요구나 느낌을 말로 표현하기 위한 문법적인 문장론적 모델을 스스로 습득한다는 사실입니다. 이러한 사실은 아이들이 과거에 그 누구에게도 들어보지 못한 자신만의 창조적인 문장으로 자신의 생각을 표현하는 것을 가능하게 합니다. 아이들의 언어습득과정으로 미루어 볼 때, 자신의 고유한 생각이나 느낌을 아직까지 들어보지 못한 나만의 음악적 표현으로 가능하게 하는 능력, 즉 음악적 언어능력의 습득 또한 일반적인 언어습득의 과정과 다르다 할 수 없을 것입니다.

음악교육은 다양한 음악적 경험을 토대로 한 자유로운 음악적 사고의 발달을 목적한다.

앞에서 언급한 음악적 환경, 또는 음악교육의 필요성에 따른 음악교육의 목적은 무엇일까? 단지 선천적으로 존재하는 음악적 구조의 발달을 목표하는 것인가? 만약 음악교육의 목적이 준비된 음악적 구조의 훼손을 피하는 데만 집중한다면 이는 음악교육이 가진 1차적 목표만을 고려하는 것일 뿐, 이러한 1차적 목표의 이유가 되는 더 큰 의미를 간과하는 것이다. 여기에서는 이 더 큰 의미에 대해 생각해 보고자 한다.

교육의 목적

☑ 교육의 목적은 일찍이 다양한 관점에서 제기되었으나, 각각의 관점에는 여러 문제가 내재되어 있다. 다음은 '인문주의적 관점'과 '사회적 관점'에서 제기된 교육의 목적과 문제점이다.

인문주의적 관점	사회적 관점
교육의 목적은 각 개인의 가능성이나 소질 전체에 작용하여, 가능한 한 최대로 발전시키고 실현시키는 데 있다. 궁극적으로는 '개인의 완성'을 목적한다.	국가나 민족으로 구성된 사회의 존속과 발전을 위해 '봉사하는 인간'의 양성을 목적한다.
• 개인주의, 독선주의 등의 이기주의적 교육관 야기 • 국가와 민족, 역사와 문화 등 다양한 사회적 요인 간과	• 전체성 강조로 인한 개인의 개성이나 독자성 경시 • 소수의 의견과 결과물 무시 • 창의성 구현의 한계

☑ 이러한 이유에서 오늘날 교육의 목적은 크게 '일반교육으로서의 목적'과 '직업교육으로서의 목적'으로 구분하여 제시되고 있다.

> **일반교육의 목적**
>
> 인간이 인간으로서 지니는 '여러 가능성의 조화로운 발전'을 목적한다. 따라서 인간 자체의 형성, 인간다움의 형성이 주된 목적이 된다. 같은 의미에서 일반교육은 그 자체가 목적이며, 다른 어떠한 것의 수단이 될 수 없다. 이는 인간을 참되게 하고, 동물적·비인간적인 생존에서 자유롭게 하는 것이다.

> **직업교육의 목적**
>
> 인간성 전반의 전인적 교육이 아니라, 각 개개인이 지니는 독자적인 개성과 능력, 관심과 흥미 등의 특수성을 고려, 이를 충분히 신장시키고 발휘하게 함으로써, 국가와 민족은 물론 인류사회를 위해 헌신·봉사함을 목표로 한다.

☑ 이러한 관점에서 현대 학교교육은 개인으로서의 관점과 사회 구성원으로서의 관점을 모두 반영하여 다음과 같은 목적을 제시하고 있다.

개인	"모든 국민으로 하여금 인격을 완성하고, 자주적 생활능력을 육성하게 한다."

사회 구성원	"공민으로서의 자질을 구유(具有)하게 하여 민주국가 발전에 봉사하며, 인류공영의 이상실현에 기여할 수 있는 인간을 육성한다."

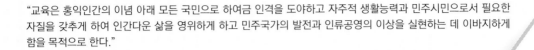

"교육은 홍익인간의 이념 아래 모든 국민으로 하여금 인격을 도야하고 자주적 생활능력과 민주시민으로서 필요한 자질을 갖추게 하여 인간다운 삶을 영위하게 하고 민주국가의 발전과 인류공영의 이상을 실현하는 데 이바지하게 함을 목적으로 한다."

방법론적 관점에서 보는 교육의 목적

☑ 교육은 다양한 지식 속에서 고유한 '가치'를 발견하게 하는 데 그 목적이 있다.

> 오늘날의 사회적 특징 중 하나로 '지식의 홍수'를 들 수 있다. 이는 다양한 지식이 존재함을 의미하는데, 학습자의 입장에서의 이러한 과다한 지식은 학습자의 학습량을 증가시키고 학습 의욕을 떨어뜨리는 요인이 되고 있다. 이러한 이유에서 오늘날 지식교육에 대한 접근은 방법적인 측면에서 많은 변화를 가져오고 있다. 즉, 다양한 지식을 그대로 익히고 학습하는 것이 아니라 그것을 재료로 하여 본인의 기준으로 의미를 부여하고 나아가 고유한 가치의 발견을 목표하는 것이다. 이때 교육은 이를 위한 '과정'으로서의 역할을 해야 하며, 가치부여의 과정이 반복적이고 지속적으로 이루어지기 위해서는 이러한 자연스러운 과정을 불러일으키는 다양한 환경의 제공이 전제된다.

☑ 교육은 '외면적 직관'에서 '내면적 직관'[2]의 결과물을 찾는 과정이다(Pestalozzi).

<table>
<tr><td>외면적 직관</td><td></td><td>내면적 직관[2]</td></tr>
<tr><td>겉으로 드러나는 외형을 통한
인지의 결과물로서 대다수 사람이
동일하거나 유사한 결과를 도출한다.</td><td>➡</td><td>외형과는 비교되는 내적 인지의 결과로
인지하는 주체에 따라 상이한 결과를
도출한다.</td></tr>
</table>

☑ 같은 맥락에서 교육은 '내재적 목적'(Peters)에서 '외재적 목적'(Green)으로의 변화를 유도해야 한다.

> 사람의 행동에는 의미와 내용이 내재되어 있다. 이러한 의미와 내용은 크게 1차적인 것과 2차적인 것으로 구분된다. 내재적 목적과 외재적 목적이 그것이다. 1차적이라고 정의한 내재적 목적은 행동의 의미와 목적이 이미 그 행동을 통해 드러나는 것을 말한다. 예를 들어 '공부하는 학생' '산에 오르는 사람' 등은 공부를 하기 위해서나 산에 오르기 위한 행위를 하는 사람으로, 그 행위 자체를 1차적 목적으로 보는 것이다. 따라서 여러 사람이 동일하거나 유사한 행동을 한다고 할 때, 그들의 내재적 목적은 동일할 수밖에 없다. 반면 외재적 목적은 1차적 목적과는 달리 내면의 또 다른 의미를 갖는 경우이다. 여러 학생이 공부를 하는 모습을 하고 있으나, 그들이 공부를 하는 이유와 목적 그리고 상이한 배경은 이들이 하는 행동의 강도에 영향을 주고, 실제 그 결과 또한 매우 다르게 나타난다. 이러한 차이는 같은 행동을 하고 있으나 그 행동의 목적, 즉 행동 밖에 있는 외재적 목적의 차이가 다름에서 야기된다. 따라서 교육의 주된 목적 중 하나는 나만의 이유를 찾는 외재적 목적의 발견이라고 말할 수 있다.

☑ 또 다른 관점에서는 이러한 과정을 '명제적 지식(know that)'과 '방법적 지식(know how)'의 관계를 통해 설명하고 있다.

> "학교에서 가르치는 다양한 수학 공식은 왜 배워야 하는 걸까?"

---

2) 내면적 직관의 기준은 개인에 따라 상이하기 때문에, 도출되는 결과의 수준이나 유형 또한 현상적으로 매우 넓은 스펙트럼을 갖는다.

앞에서 언급한 1차적 목적인 내재적 목적에 의하면, 단지 공부하는 재료로서의 필요성이 인정된다. 그러나 2차적 목적인 외재적 목적에 따르면, 수학은 어떤 학생에게는 우수한 성적을 받기 위한 도구의 하나로서, 또 다른 경우는 수학에 대한 관심과 흥미로 인해 무엇인가를 해 보고자 하는 대상이 될 수 있다. 그러나 이러한 생각을 조금 더 넓혀서 '그럼 이러한 공식은 어디에 사용되는 것인가.'라는 방법적 질문에 도달하면, 이에 대한 대답은 또 다른 의미 있는 교육의 목적을 제시한다. 즉, 우리가 접하는 모든 지식이 'A는 B하다.'라고 하는 '명제적 지식'이라고 한다면, 이는 다양한 명제적 지식이 갖는 방법적 의미, 즉 자신만의 고유한 가치가 부여된 '방법적 지식'으로 변화하게 된다.

일례로 '미분이란 어떤 운동이나 함수의 순간적인 움직임을 서술하는 방법'이고, '어떤 함수의 미분이란 그것의 도함수를 도출해 내는 과정'을 의미한다. 그리고 이러한 미분 공식을 이용하면 다항함수, 유리함수, 지수함수, 로그함수, 삼각함수 등 다양한 함수에 대한 도함수를 구할 수 있다고 한다. 그러나 이러한 명제적 지식은 우리가 이해할 수 없는, 아니 더 정확하게는 관심조차 없는 내용일 수 있다. 왜냐하면 우리는 이러한 명제적 지식이 도출된 과정을 경험해 보지 못했기 때문이며, 결국 이러한 이해의 부족은 대상에 대한 이유와 가치의 평가 절하를 야기한다. 그러나 이렇게 복잡해 보이는 명제적 지식의 가치와 의미가 나름대로 발견되어 주어진다면, 앞에서 언급한 명제적 지식은 적어도 개개인의 외재적 목적과 그 정도에 따라 마치 아래 제시된 예처럼 나름의 방법적 지식으로 변화한다.

미분 방정식의 의미와 가치 1	질량이 m인 물체가 용수철 상수 k를 가지는 용수철에 매달려 운동하고 있을 때, 뉴턴의 운동법칙에 의하면, 물체의 움직임은 다음과 같은 이차 미분 방정식으로 표현될 수 있다. 이때 x는 물체의 평형점에서부터의 변위나 마찰이 없다고 가정한다.
$$m\ddot{x} = -kx$$	

▶ 이 방정식은 '시간에 따른 물체의 움직임'을 파악하는 데 효과적이다.

미분 방정식의 의미와 가치 2	어떤 나라의 시간에 따른 인구수를 $P(t)$라고 할 때, 사람들이 인구가 적을 땐 아이를 많이 낳고, 인구가 많아지면 아이를 조금씩 낳는다는 가정에 기초하면, P에 관한 간단한 미분 방정식이 만들어진다. 단, a와 k는 상수라고 가정한다.
$$P'(t) = kP(t)(a-P(t))$$	

▶ 이는 '시간에 따른 인구의 변화', 즉 '사회 현상'을 예측하는 데 효과적인 방법이다.

☑ 교육의 목적은 '전심(傳心)'에서 '치사(致思)'로의 변화를 목적한다(Herbart).

전심	치사
개개의 대상에 집중하여 그것의 개념을 명확히 파악하는 1차적 인지의 상태	전심에 의한 개별적 표상을 특정한 관계 아래 결합하고 통일하는 '총체적 사고'의 단계

이러한 교육의 목적에 대한 정의는 내용적으로 사회 속에 일반화된 다양한 개념적 지식에 대한 의미와 가치를 묻고 있으며, 궁극적으로는 이러한 지식을 일반화된 개념적 결과물로만 제공하는 것이 아니라, '의미와 가치를 찾는 과정' '의미와 가치를 경험할 수 있는 과정', 그 자체가 되어야 함을 보여 준다.

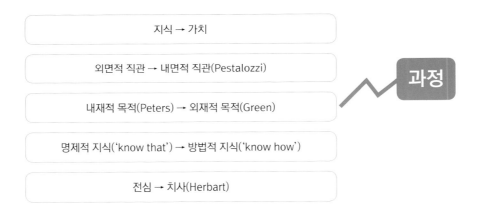

지식 → 가치

외면적 직관 → 내면적 직관(Pestalozzi)

내재적 목적(Peters) → 외재적 목적(Green)

명제적 지식('know that') → 방법적 지식('know how')

전심 → 치사(Herbart)

과정

음악교육의 목적

지금까지 살펴본 다양한 지식에 대한 가치, 내면적 직관, 행동 속의 외면적 목적, 나만의 가치와 이유가 반영된 방법적 지식, 그리고 많은 요소를 하나의 총체적 시각에서 이해하고 의미부여하는 치사의 관점까지, 이 모든 결과물은 학습자가 과정의 주체가 되어 도출한 결과물이며, 또한 학습자의 직접적 경험을 기초로 한 사회적 개념의 이해, 추상적 개념의 이해를 주요 조건으로 전제하고 있다. 이러한 과정에 비추어 본 음악교육의 목적 또한 같은 맥락에서 다음과 같이 정리할 수 있다.

☑ 음악교육은 음악 환경 안에서 이루어지는 학습자의 자발적이고 직접적인 음악경험이 가능한 한 다양하고 풍부하며 긍정적으로 형성되는 것을 1차 목적으로 한다.

> 앞에서 언급했듯이 음악적 잠재력을 극대화하기 위해서는 적절한 음악적 자극에 의한 섬세화와 성숙의 과정이 필요하다. 이때 요구되는 것이 바로 다양한 '청각적 샘플(Hör-vokabular: Gruhn, 2008)'의 습득이다. 예를 들어, 어린 아이들은, ① 이미 습득한 청각적 샘플들을 이용하여, ② 아무런 음악이론적 배경 없이, ③ 단지 소리 간의 연결과 나열만을 통해, ④ 자신만의 고유하고 창조적인 멜로디, 즉 놀이 가운데 흥얼거리는 다양한 소리를 만들어 낸다. 이때 만들어진 소리는 이전의 습득한 청각적 샘플과 매우 긴밀한 관계성을 띠고 있다. 즉, 듣고 경험한 것을 바탕으로 하여 새로운 무언가를 재생산해 낸 것이다. 마치 언어 영역에서 각자 사용 가능한 단어들을 이용하여 각자의 생각을 각자의 방법과 능력에 따라 표현하는 것과 같이 음악적으로 또한 이미 존재하는 재료들을 이용하여 자신만의 즉흥곡을 연주하는 것이다. 이러한 이유에서 학습자의 자발적이고 직접적인 음악적 경험 형성의 중요성이 강조된다.

☑ 음악교육은 청각 기관뿐만 아니라 다양한 인지기관의 발달과 운동능력의 발달을 유도하며, 나아가 다양한 기관 간의 협응능력의 발달, 즉 '총체적 (느낌의) 발달'을 목적한다.

> 외부로부터의 청각적 자극은 자연스럽게 다양한 운동능력을 불러일으킨다(Condon & Sander, 1974). 예를 들어, 목소리를 통한 표현은, ① 이전에 경험한 소리 기억을, ② 발성 기관의 조절을 통해, ③ 의미를 내포한 자신의 소리로 드러내는 과정이 필요하다. 이 과정은, ④ 일상에서 반복적으로 일어나며 이를 통해, ⑤ 들리는 소리와 표현하는 소리 간의 차이를 구별하고 그 차이를 줄여 감으로 결과적으로는, ⑥ 원하는 소리를 표현할 수 있다. 이때 다양한 인지기관과 운동능력 간의 협응이 유도되는데, 즉 소리에 담겨 있는 표현하고자 하는 내용에 따라 이에 어울리는 얼굴표정과 몸 동작이 수반되고, 이러한 청각적 표현과 시각적인 표현이 조화롭고 자연스러울수록 표현하고자 하는 내용의 전달이 용이해진다. 이는 앞에서 언급한 전심을 통한 치사의 과정을 뜻하며, 음악적으로는 청각·시각을 중심으로 한 오감뿐만 아니라 운동능력의 발달을 통한 시·공간감(感)과의 조화 또한 포함하는 것이다.

▶ 이러한 총체적 느낌의 발달은 궁극적으로 다양한 음악적 현상에 대한 경험 환경을 제공함으로써 학습자 고유의 '음악적인 특정 코드(code)'나 '음악적 생각(program)'의 형성을 목표한다.

☑ 그룬(Gruhn)은 이러한 코드나 생각의 프로그램을 '내적 표상(Repräsentationen, Repräsen-tationsformen: 2008)'이라고 정의하였다.

이는 개별적 현상에 대한 이해, 즉 어떤 음악적 자극이 '기존의 유사한 음악적 경험'의 영향을 받아 도출되는, 자신에게만 의미 있는[3] 사고의 결과물을 의미한다. 내적 표상은 독일어 표현에서 드러나는 바와 같이 내용뿐만 아니라 표현의 방법이나 형태 또한 포함하고 있다. 다양한 인지 및 표현방법에 대한 예는 다음과 같다.

예 1   시·공간적 인지   시·공간적 구조에 대한 인지는 슬로바키아 출신의 무용교육가 라반(Laban, 1879~1958)이 제시한 '시간-공간-흐름-무게'의 관계를 통해 설명이 가능하다. 음악에서 말하는 박에 대한 인지 역시 시간의 흐름 속에 나타나는 공간적 의미, 즉 무게감의 관점에서 설명될 수 있다.

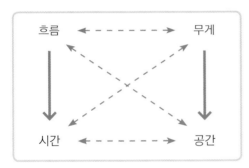

우리는 시간과 공간 안에서 자신의 몸을 사용한다. 이러한 움직임은 단방향적 시간의 공간과 다방향적 공간 안에서 발생하고, 지속적인 움직임의 반복은 우리로 하여금 1차원적 또는 다차원적 시공간의 확장을 경험하게 한다. 이것이 바로 감각적 경험으로부터의 자유로운 '이성적 경험'의 과정이다.

어린아이들은 시간과 공간을 다르게 경험한다. 그들은 하나의 넓은 공간을 그들에게 인식 가능한 방법, 예를 들면 팔을 뻗을 수 있는지, 또는 기거나 걸어갈 만한 거리인지 등의 경험된 방법을 통해 이해한다. 과정적으로 볼 때, 먼저 자신의 앞에 놓인 공간을 발견하고 점차적으로 인지의 방향이 단순히 전면뿐만 아니라, 옆과 뒤, 위, 아래 등 다양한 방향으로 확장되기 시작한다. 공간적 확대의 경험은 육체적 발달, 즉 움직임 영역의 확대를 수반하는데, 결국 이때 나타나는 잡기, 펴기, 흔들기, 밀기, 당기기 등의 움직임은 모두 육체적 또는 공간적 경험에 의해 가능한 것이다.

---

3) 여기에서 '자신에게만 의미 있다'는 것은 학습자 관점에서의 표현임을 밝힌다. 자신에게만 의미 있던 결과물이 일반화의 과정을 거쳐 하나의 통일된 사회적 또는 학문적으로 약속된 개념으로 발전하는 예는 쉽게 찾을 수 있다.

추상적 개념인 '시간'은 기본적으로 무게나 움직임의 규칙적인 흐름을 통해 경험될 수 있다. 어린 아이들은 초, 분, 시 등의 단위 개념을 모른다. 그러나 그들은 시간을 상대적인 흐름의 변화를 통해서, 예를 들면 낮과 밤, 잠 자는 것과 일어나는 것, 먹는 때와 먹지 않는 시간, 갈 때와 올 때 등 일상의 자연스러운 상대적 경험을 통해 이해한다. 아이들은 또한 자신의 몸을 이용한 자연스러운 움직임의 흐름 속에서, 예를 들면 뛰기, 점프하기, 기어 다니기 등을 통해 시간적 개념을 경험한다. 일명 방방이라고 불리는 트램폴린을 탈 때, 아이들은 자신의 몸무게에 맞는 리듬(흐름)을 찾아 뛴다. 이러한 리듬은 자연히 트램폴린을 타기 위한 다양한 조건, 즉 균형감각의 정도와 몸의 무게에 의해 결정되며, 이때 아이들은 시간의 흐름을 규칙적인 무게의 변화를 통해, 즉 올라갈 때는 가벼워졌다가, 내려올 때는 무거워지는 느낌의 변화를 통해 이해한다. 이러한 관점에서 무용교육가인 라반(Laban)은 무용교육의 목적을 단지 분명한 춤의 형태를 외우고 이를 기계적으로 반복 연습하여 표현하는 데 두지 않고, 앞에서 언급한 기본적인 요소들을 심화함으로써 가능한 한 전체적인 움직임의 자연스러운 흐름을 목적한다고 말하고 있다.

예 2	음악적 흐름에 대한 인지1	사람들은 상대적으로 빠른 템포의 규칙적인 행동보다 느린 속도의 움직임에 어려움을 느낀다. 빠른 템포는 시간적으로 생긴 자극의 빈번함에 의해 생기는 결과이다. 다시 말하면, 사람들은 작은 시간적 분할, 즉 빠른 리듬이 이보다 크게 나뉘는 느린 리듬에 비해 신체적으로 인지하기가 쉬운 것이다. 이러한 현상을 고든(Gordon, 1997)은 'Macro-Beats'와 'Micro-Beats'로 구별하여 설명하였다.

모든 사람은 음악 속에서 규칙적인 움직임, 즉 리듬을 느끼게 되는데, 이러한 특정 리듬은 크거나 작은 박의 분할 속에서 감지되는 것이다. 그렇기 때문에 앞의 그림과 같이, 사람들은 8마디의 멜로디를 '개별적 인지'에 의해 매 박, 또는 매 마디 그리고 혹은 매 2 또는 4 마디마다 나눠서 이해한다. 이때 인지의 기준이 되는 박, 더 큰 무게가 들어가는 박, 특별한 의미가 부여되는 박을 'Macro-Beat', 기준 박이 분할된 경우를 Micro-Beat'으로 정의한다.

음악적 흐름에 대한 인지의 과정 및 방법은 어린아이들이 보여 주는 '기보'의 결과물을 통해 더욱 분명하게 나타난다. 이는 아이들이 자주 부르는 멜로디나 리듬을 그림의 형태나 문자적으로 표현하는 일종의 그림악보를 말한다. 이러한 표현능력은 사람들이 자신에게 중요하다고 생각하는 것을 더욱 강조하거나 부각시키고자 하는 원리에서 나오는 것으로, 이러한 표현 속에서 음악적 흐름에 대한 인지의 방법과 구조가 발견된다.

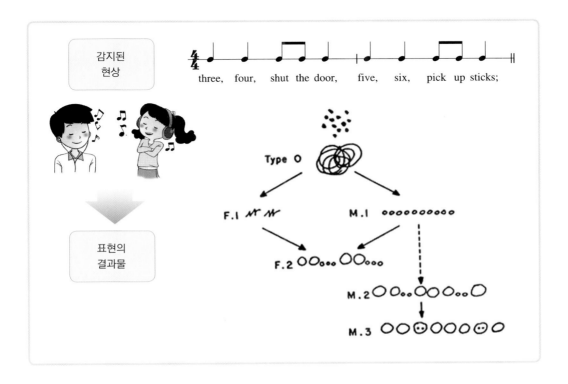

• 미국의 음악교육학자 밤베르거(Bamberger, 1982)는 만 4~8세 186명의 아동을 대상으로 한 기보 관련 실험을 통해 다양한 인지를 가능하게 하는, 그리고 다양한 관점을 현실적으로 도출하게 하는 대상 아동의 현실화와 구체화의 과정 및 표현의 양식을 연구의 결과물로 제시하였다. 결과적으로는 형태적 표현에서 운율적 표현을 거쳐 형식적 표현 양식으로 변화·발전하는 인지의 과정과 모습이 발견되었다.

형태적 표현	Type 0 〰️ F.1 〰️ 〰️	박수치는 교사 손의 '지속적'인 움직임을 표현 반복되는 리듬적 '모티브'를 표현
⬇️		
운율적 표현	M.1 ○○○○○○○○○○	시간적으로 나타난 소리의 개수를 표현
⬇️		
형식적 표현	M.2 ○○₀₀○○○₀₀○ M.3 ○○⊙○○○○⊙○	단순 나열된 운율적 표현에 세부 '형식'을 추가하여 구조적으로 표현

▶ 밤베르거는 이와 같은 연구결과를 인용하여, 음악교육의 목적을 '형태적(figural) 표상'에서 '형식적(formal) 표상'으로의 변화 과정이라고 정의하였다.

형태적 표상	형식적 표상
개개의 대상에 집중하여 그것의 개념을 명확히 파악하는 1차적 인지의 상태	전심에 의한 개별적 표상을 특정한 관계 아래 결합하고 통일하는 '총체적 사고'의 단계

예 4 총체적 인지

> 시·공간감적 인지에 따른 선율에 대한 조각화와 그룹화, 즉 개별경험에서 시작되는 총체적 인지의 과정은 데이비슨과 스크립(Davidson & Scripp, 1988), 민켄베르크 (Minkenberg, 1991)가 어린 아동을 대상으로 한 실험연구 속에 잘 드러난다. 대상 아동들은 특정 선율에 대한 시간적 흐름과 함께 음의 높이 및 화성적 구조에 대한 공간 적 인지의 결과를 함께 보여 주었다.

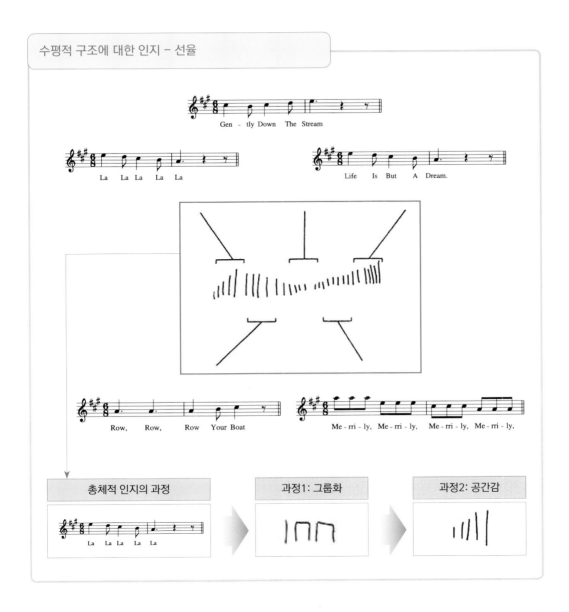

- 과정1: 대상 아동은 운율적 표현 대신, 전반적인 관계성을 그룹화하여 '1+2+2'의 모양
으로 표현하였다.
- 과정2: 청각적 현상인 음의 높낮이의 정도를 길거나(낮은 음) 짧은(높은 음) 줄을 이용
하여 공간적으로 표현하였다.

과정3: 흐름

• 과정3: 공간적 음의 높낮이와 함께 전반적인 시간적 흐름이 보다 확장된 그룹화의 형태로 표현되었다.

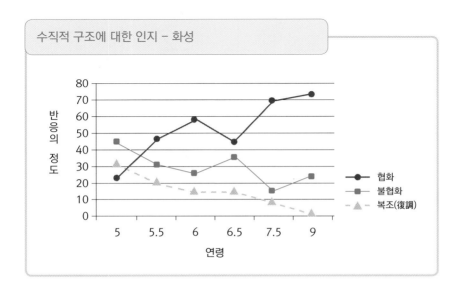

수직적 구조에 대한 인지 – 화성

• 민켄베르크(Minkenberg, 1991)는 유아의 음악적 경험에 관한 연구에서 협화음과 불협화음에 대한 대상 아동들의 상이한 반응을 관찰하고자 하였다. 이를 위해 그는, ① 아이들에게 잘 알려진 익숙한 멜로디를 간단한 화성적 코드를 이용하여 들려주고, ② 이후에는 많은 반음을 이용하며 다른 조에서 같은 코드를 사용하여 연주하였다. ③ 마지막 단계에서는 완전한 불협화음을 들려주었다. 그리고 아이들의 선호 여부를 확인한 결과, 화성적 관계에 대한 아이들의 섬세함의 정도가 연령에 따라 점차적으로 높아진다는 사실을 발견하였다. 먼저 7~8세의 아이들은 화성적 소리 현상에 대해 분명하게 구별할 수 있었으며, 불협화음에 대해서는 거부하는 모습을 보여 주었다. 즉, 음악적 어울림의 수직적 구조에 대한 자연스러운 인지의 가능성을 보여 준 것이다.

• 크룸한슬과 유스치크(Krumhansl & Jusczyk, 1990)는 선율적 구조와 화성적 구조가 모두 내재된 제재를 활용하여 음악적으로 올바른 진행과 그렇지 않은 것에 대한 학습자의 반응을 관찰하고, 음악적으로 부자연스러운 것보다 자연스러운 현상에 대한 선호행동을 발견하였다. 이는 시 · 공간적 인지 속에서 이루어지는 개별 현상들에 대한 조각화(부분화)와 그룹화 그리고 흐름에 대한 총체적 인지를 보여 주는 좋은 예라고 할 수 있다.

▶ 고든(Gordon, 1986, 1990, 1997; Gordon et al., 1997)은 이러한 총체적 느낌을 '오디에이션(Audiation)'이란 개념으로 정의하고, 이를 음악교육의 주요 목표 중 하나로 제시하였다.

오디에이션은 음악성의 기초로서, 언어에서의 '생각'처럼 음악에서의 '생각'을 가리키는 말이다. '오디에이션한다'는 것은 언어에서 우리가 다른 사람과 대화하면서 말할 것을 미리 생각하거나, 옛날에 했던 말을 기억해 내는 것과 마찬가지로 음악에서도 미리 들릴 소리를 예상하거나, 옛날에 들었던 소리를 기억해 내는 것이라고 할 수 있다. 따라서 오디에이션은 연주되었던 소리, 지금 연주되는 소리, 후에 연주될 소리 그리고 물리적으로 더 이상 들리지 않는 소리를 마음속으로 듣고 이해하는 능력을 말한다. 누군가가 음악을 듣고 악보를 연주하거나, 귀로 들으며 연주하거나, 즉흥연주를 하거나, 작곡하고 음악을 기록할 때 그는 오디에이션한다고 말할 수 있다.

예비 오디에이션 → 오디에이션

오디에이션은 예비 오디에이션(preparatory Audiation)에서부터 발달한다. 예비 오디에이션은 '음악적 옹알이' 단계를 의미하는 오디에이션의 준비 단계이다. 주변 환경에서 아직은 수동적으로 뭔가를 듣거나 소리의 질을 받아들이는 '문화이입(순응)', 적극적인 모방을 통해 외부로부터 주어진 자극을 자신의 것으로 습득하는 '모방', 자신의 목소리에 의한 표현을 통해 다양한 형태적 구조를 습득하고 자신의 듣기 및 표현의 영역을 확장해 나가는 '동화'의 단계로 구성된다. 예비 오디에이션과 오디에이션의 관계는 흔히 피아제(Piaget)의 인지발달 단계 중 전조작기와 조작기의 관계와 비교된다.

오디에이션을 하는 사람은?!

첫째, 음악을 시·공감각적으로, 즉 화성 및 리듬적으로 이해하는 사람을 뜻한다.
둘째, 음악적 경험과 학습의 내용을 토대로 앞으로의 음악이 어떻게 진행될지를 예상할 수 있는 사람이다.
셋째, 악기의 도움 없이 악보만을 통해 음악을 읽고 들으며 이해하는 사람이다.
넷째, 악기 반주 없이 음조와 박자 안에서 자유롭게 노래할 수 있는 사람이다.

오디에이션의 교육적 가치는?!

기계적인 암보나 연주를 위한 기술 위주의 학습이 아닌, 음악 형식에 대한 자연스러운 이해와 음악적 의미에 대한 '비지시적 발견'을 가능하게 한다.

결과적으로 음악교육은 교육적으로 제공되는 음악적 환경에서의 다양한 경험을 통해 음악에 대한 이해를 넓히고 음악적 표현, 즉 음악적 사고의 결과물을 다양화하며, 나아가 학습자의 긍정적이고 자연스러운 음악과의 관계형성을 목적한다고 할 수 있다.

한걸음더!

국가 수준의 교육과정이 제시하는 학교 음악교육의 내용을 살펴보고 이를 앞에서 언급한 교육의 목적, 방법론적 관점 그리고 음악교육의 목적 등과 비교해 보자.

2015 개정 교육과정

- 교육의 목적: 홍익인간의 이념 아래 모든 국민으로 하여금 인격을 도야하고, 자주적 생활능력과 민주시민으로서 필요한 자질을 갖추게 함으로써 인간다운 삶을 영위하게 하고, 민주국가의 발전과 인류 공영의 이상을 실현하는 데에 이바지하게 함을 목적으로 하고 있다.
- 인간상
  가. 전인적 성장을 바탕으로 자아정체성을 확립하고 자신의 진로와 삶을 개척하는 자주적인 사람
  나. 기초능력의 바탕 위에 다양한 발상과 도전으로 새로운 것을 창출하는 창의적인 사람
  다. 문화적 소양과 다원적 가치에 대한 이해를 바탕으로 인류 문화를 향유하고 발전시키는 교양 있는 사람
  라. 공동체 의식을 가지고 세계와 소통하는 민주시민으로서 배려와 나눔을 실천하는 더불어 사는 사람

2015 개정 교육과정에 따른 음악과 교육과정

- 음악의 성격: 음악은 소리를 통해 인간의 감정과 사상을 표현하는 예술로 인간의 창의적 표현 욕구를 충족시키고 다른 사람과 소통할 수 있도록 하며 인류 문화를 계승, 발전시키는 데 기여한다.
- 음악교과의 성격: 다양한 음악 활동을 통해 음악의 아름다움을 경험하고, 음악성과 창의성을 계발하며, 음악의 역할과 가치에 대한 안목을 키움으로써 음악을 삶 속에서 즐길 수 있도록 하는 교과이다.
- 음악과 핵심역량: 다양한 특성을 통해 음악적 감성 역량, 음악적 창의·융합 사고 역량, 음악적 소통 역량, 문화적 공동체 역량, 음악정보처리 역량, 자기관리 역량을 기를 수 있도록 한다.
- 음악교과의 목표: 음악적 정서 함양 및 표현력 계발을 통해 자기표현능력을 신장하고 자아 정체성을 형성하며, 문화의 다원적 가치 인식을 통해 타인을 존중하고 배려하는 소통능력을 지닌 인재 육성을 목표로 한다. 이를 통해 우리 문화 발전에 기여하고 세계 시민으로서 문화적 소양을 지닌 전인적 인간 육성에 이바지한다.

3 교육철학적 관점에서의 음악교육

음악에 대한 근본적 이해는 대상에 대한 경험적 사고의 결과물로서, 지속적인 인내와 노력에 의해서만 도출 가능하다.

생각하기

다음의 내용이 설명하는 '이것'은 무엇일까요?

① 우리는 기분이 좋을 때도 이것을 찾고, 기분이 나쁠 때도 찾습니다.
② 이것은 우리가 일할 때도 필요하고, 놀 때도 필요하죠.
③ 사람들은 졸리고 지쳤을 때 직접 이것을 합니다. 또 우울할 때도 아주 좋아요.
④ 왜냐하면 이것이 졸음도 쫓아 주고 지친 몸에 활력도 주며 우울한 기분까지 떨쳐 주기 때문이에요.
⑤ 우리는 이것을 길거리, 버스, 지하철, 상점, 식당, 운동하는 경기장에서도 찾을 수 있네요. 그러고 보니 이것이 없는 곳은 상상할 수가 없습니다.

마지막 힌트, 이것은 아주 옛날에도 있었고 현재도 있으며 미래에도 있을 것입니다. 그리고 우리나라에도 있고 다른 나라에도 있네요. 이것은 무엇일까요?

정답은 생활 속의 음악입니다.

현대 음악교육은 생활 속에서 발견되는 다양한 음악적 환경에서의 다양한 경험과 이를 통한 학습자의 자발적 사고 및 이해 그리고 자연스러운 의도적 표현의 과정을 음악 활동의 궁극적 목표로 삼고 있다. 이러한 과정을 교육철학적으로 '철학적 사유의 과정'이라고 하는데, 이는 음악의 본질에 대한 고민과 음악교육의 내용을 그 주제로 한다. 여기에서는 이러한 철학적 사유의 과정을 통해 도출된 여러 음악에 대한 사고의 결과물을 사전적 정의(위키피디아, 2018에서 재인용)을 중심으로 살펴보고, 나아가 이를 토대로 한 음악에 대한 우리의 생각을 정리해 보고자 한다.

철학이란 ➡ 철학적 사유의 과정이란 ➡ 철학적 사유의 과정에 의한 결과물

철학이란

☑ '철학(哲學)'은 존재, 지식, 가치, 이성, 인식 등의 일반적이며 기본적인 대상의 문제를 연구하는 학문이다.

☑ 고대 희랍어 '지혜를 사랑한다'는 의미의 '필로소피아(philosophe)'에서 유래하였고, 세계와 인간과 사물과 현상의 가치와 궁극적인 뜻을 향한 본질적이고 총체적인 천착, 즉 인간 자신과 그것을 둘러싼 세계에 대한 관조의 결과물을 뜻한다.

☑ 철학은 시대적으로 연구 대상에 차이가 있다. 소크라테스 이전의 철학은 '자연'을, 소크라테스 시대는 '인간의 혼', 중세 철학은 '신'을 향한 고찰, 근대 철학은 '인간 지식의 근원', 현대 철학에서는 언어철학과 구조주의, 포스트모더니즘 등이 주요 쟁점이다.

☑ 18세기 철학자 칸트(Kant, 1724~1804)는 철학이 제기하는 고유한 문제를 다음의 네 가지 물음으로 정리하였다.

- 나는 무엇을 아는가?: 인식론의 주요 문제로서 "외부의 사물(物)은 어떻게 인식되는가?" "외부 사물은 실재하는가?" "인간의 지각능력에 독립해서 존재하는 '실재'란 과연 있는가?" "있다면 인간의 인식은 어떻게 '밖에 있는 실재'에 대응할 수 있는가?" "인식은 어떻게 형성되는가?" "하나의 인식이 참이 될 수 있는 기준에는 어떤 것이 있는가?" 그리고 "참인 인식에서 어떻게 지식을 획득할 수 있는가?" 등이 있으며, 반면 형이상학에서 제기되는 문제로는 인간 대부분의 인식방법으로 해결이 불가능한 것, 예를 들면 "신은 존재하는가?" "우주의 시작과 끝은 존재하는가?" "시간과 공간은 연속하는가?" 등이 있다.
- 나는 무엇을 해야 하는가?: 윤리학의 주요 문제로서 "옳고 그른 것 사이에는 차이가 있는가?" "있다면, 우리는 그것을 어찌 증명할 수 있는가?" "실제상황에서 우리는 옳고 그름에 향한 이론상 관념을 어떻게 적용할 수 있는가?" 등에 대한 사고이다.
- 나는 무엇을 바라는가?: 예술철학(미학)의 주요 문제로서 "예술은 인간에게 무엇을 주는가?" "아름다움(美)이란 무엇인가?" "예술 작품의 가치는 어디에 있는가?"에 대한 고민의 답을 찾고 있다.
- 인간이란 무엇인가?: 사회철학의 주요 문제로서, "인간은 어떻게 해서 사회를 이루는가?" "국가(사회)는 어떻게 성립되고, 또 어떻게 운영되는가?" 등의 내용을 다룬다.

철학적 사유의 과정이란

☑ '철학적 결론'보다는 본인에게 의미 있는 '정답 아닌 정답'을 찾아가는 과정이다.

철학적 명제, 즉 누군가에 의해 정의된 철학적 결론은 사람들이 만들어 내고 또 그에 대한 다양한 반응에 의해 적립된 개념의 하나로서, 개개인의 다양한 배경과 상이한 사고의 결과물을 생각할 때 하나의 정답을 찾는다는 것은 불가능한 일이다. 따라서 우리에게 필요한 것은 누군가에 의해 완성된 철학적 결론보다는 결론을 도출해 가는 과정, 그 자체라고 할 수 있으며, 이를 통해 도출된 결과는 그 과정의 주체가 되는 본인에 의한 결과이기에 본인에게만 의미 있는, 또 그 과정이 이루어진 시기에만 유효한 '정답 아닌 정답'이라 할 수 있다. 이러한 정답 아닌 정답은 지속적인 철학적 사유의 과정을 통해 새로운 '정답 아닌 정답'으로 변화하게 된다.

☑ 영구적인 정답이 아닌 '현재의 정답'을 찾기 위해 반복되어 나타나는 '철학적 사유의 과

정'은 대상에 대한 심화된 의미 및 가치의 발견과 함께 확고한 신념을 갖게 한다.

> 정답 아닌 정답을 찾아가는 지속적인 철학적 사유의 과정은 앞으로 발견하게 될 정답에 가까운 정답에 대한 가능성을 높여 주고, 그 과정을 겪는 주체로 하여금 이에 대한 확신을 갖게 한다. 이러한 신념은 철학적 사유의 과정 중에 겪게 되는 여러 어려움을 이길 수 있는 원동력이 되며, 미래에 대한 목적과 계획을 수립하는 데 필요한 토대로 작용한다. 따라서 음악과 관련한 철학적 사유의 과정은 음악교육에 있어서 반드시 요구되는 절대적인 조건이라 할 수 있다.

☑ 이러한 철학적 사유의 과정을 통해 다양한 음악에 대한 철학적 결론−융합의 결과물이 도출되었다.

> 오늘날 제시되는 음악, 또는 음악교육에 관한 여러 철학적 결론은 다양한 배경과 관점에서 출발한 철학적 사유의 과정에 기인한다. 대표적인 철학적 결론의 예로는 '본질이란 무엇인가'에 대한 의문에 대한 답으로 자연주의, 이상주의, 실재주의, 실용주의 등이 있으며, 시대적 현상에 따른 구분으로 모더니즘과 포스트모더니즘, 사회적 현상에 따른 다문화주의 등이 대표적이다.

자연주의	• 인간과 환경 간 자연스러운 작용의 결과물 추구
이상주의	• 특정 대상에 대한 지속적인 관찰과 이해의 결과물인 '관념' 추구
실재주의	• 관념적 의미부여를 위한 실제적 결과물 추구
실용주의	• 개별적인 경험과정 속에 나타난 대상의 의미와 가치부여의 결과물 추구
모더니즘과 포스트모더니즘	• 사회적 상황과 배경에 따른 상이한 가치 추구
다문화주의	• 개인 또는 민족, 국가 간 상이한 배경에 따른 다양한 결과물 추구

'본질'에 대한 철학적 결론 1: 자연주의

☑ 자연주의는 예술과 철학에서 과학의 영향으로 나타난 사상이자 운동이다. 자연주의자들은 실제의 사물과 현상을 자연 세계의 범위 안에 있다고 보고 초자연적인 존재나 힘을 신뢰할 수 없는 가설이라고 생각한다. 이러한 생각은 일찍이 만물의 근원을 자연(물, 공기, 불, 원자)에서 찾고자 한 고대 그리스의 철학자들에게서 발견된다.

탈레스
(Thalēs, B.C.
620~B.C. 546)

고대 그리스의 철학자이자 밀레토스 학파의 창시자로 고대 그리스의 철학자 아리스토텔레스는 탈레스(Thalēs)를 '철학의 아버지'라고 칭했다. 탈레스는 최초의 철학자, 최초의 수학자, 최초의 고대 그리스 7대 현인으로 알려졌으며, 만물의 근원을 '물'이라고 주장하였다.

아낙시메네스
(Anaximenes, B.C.
585~B.C. 525)

밀레토스 학파의 철학자인 아낙시메네스(Anaximenes)는 친구인 아낙시만드로스(Anaximandros, B.C. 610~B.C. 546)가 생각하는 '지속적인 운동을 하는 무한한 실체'로 끊임없는 운동을 지속하며 어디에서나 발견할 수 있는 무한함의 개념을 가진 '공기'를 만물의 근원으로 주장하였다. 그는 공기가 실체로 변하는 원리를 설명하는 데 있어 '희박'과 '농후'의 개념을 사용하며 질적인 차이는 양적인 차이가 결정한다는 획기적인 주장을 한다. 공기는 팽창하면서 희박해지는데, 희박은 온기를 불러들여 불이 된다. 하지만 공기는 수축하면 농후해지는데, 이것은 바람을 만들고 더 지속되면 물, 그 다음엔 땅이 되며, 그 마지막 형태는 암석이라고 주장했다. 이처럼 아낙시메네스는 탈레스와 아낙시만드로스보다 훨씬 구체적으로 운동의 원리를 설명하였다. 이 외에도 평평한 지구의 모습, 태양 등의 천체가 지구를 중심으로 돈다고 주장하였다.

헤라클레이토스
(Heraclitus, B.C.
535~B.C. 475)

헤라클레이토스(Heraclitus)는 소크라테스(Sōkratēs) 이전 시기의 철학자로, "이 세계는 신이 만든 것도 아니며 어떠한 인간이 만든 것 또한 아니다. 언제나 살아 있는 불로서 정해진 만큼 연소되고 정해진 만큼 꺼지면서 언제나 있었고 또 있으며 언제까지나 있을 것이다."라면서 세계의 원질을 '불'에 비유하였다. 또한 "만물은 움직이고 있어서 무릇 모든 것이 머물러 있지 않는다. 사람도 두 번 다시 같은 물에 들어갈 수 없을 것이다."라고 주장하면서 만물이 유전(流轉)한다고 주장하였다. 그는 "선(善)도 악(惡)도 하나인 것이다. 위로 향하는 길이나 아래로 가는 길도 다 같이 하나인 것이다. 우리 가운데에 있는 생(生)과 사(死), 각성(覺醒)과 수면(睡眠), 젊음과 늙음의 양상도 모두 같은 것이다. 이것이 전화하여 저것이 되고 저것이 전화하여 이것이 되기 때문이다."라고 하면서 생성의 원리로서 '대립'과 '다툼'을 제시하였다.

데모크리토스
(Dēmokritos, B.C.
460~B.C. 380)

데모크리토스(Dēmokritos)는 소크라테스 이전의 철학자 가운데 마지막 큰 인물로서 소크라테스와 거의 비슷한 시기에 활동한 것으로 추정된다. 물질주의에 바탕을 둔 고대 원자론을 완성하고, 이 세계의 모든 것이 많은 '원자'로 이루어져 있으며, "원자가 합쳐지기도 하고 떨어지기도 하면서 자연의 모든 변화가 일어난다."라고 주장하였다.

☑ '자연이 곧 실체의 본질'이라고 주장하는 이들의 자연주의 철학은 루소, 페스탈로치 등에 의해 발전하였다.

루소
(J. J. Rousseau,
1712~1778)

사회계약론자, 직접민주주의자, 공화주의자, 계몽주의 철학자. 『사회계약론』『에밀』등의 저서가 있다.

> "자연으로 돌아가라"
> • 자유롭고 평등하지 못한 문명사회의 부조리와 모순 비판
> • 자연(natura)은 '본성'이라는 의미로 인간의 천부적 자연권인 자유와 평등의 보장을 강조

> "고상한 야인"
> • 자연주의가 추구하는 이상적 인간상을 의미
> • 자연성[4]을 보존하면서 도덕적 자유[5]를 실천하는 사람

페스탈로치
(J. H. Pestalozzi,
1744~1827)

교육학자이자 사상가. 가정에서의 인성교육, 사회개혁을 위한 교육의 중요성을 강조하였다.

> "감각적 인상(sense impression)"
> • 인간 지각의 자연스러운 결과
> • 형식적 교육의 도움 없이 자연스럽게 일어나는 학습
> • 매듭 없이 매끄럽고 지속적이며 연쇄적인 학습

☑ 이러한 배경에서 자연주의 관점에서 이루어지는 교육은 다음과 같은 특징을 갖는다.

> • 학습은 책이나 강연 등과 같은 언어적이고 지시적인 환경이 아닌 학습자와 관계하는 환경 속에서의 순수한 감각적 경험에 의해 가능하다.
> • 교육은 인간 성장 단계에 적합하고 학습자의 학습에 대한 충동과 본능이 중요하다.
> • 따라서 교육 환경 및 재료는 학습자의 삶과 관계하는 내용 및 재료로 구성되어야 한다.

---

4) 자연성이란 후천적으로 나타나는 지시적 환경(또는 교육)에 의해 변질되기 이전의 순수한 상태를 뜻한다.
5) 도덕적 자유란 사회적 범주 내에서 실천하는 개인적 자유를 말한다.

🎹 생<각>하기

다음은 고대 그리스 아테네 학당의 그림이다. 이 중에서 가운데 서 있는 두 사람이 누구인지, 그리고 서로 다른 손 모양은 무엇을 의미하는지 생각해 보자.

하늘을 가리키는 사람

땅을 가리키는 사람

'본질'에 대한 철학적 결론 2: 이상주의

☑ 관념론이라고도 불리는 이상주의는 실체 또는 우리가 알 수 있는 실체는 근본적으로 정신적이거나, 정신적으로 구성되었거나 또는 비물질적이라고 주장하는 철학적 입장이다.

- 관념론은 마음 · 정신 · 의식이 물질 세계를 형성하는 기초 또는 근원이라고 주장하는 유심론(唯心論)과 동의어로 사용되기도 하지만 유심론이 유물론에 반하여 물질적 실재를 부정하는 것과 달리, 관념론은 실재론에 반하여 '정신에 기반하지 않는 객관적 실재의 인식을 부정한다'는 점에서 차이가 있다.
- 관념론은 물질 세계가 마음, 정신 또는 의식이 현재 가지고 있는 생각 또는 상념의 표상이라는 입장과 물질 세계가 원인의 세계가 아닌 결과의 세계라는 입장을 띠고 있다.
- 관념론은 사물의 세계가 '본질적인' 실체(實體) 또는 실재성(實在性)을 가지고 있지 않으며 다만 '임시적인' 실제성(實際性)만을 가진다고 보는 환영설(幻影說)도 부분적으로 수용한다.

이러한 생각은 고대 그리스의 철학자 소크라테스와 그의 제자 플라톤으로부터 시작된다.

소크라테스
(Sōkratēs, B.C.
470~B.C. 399)

고대 그리스의 철학자이자 플라톤의 스승으로 일생을 철학의 제문제에 관한 토론으로 일관한 서양 철학의 위대한 인물 중 한 명이다. 소크라테스-플라톤-아리스토텔레스-알렉산더 대왕으로 학문적 계보가 이어진다. '덕은 인간에 내재한다'고 믿고 사람들에게 이를 깨닫게 하기 위해 다양한 계층의 사람들과 대화를 나눔으로써 사람들에게 자신의 무지함을 일깨워 주고 용기나 정의 등에 관한 윤리상의 개념을 전달하였다. 그는 변증법[6]적 대화를 통해 누군가를 가르치려 하지 않고 질문을 함으로써 스스로 무엇이 잘못인지 깨닫게 하였다고 한다.

---

6) 정명제와 반명제의 전제를 모두 부정하여 제3의 길인 합명제를 찾거나 최소한 대화가 지향하는 방향의 질적 변화를 일구어 내는 논법이다.

플라톤
(Plato, B.C. 428~
B.C. 348)

서양의 다양한 학문에 영향력을 가진 그리스의 철학자이며 사상가이다.

- "인간의 영혼은 육체와 결합되어 충동적이고 감각적 욕망을 추구하는 정욕과 육체와 결합되지 않으며 순수한 이성으로 이루어져 있다."
- "이성은 매우 순수한 것이나 이승의 배후에 있는 완전의 실체계인 '이데아(idea)'를 직관할 수 없고, 세상에 태어나 육체에 듦으로써 이데아를 잊고 있다."
- "이 잊었던 이데아를 동경하는 마음이 에로스이며, 현상을 보고 그 원형인 이데아를 상기하여 인식하는 것이 진리라고 한다."
- "인간의 이성적 부분의 덕이 지혜이며, 정욕적 부분의 덕을 절제, 이성의 명령에 복종하여 정욕을 억압하는 기개의 덕을 용기라고 한다."
- "올바름(또는 정의)이란 여러 덕이 알맞게 그 기능을 발휘하는 상태를 말한다. 그러나 정의의 실현은 개인의 덕을 달성하는 것으로 이루어지지 않는다."라고 하며 사회 전체의 윤리설을 주장하였다.

플라톤의 이러한 생각은 그의 저서 『국가』 제7권 514a−517c에 기술된 '동굴의 비유'에 잘 정리되어 있다.

> ### 동굴의 비유
>
> "보라!" 사람들은 지하의 굴에 살고 있다. 그 굴은 입구가 빛을 향해 있고 그 빛은 모든 동굴을 비추고 있다. 동굴 안의 사람들은 어릴 때부터 그곳에 있었고, 그들의 다리와 목은 사슬에 묶여 움직일 수 없으며, 그래서 단지 그들의 앞쪽만을 볼 수 있다. 그들의 머리 위, 뒤쪽 멀리 불이 타오르고 있다. 그리고 불과 사람들 사이에는 높은 길이 있고 낮은 벽이 그 길을 따라서 세워져 있다. 마치 인형극 배우들이 이 벽을 자신들 앞에 세워 놓고, 그 위로 꼭두각시 인형을 보여 주는 것 같다.

플라톤은 동굴의 비유를 통해 현실에 묶여 살아가는 인간의 모습을 풍자하고 이데아를 찾기 위한 과정과 선각자들의 역할을 다음과 같이 주문하였다.

- 동굴의 안쪽은 감각에 의해서 인지하는 영역, 즉 지성 없이도 알 수 있는 감각적 영역이다.
- 반면 동굴의 바깥 쪽은 반드시 지성에 의해서만 인지할 수 있는 진리가 있거나 혹은 진리에 가까운 곳이다.

- 따라서 동굴 안의 사람들이 보고 있는 그림자는 불빛에 비친 사물의 그림자로 태양이 아닌 동굴 안의 불, 즉 복사물에 의해 만들어진 허상을 의미한다.
- 반면 동굴 밖의 태양은 모든 사물의 근원인 진정한 원인이자 영원한 진리를 상징한다.
- 이러한 구조 아래, 동굴 벽에 비친 그림자를 실체라고 착각하는 동굴이라는 현실에 묶여 있는 동굴 안 사람들은, 동굴 밖 이데아의 모습을 경험하고 깨달음을 얻은 선각자(철학자)들에 의해 인도되어야 한다.

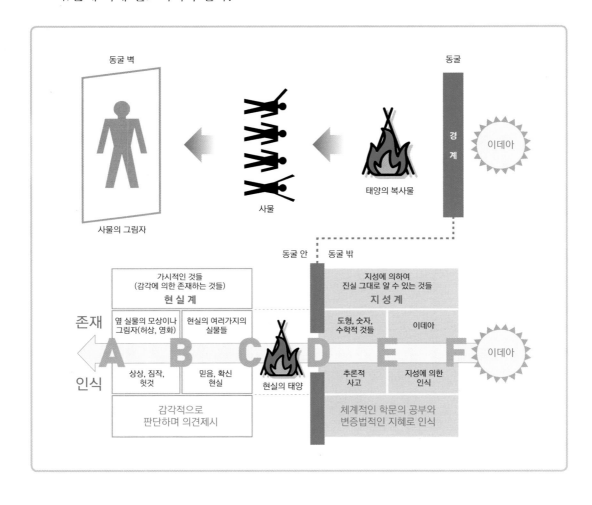

태양의 비유

태양의 비유는 시각적 인지를 위해 필요한 요소로 시각적 인지능력과 인지의 대상인 물체 그리고 '태양(빛)'의 중요성을 이야기한다. 개개인의 시각적 인지능력이 주체의 주관적 조건인 반면, 태양은 '보는 행위'의 가능조건이며 동시에 실재하는 외적 대상이다. 플라톤은 태양을 '생성과 성장, 영양을 제공해 주지만 그것 자체는 생성이 아니다.'라고 서술하는데, 이것은 그리스 시대의 과학에서 태양은 생성하고 소멸되는 것이 아니라 불사의 존재로 보았기 때문이다. 이러한 이유에서 태양은 '보는 것'의 전제조건이고 사유의 전제조건으로 비유된다. 결론적으로 태양은 사유의 전제조건으로서 이데아를 가리킨다. 즉, 인식의 가능조건인 것이다.

선분의 비유

태양의 비유에서 '인식'에 대해 이야기했다면, 선분의 비유를 통해서는 인식의 '영역'에 대해 논하고 있다. 많은 사람은 AC에 이르는 가시적인 것과 감각 대상에 대해서는 익숙하며, 그것이 '실재'라고 믿는다. 우리가 보는 영상, 그림자, 동식물, 일체의 인공물이 여기에 속하며 눈으로 보이는 모든 것이 이에 해당한다. 그러나 우리가 동그라미를 그려도 이 동그라미가 완벽한 동그라미가 아니듯 이것은 실재가 아니다. 반면 지성에 의해 알 수 있는 것들은 사고 속에서 완벽한 동그라미를 구현할 수 있는 것과 같다. 이것이 바로 추론적 사고와 지성에 의한 앎의 결과물이고 나아가 이데아, 즉 완벽한 '실재'라고 할 수 있다. 모든 사물에는 이데아가 있다. 태양의 비유에 의해 우리가 가시적으로 AC를 볼 수 있다면 '선의 이데아'에 의해 우리는 CE의 것들을 '인식'할 수 있다. 태양은 인식에 있어서 '선의 이데아'의 작용이 무엇인가에 관한 비유로 쓰인다. CD영역의 추론적 사고는 관찰, 관측 등을 포함하며 한 전제에서 다른 전제로 나아가는 것을 가리키고, 나아가 전제에서 도출되는 전제를 계속해서 탐구한다. 이에 반해 DE영역인 지성에 의한 앎은 계속해서 전제의 전제를 묻는 과정이다. 전제의 전제를 탐구하다 보면 결국 '선의 이데아'에 도달한다. 전제를 해소하다 보니 결국 출발점인 '태양'에 도달한 것이다. 이는 모든 것의 전제인, 궁극적인 이데아의 세계에 도달했음을 뜻한다.

☑ 소크라테스, 플라톤은 '우주의 실체와 진리가 현실의 물질세계를 구현하는 인간의 정신 또는 관념에 있다고 믿고 그 이상적인 형태인 이데아를 끊임없이 추구해야 한다'는 이상주의 사상을 주창했으며, 이는 칸트, 피히테, 헤겔, 쉘링, 프뢰벨, 에머슨 등에게 큰 영향을 끼쳤다.

칸트
(I. Kant,
1724~1804)

칸트는 근대 계몽주의를 발전시키고 독일 관념철학의 기초를 확립한 프로이센의 철학자이다. 18세기 철학에 있어 가장 절대적인 영향력을 끼친 인물로서, 특히 비판철학으로 잘 알려져 있다. 인식론에 근거한 이성이 이성 자신을 비판하는 '학문으로서의 형이상학'을 통해 『순수이성 비판』을 저술하였는데, 이는 이성 그 자체가 지닌 구조와 한계를 제시하고 궁극적으로 '나는 무엇을 어떻게 알 수 있는가?'라는 인식론적 문제를 다루고 있다. 이 외에도 『실천이성 비판』에서는 윤리적 행동에 대해, 그리고 『판단력 비판』에서는 미학적 관점에서의 기대를 언급하고 있다. 칸트의 비판철학은 독일의 피히테(J. G. Fichte, 1762~1814)를 거쳐 헤겔(G. W. F. Hegel, 1770~1831)에게 큰 영향을 끼친다.

프뢰벨
(F. W. A. Fröbel,
1782~1852)

독일 유아교육의 아버지라고 불리는 프뢰벨은 초등교육을 어린아이들의 교육에 적용시키고, 유아의 마음 속에 있는 신성(神性)을 어떻게 해야 키워 나갈 수 있을지를 고민하였다. 예나 대학 철학과에서 수학하며 쉘링(F. Schelling, 1775~1854)의 영향을 받은 프뢰벨은 어린이의 본질을 신적인 것으로 파악하였으며, 이러한 아동관에 근거하여 수동적이고 추종적인 교육을 주장했다. 정원사가 식물의 본성에 따라서 물이나 비료를 주고 햇빛과 온도를 고려하며 가지치기를 하듯이, 교육자도 아이의 본질에 따라 아이가 성장할 수 있는 환경을 조성하기 위해 노력해야 한다고 생각하였다. '킨더가르텐'(독일어: Kindergarten → 어린이들의 뜰 → 유치원)도 이러한 교육사상에 기원을 두고 있다.

에머슨
(R. W. Emerson,
1724~1804)

미국의 시인이자 사상가인 에머슨은 편협한 종교적 독단이나 형식주의를 배척하고, 자신을 신뢰하며 인간성을 존중하는 개인주의적 사상을 주장하여 자연과 신과 인간은 궁극적으로는 하나로 돌아간다는 범신론적인 초월주의 철학 입장에 섰다. 세속을 싫어하고 구애되지 않은 자연 속에서 사색을 쌓아 '문학적 철인'이라고 추앙받았으며, 그의 이상주의는 젊은 미국의 사상계에 큰 영향을 끼쳤다.

☑ 이상주의적 관점에서의 교육은 개념화하고 관념화한 지식 위주의 학습내용으로 구성된다. 이러한 지식의 체계들은 절대진리에 기초한 것으로서 높은 수준의 위계성과 일반성을 갖춘 것으로 인정된다.

☑ 이상주의의 교육방법은 학습자 자신의 직관과 내적 자아 탐구가 바탕이 된다. 성장과 발전은 기본적으로 학습자 내적인 요소에서 시작되어 외적인 분야로 발전한다.

☑ 교사는 이때 동굴 밖을 경험한 자로서 학습자들을 진리의 세계로 인도하는 역할을 한다.

🎹 '본질'에 대한 철학적 결론 3: 실재주의

☑ 실재주의는 본질의 의미를 개인의 의식이나 입장을 떠나 객관적으로 존재하는 '사물'에서 찾고자 하는 철학적 입장이다.

- 우리는 여러 대상, 사람, 사물이 존재하는 실재적 존재의 세계에 살고 있다.
- 실재의 사물들은 우리의 기호나 선호에 관계없이 존재한다.
- 이러한 존재에 대한 지식, 즉 내재된 질서와 체계에 대한 인식은 우리의 이성을 통해 가능하다.
- 실재주의는 실재의 객관적 질서의 존재와 실재에 대한 지식을 얻을 수 있는 인간 존재의 가능성을 주장하는 철학적 입장으로 정의할 수 있으며, 나아가 인간은 이러한 지식에 일치하도록 행동해야 한다고 규정하고 있다.

실재주의적 사고의 시작은 고대 그리스의 철학자 아리스토텔레스에게서 발견할 수 있다.

아리스토텔레스
(Aristotele, B. C.
284~B. C. 322)

고대 그리스의 철학자. 플라톤의 제자이며 알렉산더 대왕의 스승이다. 스승인 플라톤처럼 아리스토텔레스의 철학은 보편성을 향해 있다. 플라톤이 사물의 근원이나 기원 등 본질에 집중한 반면, 아리스토텔레스는 모든 만물은 목적인(目的因)을 가지고 그에 따라 무언가로 존재한다고 생각하였다. 플라톤의 이데아론으로는 왜 씨앗이 전혀 다른 모양인 나무가 되는지를 설명할 수 없다. 그러나 아리스토텔레스는 씨앗이 발아해 나무가 되는 것은 나무라는 목적인이 그 안에 내재해 있기 때문이라고 설명한다. 이처럼 아리스토텔레스는 플라톤처럼 변형된 존재를 하위 호환으로 간주하는 것이 아니라, 다른 형태로 발현된 것이라고 보았다는 점에서 사물의 변화 가능성을 좀 더 중시했다고 할 수 있다. 따라서 아리스토텔레스에게 철학적인 방법이란 '특정한 현상에 대한 연구로부터 본질에 관한 지식에 이르기까지의 과정', 즉 '목적인을 찾아가는 과정 모두를 포괄하는 것'이라고 할 수 있다.

> **아리스토텔레스의 형이상학**
> - 실재를 두 가지의 구성 요소로 보는 이원론을 전제
> - 시간과 공간의 제약 없이, ① 변화하지 않는 '본질적 성질'과, ② 상황의 영향을 받는 개별적 요소인 '우연적 성질'로 이루어진 실재
> - 두 가지 요소는 서로 분리되어 있으나 긴밀한 상관성을 갖고 있음

아퀴나스
(T. Aquinas,
1224~1274)

토마스 아퀴나스는 기독교 교리와 아리스토텔레스의 철학을 종합하여 스콜라 철학을 대성한 중세 기독교 최대의 신학자이다. 아리스토텔레스의 생각을 수용하며 "신의 은총은 자연을 파괴하지 않고 오히려 자연을 완성시킨다."라는 견지로 은총과 자연 사이에 조화로운 통일을 부여했다.

- 모든 자연은 신이 창조한 것이며, 이러한 자연을 인식하는 인간의 신앙적 이성은 자연 가운데서 가장 고상한 부분이므로 자연 전체에 대한 이해를 통해 신의 존재를 추론(推論)하는 것이 신을 찬미하는 길이라고 주장하였다.
- 그의 인식론은 본질적으로 존재론적인데 이성은 감각이 주는 내용으로부터 추상작용에 의해 대상의 본질개념을 형성한다고 주장하고 능동적 지성과 수동적 지성을 구별하였다.

코메니우스
(I. A. Comenius,
1592~1670)

체코슬로바키아의 세계적인 철학자이자, 교육자, 종교개혁가로 알려진 코메니우스는 근대 교육학의 선구자로 유럽 등지를 돌아다니면서 교육의 제도를 새롭게 바꾸는 데 노력하였다. 또한 세계 평화를 부르짖으며, 종교적인 새로운 교육학을 마련하였다. 그의 철학은 세계를 하나의 조화체로 보고 이에 대한 통합적 지식을 역설한 범지학(汎知學)[7] 사상과 실물을 통한 감각적 경험을 중시한 감각적 실학주의로 요약된다.

---

7) 범지학(Pansophism)이란 신의 관점, 즉 위에서 세상을 보려는 '신지학'의 대립 개념으로 아래에서 지상의 물질적 존재와의 대응을 통해 천상의 초월적 존재를 유추하여 인식하려는 사조이다.

헤르바르트
(J. F. Herbart,
1776~1841)

독일의 철학자이자 교육학자인 헤르바르트는 근대적 의미에서의 학문으로 서의 교육학을 처음으로 구축하고 교육이론의 기초를 만들었다. 칸트의 인 식론상의 전회를 자신의 경험의 철학의 기점으로 삼으면서도 초월론적 입 장에서는 인간의 변용을 설명할 수 없다고 비판하고, 어디까지나 실재론의 입장에 서서 인간의 성장발달을 경험 파악 형식의 점차적인 개선과정으로 파악했다.

> 전심에서 치사로의 변화

러셀
(B. A. W. Russell,
1872~1970)

영국의 수학자이자 철학자, 수리논리자, 역사가, 사회비평가며 노벨 문학상 수상자인 러셀은 1900년대 초반 '관념론 반대운동(revolt against idealism)'을 일으키고, 그의 선배 프레게, 제자 비트겐슈타인과 함께 (분석철학)에 심취, 20세기의 선두 논리학자로 자리매김했다.

> 현대에 들어서는 허친스, 아들러, 브로우디 등 인본주의 교육가에게서 교육철학적 토대로 서의 실재주의적 접근이 발견된다.

 실재론의 공통적 교육 목표는 지력 또는 이성의 훈련에 있다. 고전적 실재주의에서 아리 스토텔레스는 이성의 배양을 위한 교양교육에 중점을 두고 있다. 학습자의 이성이 발달 되면, 다른 모든 일을 스스로 해결할 수 있다고 보았다.

☑ 실재주의에 입각한 교육은 학생 스스로가 탐구하고 관찰하고 생각하는 교육방법이다. 교 사의 임무는 실재 세계에 대한 상당한 지식을 전달하는 데 있다. 실재론에서 요구되는 교육 방법을 보면, ① 과학적 방법 및 관찰과 실험적 방법, ② 말보다는 사실을 중요히 여기는 방 법, ③ 교사의 주도권을 중시하되 아동의 흥미와 지적 호기심을 충족시키는 방법, ④ 지력 훈련을 통해 세상의 사물을 알게 하고, 인간능력의 한계를 인식하게 하는 방법 등이 있다.

☑ 실재주의 교육과정의 기초는 체계적으로 조직된 교과 중심 학문을 바탕으로 한다. 교과 중심 교육과정은 두 요소로 구성되는데, 하나는 학문의 구조가 되는 지식 체계이고 다른 하나는 학생의 준비성, 성숙, 사전학습에 따른 알맞은 교육 차원의 배열이다.

'본질'에 대한 철학적 결론 4: 실용주의

☑ 실용주의, 프래그머티즘(Pragmatism)은 이전의 교육철학적 결론과 달리 19세기 후반 미국에서 시작된 철학적 전통으로 '인간의 경험 안에서 실행적 시험을 거쳐야' 아이디어의 특정되는 적용이 가능하다고 강조했다. 실용주의는 이상주의와 사실주의 등이 세계를 불변의 것으로 파악하는 것과 달리 세계를 변화시키는 것에 초점을 두고 있다. 실용주의적 사고는 피어스, 제임스, 듀이 등에 의해 주창되었다.

피어스
(C. S. Peirce,
1839~1914)

미국의 철학자로 현대 분석철학 및 기호논리학의 뛰어난 선구자 중 한 사람이다. 피어스의 이론은 '의미의 이론'이라고 불리는데, 그에 의하면 사물에 관한 명확한 관념은 필연적으로 실제상의 결과나 가능성을 갖는 것이기 때문에 우리의 관념을 명석하게 하기 위해서는 그 관념의 실제적 결과나 가능성을 고찰하면 된다고 주장하였다. 그러나 우리의 관념이나 사고 활동은 회의를 해소하고 확고한 행동을 가능케 하는 신념을 확립하는 데 있다. 신념이란 곧 우리가 어떤 상황에 처했을 때 어떤 행동을 취해야 할 것인가를 지시해 주는 것이다. 이것이 실용주의의 근본 원리이다.

당신의 개념이 가리키는 대상의 효력을 생각해 보라. 그러한 효력을 갖는 당신의 개념이 대상에 대한 당신의 개념 전체이다(Peirce, 1878).

제임스
(W. James,
1842~1910)

미국의 철학자이자 심리학자인 제임스는 실용주의 철학의 확립자이다. 피어스의 '의미의 이론'에 더욱더 행동적 요소를 도입함으로써 실용주의를 '진리의 이론'으로 전개하였다. 제임스에 의하면, 우리의 관념이 참이냐 거짓이냐 하는 문제는 그것이 우리의 실생활에 있어서 어떠한 실천적 차이를 나타내는가에 따라서 결정되어야 한다. 어떤 관념의 진위는 그 자체로서는 결정되지 않으며, 다만 그것이 사실에 적합한지 아닌지를 보아서 결과가 유효하다고 검증된다면 그것은 참이 될 수 있다. 그러므로 시간공간을 초월한 절대적 진리는 없으며 진리의 기준은 오로지 실생활에서의 유용성에 두어야 하고, 따라서 진리는 상대적이며 변화하는 것이다.

듀이
(J. Dewey,
1859~1952)

미국의 철학자이자 심리학자, 교육학자인 듀이는 기능심리학을 주창하였고, 미국 학교 제도에 막대한 영향을 준 진보주의를 이끌었으며, 자유주의를 지지하였다. 그의 실용주의는 행동적 요소가 더욱 강조되었고 개인적 관심에서 사회적 관심으로 발전하게 된다. 이러한 듀이의 생각은 '도구주의(instrumentalism)' '실험주의(experimentalism)' 등으로 불리기도 하는데 이는 인간의 모든 관념이나 사상이 현실 생활에서 일어나는 문제해결을 위한 도구에 지나지 않는다고 보기 때문이다. 곧 인간의 문제는 초경험적이라기보다는 오히려 인간 목적에 따라 제기되는 사건과 문제에 의존하게 된다. 경험 또한 다양한 상호작용 중 하나에 지나지 않으며, 우리의 경험이 순탄하지 못할 때 그것을 타개하기 위한 기능이 다름아닌 사고작용이다.

> 실용주의는 엄밀히 말해 철학이 아니라 생활의 철학이요, 상식의 철학이라 할 수 있다. 이는 진실을 실생활에 있어서의 유용성에 의해 결정한다는 점에서 공리주의라고 볼 수 있고, 진리는 경험에 의해서 검증되고 변화한다고 보는 점에서 경험주의적이며, 지식보다는 행동을 중시하는 이유에서 반주지주의적이라고도 할 수 있다.

 실용주의 관점에서의 음악교육은 음악의 유용성 발견에 목표를 두고 있으며, 학생들이 실생활에서 만날 수 있는 음악적 문제상황에 대한 해결능력이 주요 과제로 다루어진다.

 이때 교사들의 경험에 의한 음악 관련한 사고의 결과물은 학습자의 흥미와 유용성에 비추어 볼 때 반드시 의미 있는 것은 아니며, 따라서 학교의 음악교육은 미래 성인 생활을 위한 준비가 아니라 현 학습자 단계에서의 자발적인 필요에 의한 만족을 목표한다.

 이러한 이유에서 교사는 배움의 과정에서 학습상황을 통제하기보다는 안내하는 역할을 담당해야 한다.

시대상에 따른 철학적 결론 5: 포스트모더니즘

모더니즘(Modernism: 근대주의)　　　　　　　　　　보편적 이성

- 이성을 중시하여 전체성과 보편성이 강조
- 이성적 결과로 나타나는 객관적 진리와 과학적 질서의 중요성 강조

포스트모더니즘(Postmodernism: 탈근대주의)　　　　개성적 이성

- 이성중심주의에 대해 근본적인 회의를 내포하고 있는 사상적 경향으로 탈중심적 · 다원적 사고 강조
- 다양성, 상이성, 개별성의 중시
- 역사를 통해 축적된 '논리적 이성'보다 실존하는 개인의 '이성과 감성'을 강조
- 절대성이 아닌 상대성 중시

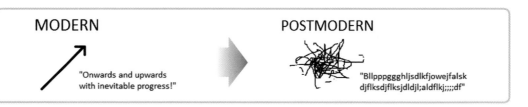

☑ 모더니즘에서 포스트모더니즘으로의 변화는 교육적 사고와 실행에 있어서 다양한 변화를 야기하였다.

교육의 목표와 내용에 대한 총체적 반성을 요구하고, 절대적 가치에 대한 부정으로 인해 오늘날 필요한 교육에 대한 논의가 시작되었다.

획일적이고 전통적인 교육방법에서 '일탈적이고 실험적인 방법'에 대한 가치의 고민이 야기되었다.

교육내용 선정의 기준이 교사에서 학습자의 관점으로 변화하기 시작했다.

학습자 개개인의 상황과 수준에 대한 존중이 요구되기 시작했다.

사회상에 따른 철학적 결론 6: 다문화주의

☑ 다문화주의는 특정 민족이나 나라 중심의 단일문화주의를 비판하면서 등장한 이념으로 어느 한 문화의 우월성을 인정하지 않고 모든 유형의 문화가 동등하게 존중되어야 한다는 입장을 갖고 있다. 다음은 다문화화에 따른 사회적 변화, 즉 현상과 문제점이다.

- 21세기 현대 사회는 흔히 '다문화 사회(Multicultural Society)'로 정의된다.
- 다문화 사회란, 근대 산업의 높은 성장 과정 속에서 발생한 잦은 인적·물적 교류의 결과물이다(조대현, 2009).
- 학계에서는 이러한 현상을 '문화적 세계화'(Kulturelle Globalisierung: Werner, 1994)로 정의하고 있으며, 이는 세계가 하나의 커다란 문화적 공동체를 이루고 있음을 의미한다.
- 다문화 사회의 특징은 상이한 문화성(性)을 가진 다양한 문화 주체(主體)들이 동일한 시·공간 안에 공존하고 있다는 사실이다. 문화는 인간의 언어, 종교, 의식주를 포함한 인간이 실현하고자 하는 삶의 가치를 지향하는 데 있어 발현되는 대표적인 정신적 산물 중 하나로서, 역사적 흐름 속에 전해지는 문화적 경험을 통해 세상을 이해하고 자신을 발견하며 나아가 타인과의 공동체적 삶을 가능하게 하는 매우 중요한 역할을 한다.
- 그러나 하나의 물리적 환경 안에서 문화가 동일하게 나타나지 않으면서, 다시 말해 함께 생활하는 사회 구성원 간의 언어와 습관이 다르며, 살아가는 물리적·심리적 리듬이 다르고, 공동체가 기대하고 추구하는 인간상에 대한 이해와 해석에 차이가 발생하면서 생겨난 상이한 문화로 이루어진 모자이크 환경이 결과적으로 심각한 사회적 문제를 야기하고 있다.
- 그중 대표적인 것이 한 사회 안에서 문화적 주류와 비주류의 구분으로 인해 발생하는 상이한 문화 종(種) 또는 문화 집단 간 충돌과 갈등이다. 이러한 충돌과 갈등은 결과적으로 힘 있는 문화적 주류에 의한 비주류 문화의 동화(Assimilation)를 야기하고,

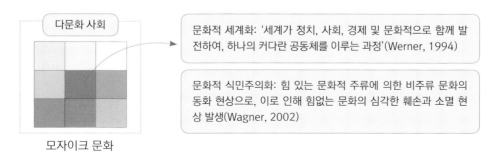

다문화 사회

문화적 세계화: '세계가 정치, 사회, 경제 및 문화적으로 함께 발전하여, 하나의 커다란 공동체를 이루는 과정'(Werner, 1994)

문화적 식민주의화: 힘 있는 문화적 주류에 의한 비주류 문화의 동화 현상으로, 이로 인해 힘없는 문화의 심각한 훼손과 소멸 현상 발생(Wagner, 2002)

모자이크 문화

종래에는 힘없는 문화의 심각한 훼손과 소멸까지 불러일으킨다. 김승환(2007)은 이러한 현상을 '문화 종의 굴절'이라고 정의하였다.
- 다문화주의는 이러한 사회적 현상에 대한 하나의 답변으로 등장하였다.

☑ 다문화 사회로의 사회적 변화에 따라 다음과 같은 과정을 거치며 오늘날의 다문화 교육이 탄생하였다.

> 다문화 교육의 시작과 변천
> - 다문화 사회 내 문화 종 간의 상이한 가치문화(박숙영, 2007) 차이로 인해 발생하는 사회적 파편화를 방지하고, 이를 하나의 힘 있는 단위로 집중·응집하고자 하는 정치적 목적 아래 시작됨
> - 외국인을 위한 교육의 대상은 문화적 비주류로 한정, 주류 문화로의 빠른 편입을 위한 언어교육(Koch: Merkt, 1983에서 재인용)을 중요시하여 '자국민화'를 목표함
> - 다문화 사회 및 다문화화에 대한 사회적 공동체 인식이 형성됨에 따라, 이주민을 대상으로 하는 일방적인 동화교육을 지양하고, 문화적 비주류의 다양한 문화를 자국민을 대상으로 하는 일반교육을 실시, 함께 경험하고 학습하는 '문화적 상대주의'를 표방하는 양방향 교육체계로 발전함
> - 1990년대 들어서며 나타나는 쇼비니즘(chauvinism)에 가까운 극우주의 현상으로 말미암아, '반민족주의'가 중요한 교육의 목표로 대두. 이때부터는 더 이상 '동일한 문화적 가치'만이 강조되지 않으며, 더 나아가 '서로 간의 차이'(Höhn, 1989: Nieke, 1995에서 재인용)에 대한 긍정적 이해가 요구되는 오늘날의 다문화 교육으로 변화, 발전함

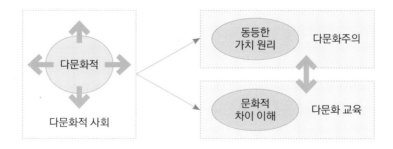

☑ 다문화주의가 음악교육에 미친 영향, 즉 다문화 음악교육의 내용은 다음과 같다.
- 각 민족의 고유한 음악문화에 대한 가치 인식 고양
- 음악의 본질적 관점에서 보는 낯선 음악에 대한 편견 감소
- 음악 생활화 차원에서의 다양한 음악의 수용과 존중
- 세계화 시대에 어울리는 음악문화적 소통의 자세 함양

지금까지 살펴본 철학적 사유의 결과물이 음악교육에 미친 영향을 정리해 보자. 이때 각각의 철학사조가 사유의 과정 속에서 발전시킨 주요 개념(keyword)을 정리함으로써 다양한 철학적 결론과 음악교육에 미친 영향 간의 논리적 추론 관계를 파악해 보자.

교육철학	주요 개념(keyword)	음악교육에 미친 영향
자연주의		• 학습자의 성장 단계와 특성을 최대한 고려한 음악교육 환경 • 학습자 삶에 직결되는 음악교육 제시 • 학습자의 자발적 음악학습을 유도하는 동기부여된 환경의 중요성 강조
이상주의		• 음악교사는 음악의 '이상적 형태'를 경험한 사람 • 음악교사는 학습자에게 음악적 모범을 보여 주는 사람 • 학습자는 음악교사를 그들의 모델로 인정하고 이를 통해 높은 음악 수준에 이르기 위해 정신적 능력을 최대한 활용
실재주의		• 음악은 인간이 만든 것이기는 하나 그 자체로 객관적이고 체계적인 질서를 품은 교육적 대상 • 음악교육의 목적은 학습자가 음악에 내재된 질서 체계와 이를 통한 아름다움을 파악하는 것 • 음악교사는 음악적 세계에 대한 올바른 이해가 전제되며, 학습자의 이성을 계발하고 개관적인 질서 체계 속에서 스스로의 위치와 역할을 합리적이고 통합적으로 찾도록 이끌어야 함
실용주의		• 학습자의 현 단계에서 필요한 음악 • 일상생활에서 사용되는 실용적 음악 • 학생의 흥미와 요구를 고려한 현재의 음악적 상황에 도움이 되는 음악수업 • 교사는 학습상황을 안내하는 역할 담당
포스트 모더니즘		• 음악교실에서 개개인의 음악적 상황과 수준에 대한 존중 • 학습자 개개인의 관점에서 의미 있는 수업내용에 대한 고려 • 다양한 실험적 시도에 대한 존중과 장려
다문화주의		• 각 민족의 고유한 음악문화에 대한 가치 인식 고양 • 음악의 본질적 관점에서 보는 낯선 음악에 대한 편견 감소 • 음악 생활화 차원에서의 다양한 음악의 수용과 존중 • 세계화 시대에 어울리는 음악문화적 소통의 자세 함양

'미'를 주제로 한 철학적 결론: 미학

미학은 철학의 하위 분야로서, '아름다움'의 본질과 가치 그리고 의미를 탐색하는 학문이다. 예술철학과 유사한 의미로 인식되고, '느림의 미학'이나 '쇼핑의 미학'이라는 말처럼 일상생활에서는 '아름다움'이나 '예술론' 등과 혼용되기도 한다. 우리나라에서의 미학은 일본에서 유래한 것으로, 18세기 독일의 바움가르트너(Baumgartner)가 만든 단어인 'Ästhetica'를 번역한 것이다.

☑ 서구 미학은 일반적으로 플라톤의 '나는 무엇을 바라는가?'라는 물음에서부터 시작되었다고 본다. 그러나 플라톤은 자신의 이데아론에 입각해서 예술을 이데아의 복사본으로 간주하고 경멸하였다. 이러한 사실은 그의 침대의 비유에 잘 나타난다.
- 이데아의 침대(본질) → 현실의 침대 → 침대 그림(예술)

☑ 아리스토텔레스의 영향을 받은 중세의 토마스 아퀴나스는 아름다움을 '반사된 진리의 빛'이라고 정의하며 신의 창조로 만들어진 자연을 모방하는 예술의 의미를 높게 평가하였다.

☑ 미학적 체제를 구축한 헤겔은 미학을 '세계 속에 던져진 정신의 실현과정이 새겨 내는 결과물'이라고 정의하였다. 즉, 아름다움이라는 것은 특정한 목적의식을 배후에 숨기고 있으며 그것이 그 자신을 드러내는 방식이라고 본 것이다.

☑ '미'와 '숭고'는 인간의 예술적 체험을 구성하는 중요한 두 가지 성질이다.
- 장미꽃이 미를 발생시키고 인간에게 미적 쾌감을 준다면, 지진해일 같은 거대한 파도는 숭고의 대상이 된다.
- 지진해일은 인간의 구상력을 훌쩍 뛰어넘어 인간을 우선 좌절시키고 불쾌하게 만들지만, 이어서 더욱 강하게 인간을 끌어당긴다. 구상력이란 무언가를 표현하는 표상의 능력이므로, 결국 숭고란 인간이 도저히 말로 표현할 수 없는 어떤 대상에 대한 감정이다.

☑ 미학에서 다루는 주요 용어 및 그 내용은 다음과 같다.
- 감각적 인식: 인간의 감각이나 지각으로 이루어지는 인식
- 객관적 미학: 미적 대상 그 자체에 대하여 객관적인 입장으로 연구하는 학문

- 주관적 미학: 미적 대상을 파악하는 주체의 미적 체험의 측면을 연구하는 학문
- 자연미: 자연이나 현실 속의 비의도적이고 우발적이며 부정적인 대상으로부터 체험되는 인간의 미적 감동에 근원을 둔 미의 한 종류
- 예술미: 인간의 창조적 활동에 의해 의도적으로 실현하려는 미로서, 인간이 예술 의욕에 의해 미적으로 가치가 있는 것을 창조하기 위해 의도적으로 자연에서 주어진 재료를 가공 형성함으로써 성립되는 미의 한 종류

분석철학적 관점에서 보는 미학과 예술의 문제
- 예술 정의와 범주의 문제: 예술정의 불가론, 예술제도론, 기능주의적 정의 등
- 미적 태도, 경험, 속성에 관한 논의: 분석철학 전통의 형이상학에서의 속성(실재론/반실재론), 심리철학에서의 현상적 경험/지식 등에 관한 논의
- 가치 평가의 문제: 분석철학적 전통에서의 윤리학/메타 윤리학 등의 문제
- 개별 예술에 대한 논의: 음악미학, 미술이론, 영상미학, 자연미학 등

☑ 대표적인 미학 양식으로는 관련주의, 형식주의, 표현주의와 절대표현주의 등이 있다. 내용적으로는 관련주의와 형식주의 간의 상반된 관계에서 표현주의와의 혼합된 형태로 절대표현주의가 발생하였다.

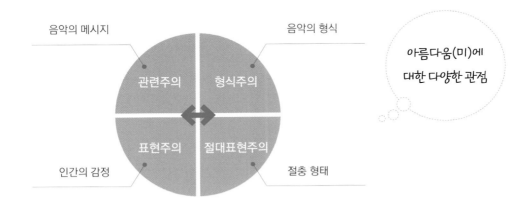

'미'에 대한 철학적 결론 1: 관련주의

☑ 관련주의(referentialism)는 '지시주의'라고도 한다. 관련주의에서의 음악은 음악 외적인 현상, 사물, 사상, 문학 등의 담긴 메시지를 감상자에게 전달하고 경험하게 함으로 그 의미와 가치가 있다. 내적으로 감성적이고 윤리적인 인간 형성을 가능하게 한다.

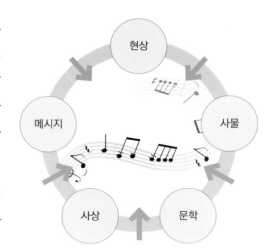

☑ 따라서 음악의 개념은 음악 자체가 아닌 어떤 것을 지시하는 데 있고, 구체적 메시지를 담고 있을수록 가치 있는 음악이 된다.

- 쿡(D. Cooke): "음악은 하나의 언어이기 때문에 그 의미가 분명하고 특정적이어야 한다." "음악의 각 음정이 특정의 감정을 지시한다."
- 톨스토이(L. Tolstoy): "예술가가 작품을 통해 특별하고 정확하며 구체적인 개인의 감정을 전달할 수 있다면, 감상자가 무엇을 느껴야 하는지를 분명하게 알 수 있다면, 그 작품은 훌륭한 것이다."

☑ 이러한 이유에서 관련주의 입장에서의 음악은 도덕적 시민의 양성과 애국심의 고취 등을 위한 목적에 사용될 수 있다(제6장 '음악이란' 중 '음악은 메시지다' 참조).

☑ 관련주의적 관점에서의 음악교육과 이때 발생한 문제점은 다음과 같다.

관련주의 관점에서의 음악교육	문제점
음악교육의 목적: 바람직한 시민의 양성과 음악이 지닌 메시지 탐구 • 학습자는 소리적 현상과 음악 외적 대상 사이의 관련성에 대한 탐구를 통해 분명한 메시지 발견 • 음악 배경이 담긴 이야기를 통해 메시지 전달 • 다른 예술과의 직접적 연결을 통해 메시지 전달(예: 그리는 음악)	• '순수(절대)음악'의 가치에 대한 인식 부족 메시지 없는 음악 → 교육적 가치 없는 음악 • 훌륭한 작품 중 메시지가 없거나 모호한 작품이 많다는 사실 간과 • 관련주의적 입장의 교육은 다른 목적을 위한 '수단'으로 간주, 음악 본연의 위상을 포기

'미'에 대한 철학적 결론 2: 형식주의

☑ 형식주의(formalism)는 대상의 내용적 측면보다는 형식을 중시하는 철학적 관점이다.

☑ 형식주의는 다양한 영역에서 발견된다. 예를 들어, 칸트는 윤리적 관점에서 "지금 내가 하려는 것이 누구에게나 통용되기에 알맞은 것인가를 먼저 생각하고, 그러한 형식과 사고방법에 맞게 행하라."라고 말함으로써 '도덕의 근본 원칙은 보편적 입법이라는 형식에 있다'고 주장, 윤리적 주제에 있어서 형식주의의 입장을 취하였다.

☑ 문학 영역에서의 형식주의는 작품 생성의 사회적 배경이나 사상, 작가의 생애 등은 제외한 채, 독립된 하나의 언어 세계로서 작품을 이해하고 그 구조 및 수법과 형태를 중시하여 이에 대한 분석이 주를 이룬다. 이는 뒤에 나타나는 구조주의와 기호학 발전에 큰 영향을 끼쳤다.

☑ 형식주의 관점에서 보는 음악의 본질은 음악을 구성하는 다양한 요소로 이루어진 '내적 구조'이며, 따라서 음악의 의미와 가치는 음악 그 자체에 존재한다고 주장한다.

> 한슬릭(E. Hanslick): "구체적인 느낌이나 정서는 음악에 구현될 수 없다. 작곡가가 표현하려고 하는 것은 순수한 음악적 본질이다. 비예술적인 세계에서 찾은 '미'와 예술에서 찾은 '미' 사이에는 아무런 관련성이 없다. 예술적 미는 전혀 다른 것이기 때문이다. 음악예술에서의 '미'는 예술적으로 구조화된 소리로 구성된 것이지, 그 외의 다른 사물에서 나오는 것이 아니다"(권덕원 외, 2011에서 재인용).

- 음악예술의 미는 구조화된 소리에서 발생하고 그 의미와 가치는 음악 자체가 지닌 '예술적 질(artistic quality)'에 의해 결정된다.
- '예술적 질'은 작품구조 안에서 예술적 현상 간의 의미 있는 관계성에 의해 형성된 음악 자체의 독자적 조직에 의해 결정된다. → "소리 나며 울리는 형식이 바로 음악의 내용이다."(Hanslick: 최은아, 2011에서 재인용).
- 이러한 음악 작품의 경험을 통해서 얻게 되는 감정을 '심미적 감정'이라고 하는데, 이는 음악 외적인 것과의 관련성, 즉 일상에서 경험하는 감정과는 분명하게 구별되는 것이다.

☑ 이러한 배경에서 형식주의 관점에서의 '음악의 이해'는, ① 음악을 형성하는 구성 요소, ② 구성의 짜임새, ③ 요소 간의 관계, ④ 작품의 전반적인 형태와 양식적 수준 등에 대한 파악을 통한 '음악적으로 의미 있는 형식의 지각'이라고 정의할 수 있다.

☑ 형식주의적 관점에서의 음악교육과 이때 발생한 문제점은 다음과 같다.

형식주의 관점에서의 음악교육	문제점
음악교육의 목적: 음악구조 이해를 위한 높은 수준의 지적 능력의 계발 • 음악적 기능과 기초 이론 교육 치중 • 연주 프로그램의 중요성 강조 • 음악의 기본 요소와 내적 구조 및 형식 등에 대한 분석을 중시 • 음악 작품의 형식적 속성에 대한 이해를 목표로 한 음악교육	• 서양 절대음악만을 주요 대상으로 규정, 그 외 다양한 시대 및 지역 음악의 의미와 가치 간과 • 소수 음악적 엘리트 교육을 강조함으로써 일반인을 대상으로 하는 음악교육의 필요성 간과 • 일상에서 구현되는 음악의 실용적 가치(음악과 인간의 삶의 관계에 따라 발생한 다양한 현상) 간과

 '미'에 대한 철학적 결론 3: 표현주의

☑ 표현주의(expressionism)는 객관적인 사실보다 사물이나 사건에 의해 야기되는 주관적인 감정과 반응에 대한 표현을 중시하는 예술 사조이다.

☑ 표현주의는 20세기 초 독일을 중심으로 인상주의와 자연주의에 반대하는 미술운동으로 시작되었으며, 사물의 외면을 묘사하는 인상주의와 달리 영혼을 표현하는 데 주력하였다.

☑ 미술 영역에서의 표현주의는 자연 대상을 단순히 아름답게 묘사하는 것을 거부하고 대상이 지닌, 혹은 관찰자가 표현하고자 하는 대상의 형태와 내면의 세계, 즉 표현하고자 하는 대상의 주제를 강조하여 기술적인 측면에서 색채와 구도, 형태와 대상의 조화를 과장하거나 생략하는 등 작가의 주관이 강하게 드러나는 특징을 갖고 있다.

☑ 네덜란드 출신의 몬드리안(P. C. Mondrian)이 일정 기간을 두고 발표한 나무 연작을 보면 그의 주관적 생각이 변화하는 일련의 과정(단순화-변형-과장-추상)이 엿보인다. 이는 작

가의 주관적 성향이 반영된 표현주의적 관점에서의 철학적 결론의 좋은 예라고 할 수 있다.

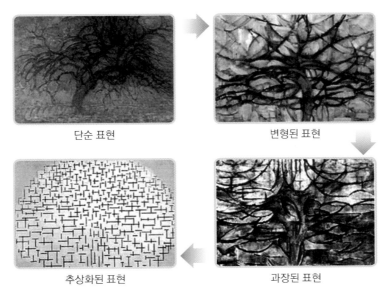

단순 표현   변형된 표현

추상화된 표현   과장된 표현

☑ 표현주의 관점에서의 음악은 '인간의 경험 중에서 오직 예술로만 표현될 수 있는 느낌이 음악적 상징을 통해 표현된 것'(Langer: Reimer, 1989에서 재인용)으로, 궁극적으로 음악은 '인간 삶의 경험을 의미 있는 소리를 통해 상징화한 것'이라고 말할 수 있다.

> 듀이(Dewey): "인간은 일상적인 생물학적 삶에서 불균형과 균형, 긴장과 이완, 필요와 충족의 과정을 겪고, 그 과정에서 경험하게 되는 리듬은 심미적 경험의 기초가 된다."

• 즉, 예술은 인간 삶의 리듬, 느낌의 리듬을 소리라는 매체를 이용하여 간접적으로 표현한 것이라고 정의할 수 있다.

> 쇤베르크(Schönberg): "음악은 인간의 감성 세계를 소리로 유추한 것으로서 언어로 표현될 수 없는 인간의 미묘하고 복잡한 상태의 느낌을 상징적·추상적 형태로 표상화한 것이다."

• 만약 모든 의미를 언어로 표현할 수 있다면 음악이나 미술과 같은 예술의 존재는 필요하지 않을 것이다. 즉, 예술로부터 받는 느낌은 언어와는 다른 것이며, 또한 개개인마다 다르기 때문에 표현 또한 다를 수밖에 없다는 것이 바로 표현주의적 관점에서의 음악에 대한 생각이다.

표현주의적 관점에서의 음악교육과 이로 인해 발생한 문제점 그리고 요구되는 음악교사의 역할은 다음과 같다.

표현주의 관점에서의 음악교육	문제점
음악교육의 목적: 심미적 감수성 계발 • 개인이 획득하는 '느낌'을 다양한 방법으로 표현할 수 있는 활동 유도 • 이에 대한 언어적 설명 지양 • '음악에 대해 스스로 느낄 줄 아는 능력'의 발달을 지향	• 음악의 객관적이고 공통적인 면에 대한 간과 • 개개인의 주관적 세계를 표현하기 위한 기본적 음악능력의 사전 습득을 전제 • 주관적 감정과 느낌에 대한 중시는 전통적인 학교 교육과정에 실시하기에 어려움 발생

음악교사의 역할

• 주관적 정서와 느낌을 표현하는 음악에 대한 인식 전제
• 학생들이 주관적 느낌을 음악으로 표현할 수 있도록 도와주는 역할 수행
• 상징적 의미에 대한 학습자의 관심 유도
• 학습자 개개인의 주관적 정서 존중
• 다양하고 풍부한 표현감을 느낄 수 있는 음악의 선정 등

 '미'에 대한 철학적 결론 4: 절대표현주의

☑ 절대표현주의(Absolute expressionism)는 제2차 세계대전 전후에 나타난 미학 사조의 하나로서 내용적으로는 관련주의와 표현주의가 형식주의와 혼합된 모습을 띠고 있다.

형식주의

+ 관련주의

예술의 의미와 가치는 작품 내부에 있으며, 음악 외적 영향과 관련성은 작품의 내적 의미와 가치에 포함되어 있다.

+ 표현주의

예술의 의미와 가치가 작품의 형식적 속성에 있다고 보는 형식주의의 입장과 함께, 예술 작품의 심미적 요소는 모든 인간의 경험에 내재된 질적 속성과 근본적으로 유사하다는 표현주의적 입장을 담고 있다.

☑ 절대표현주의는 예술의 의미와 가치가 작품 내부에 존재하고 작품에 대한 외적 영향과 관련성은 이미 작품의 내적 가치에 포함되어 있다고 보는 미학적 관점이다.

☑ 이때 음악의 외적 요소는 작품이 담고 있는 내면적 총체의 일부로서 '예술적 형태로 승화'되어 나타난다. 즉, 표현주의에서 다룬 인간의 느낌인 외적 요소가 예술의 형태로 변화된 것과 같은 맥락이다.

☑ 그러나 표현주의와 다른 점은 외적 요소보다는 '예술적 틀과 형식'의 중요성이 더 강조된다는 데 있다. 왜냐하면 예술 작품의 질은 표현의 형식을 통해 결정된다는 형식주의적 입장, 즉 예술 작품이라는 표현형식이 독자적이고 독립적이어서 감상자와의 사이에 매개체가 존재하지 않는다는 전제를 갖고 있기 때문이다.

☑ 절대표현주의적 관점에서의 음악학습의 의미는, ① 작가의 내면세계를 공유(share)하고, ② 작품이 가지고 있는 느낌의 가능성(possibility of feeling)을 탐구하는 것을 말한다.

☑ 절대표현주의적 관점에서의 음악교육과 이에 대한 문제점은 다음과 같다.

절대표현주의 관점에서의 음악교육	문제점
음악교육의 목적: 심미적 경험의 발달 • 심미적 경험이란 음악 작품에 내재된 속성과 의미를 직관과 통찰을 통해 개별적으로 의미 있는 것으로 경험하는 것을 의미 • 예술을 중시하는 심미적 태도의 함양을 통해 학습자 개인의 음악적 삶에 대한 긍정적 의미부여 추구	• 음악개념이 음악작품에만 한정, 18~19세기의 유럽 중심의 미학, 즉 형식주의를 답습 • 연주를 심미적 경험을 위한 수단으로만 간주, 음악 본질에 대한 오해를 야기 • 내용적으로 모순되는 형식주의와 관련주의, 표현주의의 혼합으로 외재적 가치 불분명

현대 음악교육 철학의 발전

음악교육은 음악의 본질을 파악하고 그 본질의 교육적 의미를 이해하며, 이를 통해 더 나은 교육현장에서의 적용을 시도하는 인간의 끊임없는 노력 행위로 정의할 수 있다. 이러한 노력은 오늘날 다양한 교육철학적 결론을 도출해 냈으며, 이는 크게 '심미주의 음악교육'과 '실천주의 음악교육' 그리고 '경험 중심 음악교육'으로 정리할 수 있다. 이 중 심미적 음악교육과 경험 중심 음악교육은 현대 음악교육의 대표적 철학자 리머(Reimer, 1970, 1989, 2003)의 주장으로, 등장 시기에 따라 리머의 심미적 음악교육이 엘리엇의 실천주의 음악교육의 영향을 받아 경험 중심 음악교육으로 변화하는 모습을 보이고 있다.

음악교육에 대한 철학적 결론 1: 심미주의 음악교육 철학

☑ 심미주의 음악교육 철학은 절대표현주의적 관점을 인용한 '리머'에 의해 정립되었다.

> 리머는 음악교육은 음악에 대한 이해에서부터 시작하며, 음악의 이해는 음악의 본질을 다루는 미학적 사고에서 가능하다고 주장하였다. 이러한 이유에서 그는 저서 『음악교육 철학(A Philosophy of Music Education)』(1970)을 통해 절대표현주의 미학에 근거한 음악의 본질과 가치, 작품의 의미, 유의미한 경험으로서의 심미적 경험, 예술 행위 등에 대해 정의하고자 했으며, 이를 통한 철학적 결론으로 심미주의적 음악교육의 철학적 개념과 필요성 그리고 그 이론적 당위성을 제시, 현대 음악교육에 많은 영향을 끼치고 있다.

우리나라 6차 이후의 교육과정에 큰 영향을 끼침

리머
(B. Reimer,
1938~)

뉴욕 출생으로 12세에 줄리어드 음악대학(The Juilliard School of music)에 입학, 클라리넷를 전공하고, 이후 다수의 미국 대학에서 음악교수를 역임하였다. 다양한 교육과정 관련 프로젝트와 함께 많은 연구와 저서, 교육용 교재 등을 편찬하여 미국의 음악교육 철학과 학교 음악교육의 목적을 재정립하는 데 큰 역할을 하고 있다. 저서로는 1970년대 심미주의 음악교육 철학을 대변하는 『음악교육 철학』이 대표적이다.

유기체의 삶에 내재된 일정한 법칙, 끊임없는 변화와 발전, 움직임, 상호작용과 역동성 그리고 일정한 주기성과 리듬 등은 인간이 동화할 수 있는 음악적 표현성으로 나타나며, 그것을 인식하는 향유자는 음악교육을 통해 더욱더 심오하고 민감하게 지각하고 이해할 수 있는 것이다(방금주, 2017에서 재인용).

☑ 리머는 음악의 본질을 유기체적 존재인 인간의 삶 속에서 찾고자 하였다. 즉, 오늘날 개념화된 음악적 요소는 이미 인간에게 존재하는 것으로서 특정한 요구가 있을 때 자연스럽게 표출되는데, 이것이 다양한 음악적 현상의 하나로 나타나고, 또한 '음악적 형식'으로 구분·정리되는 것이다.

☑ 즉, 음악의 본질은 인간 느낌의 역동적 발현과정에서 발견되는 '형식적 내재성'과 '그 특징', 예를 들면 악곡을 구성하는 소리와 그 자체의 내적 관계, 소리를 유기적으로 통합한 내적 질서 등으로 이해될 수 있다.

음악작품의 자율성

☑ 같은 맥락에서 음악작품은 이러한 소리 간의 내적 질서로 완성된 현상으로 작품 창작의 과정이 작곡가에게서 구현되었고 '작곡가의 경험세계'가 작용한 독립적인 창조물이나, 절대표현주의 미학적 관점에서 이는 음악 외적 영향이 아닌, 작품의 내적 의미와 가치에 포함된 '예술적 승화'로 설명하고 있다.

☑ 음악 작품을 창작하는 음악가 관점에서의 예술행위 는 다음과 같은 과정을 통해 이루어진다.

☑ 음악 작품을 재현하는 연주자 관점에서의 예술행위 는 매체를 통해 형식화된 결과물의 '표현성'을 실현하는 과정으로 다음과 같이 전개된다.

☑ 음악 작품에 대한 학습자 관점에서의 예술행위 는 적극적인 '감상' 행위를 통해 이루어진다.

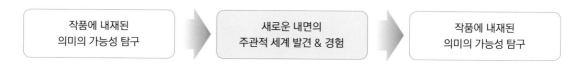

☑ 이러한 음악에 대한 유의미한 경험은 '완전한 내적 구조물로서의 음악'이란 존재를 인식하고 '논리적 구조물로서의 음악'을 이해하게 한다. 리머는 이러한 경험을 '심미적 경험'이라고 정의하였으며, 이는 예술이라는 경험 범주에서만 가능한 것, 특히 음악의 지향점이 되는 적극적인 '감상' 행위를 통해서만 가능하다고 주장하였다. 그 과정은 다음과 같다.

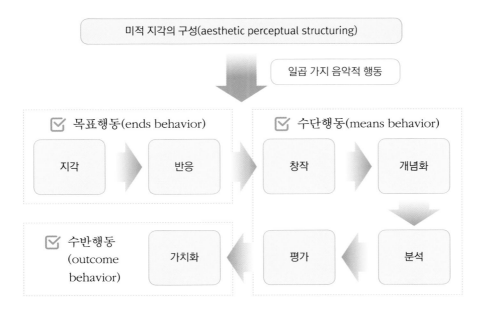

결론적으로 절대표현주의 미학을 배경으로 하는 리머의 심미주의 음악교육 철학은 음악작품에 내재된 '느낌의 세계'를 감지하고, 그 질을 판별하는 것을 목적하는 교육관이라고 볼 수 있다. 이는 궁극적으로 학습자의 음악에 대한 느낌을 계발하고, 나아가 주관적 세계에 대한 새로운 경험과 통찰적 지식을 지향하는 것이다. 그러나 결과적으로는 절대표현주의 미학이 받는 비판, 예를 들어, ① 음악 및 관련 철학의 다양성을 부정하는 유럽 중심의 미학이라는 제한점, ② 자연발생적이라는 주장과 달리 18~19세기 순수예술과 관련된 엘리티즘(Elitism)의 문제, ③ 미학적 대상을 음악작품 또는 예술객체만으로 한정하여 음악의 과정적 측면이 무시되었다는 비판에서 자유롭지 못하였고, 이에 따라 이후 큰 변화를 겪는다.

음악교육에 대한 철학적 결론 2: 실천주의 음악교육 철학

☑ 실천주의 음악교육 철학은 대표적인 실천주의자 '엘리엇(D. J. Elliott)'에 의해 주창되었다.

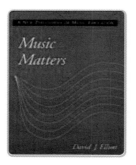

엘리엇은 그의 저서 『Music Matters』(1995)를 통해 포스트모더니즘 (Postmodernism) 관점에서의 새로운 음악교육 철학의 필요성과 당위성을 제기하였다. 그는 리머의 심미주의적 음악교육 철학에 대한 강한 비판과 함께 실천주의적 관점에서의 음악의 본질과 가치, 음악지식의 의미 등을 제시하였으며, 이때 학습자의 '음악적 실행 (musicing)'과 '행위(action)'의 중요성을 교육적으로 강조하고 있다.

☑ 엘리엇은 음악의 본질을 인간과의 관계를 통해 이해하려 했으며, 같은 사고의 연장선 상에서 음악교육의 정의를 통한 교육적 가치 그리고 음악수업과 학습을 위한 구조적 관점에 대해 다음과 같은 질문 아래 제시하고자 하였다.

- What is music? Is music significant in human life? If so, why?
- What is music education? Dose music education deserve a secure place in general education? Why?
- If cogent answers to these question could be developed, what would this mean for the organization and conduct of music teaching and learning?

☑ 엘리엇은 음악을 '인간이 만들어 낸 역사 속의 산출물'로 설명한다. 이는 개인과 집단의 욕구, 사회적 필요성, 혹은 미적 만족 등과 같은 인간 사고의 인지작용을 요구하는 모든 것에 의해 발생함을 의미하며, 나아가 음악에 대한 폐쇄적이고 항구적 이해를 지양하는 것이다.

엘리엇은 음악에 대한 포괄적인 개념 제시에 있어서 가장 합리적인 출발점을 인류가 이루어 온 역사라고 보았다. 그는 세계의 다양한 문화권에 존재하는 음악적 행위, 즉 인간의 내적 사고와 느낌을 구현한 음악적 행위와 사고의 관점에서 음악교육의 진정한 의미를 찾았다. 음악을 만들고 즐기며 향유하는 행위는 시·공간을 초월하여 다양한 사회와 문화 속에서 음악을 교류하며 소통하고자 하는 새로운 음악적 경험세계를 만들어 간다(방금주, 2017).

☑ 이러한 이유에서 엘리엇은 음악교육에 있어서 '음악하기'라는 실천적 자세를 요구한다.

> "'행위(action)'는 인간의 의식과 사고가 발생하는 가장 구체적인 실체(reality)이다."

이는 인간의 음악적 행위 속에서 음악과 관련한 다양한 사고(thinking in action)가 발생하고, 또한 이에 따른 결과가 음악적 지식(knowledge in action)으로 발전할 수 있기 때문이다.

☑ 엘리엇의 이러한 생각은 포스트모더니즘적 사고에 근거한다. '음악은 다양한 인간의 실행이므로 본래적으로 다문화적'이라고 말한 엘리엇의 주장처럼 개개인의 '음악하기'의 과정은 결과적으로 매우 다양한 음악적 결과를 야기하고 이는 사회적으로나 교육적으로 의미 있는 결과의 하나로 존중되어야 하는 것이다.

☑ 이러한 과정은 음악이라는 매체를 중심으로 한 사회라고 하는 역사적 유기체와 개인이라는 유기체 간의 상호작용을 의미하며, 결과적으로는 오늘날 개념화된 음악에 대한 다양한 정의와 의미, 가치를 도출하였다.

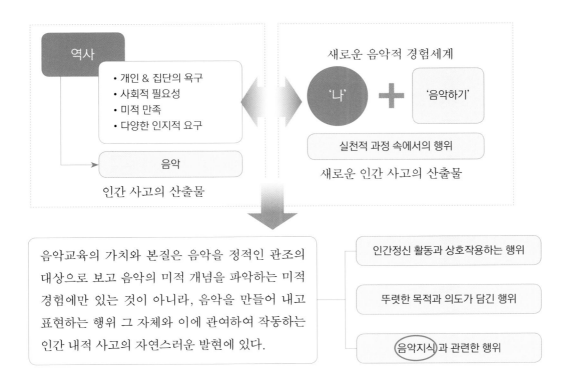

☑ 엘리엇이 강조하는 분명한 목적과 의도 아래 이루어진 '음악하기'는 다음과 같은 음악적 지식을 습득하게 한다.

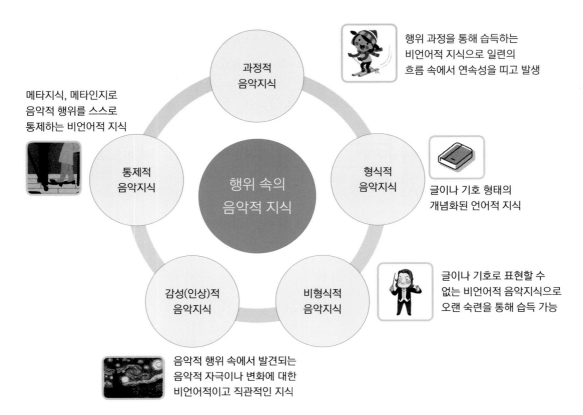

행위 과정을 통해 습득하는 비언어적 지식으로 일련의 흐름 속에서 연속성을 띠고 발생

메타지식, 메타인지로 음악적 행위를 스스로 통제하는 비언어적 지식

글이나 기호 형태의 개념화된 언어적 지식

글이나 기호로 표현할 수 없는 비언어적 음악지식으로 오랜 숙련을 통해 습득 가능

음악적 행위 속에서 발견되는 음악적 자극이나 변화에 대한 비언어적이고 직관적인 지식

과정적 음악지식 / 통제적 음악지식 / 행위 속의 음악적 지식 / 형식적 음악지식 / 감성(인상)적 음악지식 / 비형식적 음악지식

- 과정적 음악지식: procedural musical knowledge
- 형식적 음악지식: formal musical knowledge
- 비형식적 음악지식: informal musical knowledge
- 감성(인상)적 음악지식: impressionistic musical knowledge
- 통제적 음악지식: supervisory musical knowledge

☑ 이러한 음악적 지식의 습득에 있어서도 강조되는 것은 '행위'의 중요성이다. 엘리엇은 이러한 행위의 중요성을 단지 학습의 대상인 학습자로 국한하지 않는다. 즉, 학습을 준비하고 계획하며, 학습자가 음악적 행위를 통해 음악교육이 목적하는 바를 이룰 수 있도록 조력해야 하는 교수자의 자세를 다음과 같이 설명한다.

> "커리큘럼은 문서화된 계획(written curriculum)이 아니라,
> 교사 자신이 되어야 한다."(Elliott, 1995)

- 문서화된 음악과 교육과정의 문제점 제기: '과연 인간의 모든 지식, 특히 음악이 문서화될 수 있는가?'
- 음악은 형식적 지식과 같은 언어적으로 표현 가능한 지식도 있으나, 앞에서 제시한 과정적 지식, 비형식적 지식, 감정(인상)적 지식, 통제적 지식과 같은 단지 실제적인 행위를 통한 경험 속에서만 나타나는 비언어적 지식을 포함하고 있다.
- 따라서 이러한 비언어적 지식을 채워 주는 주체는 문서화된 커리큘럼이 전부일 수 없으며, 이러한 문서화된 커리큘럼을 계획하는 것은 물론 학습자에게 필요한 환경과 상황을 바로 제공할 수 있는 교사의 모습과 자세라고 할 수 있다.
- 이는 교사의 교육과정 재구성 능력의 중요성과 음악과 끊임없이 관계하는 교사, 음악이 생활화된 교사로, 음악의 본질과 가치를 드러낼 수 있는 의미 있는 모델의 역할을 강조하고 있다.

결론적으로 엘리엇이 주장하는 실천주의 음악교육 철학은 음악을 만들고 표현하는 과정의 주체라 할 수 있는 '인간'의 느낌과 그것의 변화 그리고 반복되는 과정 속에서 습득하는 음악적 지식을 중시하고 있으며, 다양성을 존중하고 강조한다는 점에서 심미적 음악교육 철학과 근본적 차이를 보이고 있다.

음악교육에 대한 철학적 결론 3: 경험 중심 음악교육 철학

☑ 경험 중심 음악교육(Experience-based Music Education)은 리머의 심미주의 음악교육 철학에 대한 여러 비판 속에서 탄생하였다.

> 1970년 심미주의 음악교육 철학의 발표 이후, 학문적으로 독보적인 지위를 차지했던 리머는 1990년대 중반 다양한 관점의 세계 철학 사조의 도전과 영향을 받았다. 대표적인 것이 포스트모더니즘과 실용주의적 관점이며, 특히 『Music Matters』(1995)를 통해 심미적 음악교육을 비판하고 실천주의 음악교육을 강조한 엘리엇의 영향은 매우 크다고 할 수 있다. 이에 대한 반응으로 리머는 2003년 『음악교육 철학』 제3판을 발표하며 이전의 입장과는 다른 수정된 관점을 제시하는데, 이것이 바로 경험 중심 음악교육 철학이다. 그는 '예술적 경험의 가장 중요한 특질이 느낌의 세계를 공유하는 데 있다는 점을 포기하지 않으면서 새로운 철학적 관점들 가운데 의미 있는 내용을 철학 체계에 수용하려는 변증법적 통합을 시도'하였다(권덕원 외, 2011).

심미주의 음악교육

- 절대표현주의
- 미적 경험을 통한 자아실현 목표

경험 중심 음악교육

- 절충적 미학
- 음악의 다면적 경험을 통한 자신과 타인의 이해 목표

형식주의
+ 포스트모더니즘

 다양한 비판

- 과정에 대한 간과
- 유럽 중심의 제한된 미학
- 다양한 철학적 견해 무시

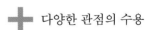 다양한 관점의 수용

- 형식(form)으로서의 음악
- 실천(practice)으로서의 음악
- 사회적 기제(social agency)로서의 음악
- 다문화적 관점(multiculturalism)에서의 음악

『음악교육 철학(A Philosophy of Music Education)』
주제의 변화

초판 / 2판
• 예술 전반

3판
• 음악

> 예술에 대한 일반론적 논지에서 후퇴하여 주제를 '음악'으로만 한정, 절대표현주의적 예술론이 모든 예술 분야, 특히 소설, 문학과 같은 언어 중심 예술에 적용되기 어려운 점을 고려해야 한다.

☑ 경험 중심 음악교육은, 첫째, '음악을 경험할 수 있는 다양한 방식과 음악이 제공하는 특별한 종류의 경험에 주의를 기울이게 하는 것'이고, 둘째, 이를 통해 '예술적 경험'을 가능하게 하며, 셋째, 음악적 앎을 얻어 궁극적으로는 음악의 특별한 경험을 통한 전인적 인간의 계발을 목표로 한다.

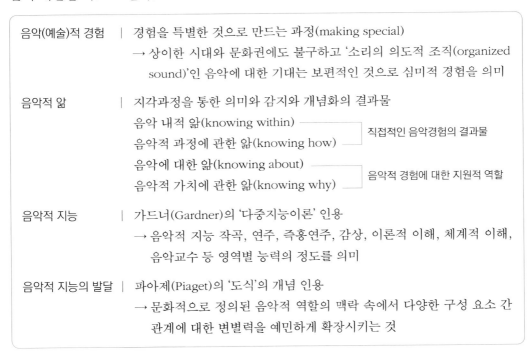

음악(예술)적 경험	경험을 특별한 것으로 만드는 과정(making special) → 상이한 시대와 문화권에도 불구하고 '소리의 의도적 조직(organized sound)'인 음악에 대한 기대는 보편적인 것으로 심미적 경험을 의미
음악적 앎	지각과정을 통한 의미와 감지와 개념화의 결과물 음악 내적 앎(knowing within) ── 직접적인 음악경험의 결과물 음악적 과정에 관한 앎(knowing how) ── 음악에 대한 앎(knowing about) ── 음악적 경험에 대한 지원적 역할 음악적 가치에 관한 앎(knowing why) ──
음악적 지능	가드너(Gardner)의 '다중지능이론' 인용 → 음악적 지능 작곡, 연주, 즉흥연주, 감상, 이론적 이해, 체계적 이해, 음악교수 등 영역별 능력의 정도를 의미
음악적 지능의 발달	파아제(Piaget)의 '도식'의 개념 인용 → 문화적으로 정의된 음악적 역할의 맥락 속에서 다양한 구성 요소 간 관계에 대한 변별력을 예민하게 확장시키는 것

☑ 경험 중심 음악교육이 목표하는 바를 보면 미학적 개념에서 실천적 행위 개념으로의 변화가 발견된다. 즉, 절대표현주의라는 관점에서 다양한 미학적 관점의 수용이 엿보이며, 심미적 '느낌'에서 '경험'의 개념으로, 모더니즘에서 포스트모더니즘, 철학에서 심리학으로 변화하며 궁극적으로는 예술교육론보다 음악교육론에 집중하며 시대적 요구의 수용과 함께 학교현장에서의 적용 가능성을 더 높이고 있다.

개념정리

각각의 교육철학 및 미학 사조의 관점에서 보는 음악은 어떻게 정의될 수 있는가?

교육철학적 관점

미학적 관점

한걸음더 !

다음은 현대 사회가 요구하는 새로운 음악적 능력의 한 예이다. 실제 체험을 통해
이전의 음악성 개념과는 어떻게 다른지 비교해 보자.

눈으로 듣고 귀로 본다?!

여러분은 다양한 모양과 형태 속에 담긴 소리를 들어본 적이 있습니까? 또는 그 소리를 다시 모양이나 색으로 표현해 본 적이 있
나요? 여기에서 여러분의 시청각 협응 능력인 AMVI(Associative Musical Visual Intelligence)를 측정해 보세요! AMVI는
오늘날의 사회가 요구하는 융합적 사고의 좋은 예입니다.

참여방법: 1. 테스트 시작 전에 볼륨을 조절합니다.
2. 사이트 하단의 시작 버튼을 클릭합니다.
3. 연달아 들리는 2개의 소리를 구별하여 듣습니다.
4. 두 소리에 어울리는 모양이나 형태, 또는 색을 찾아 클릭합니다.
5. 모든 테스트가 마무리되면, 당신의 점수가 제시됩니다.
6. 총 20문항으로 구성되어 있으며, 매 문항마다 '다시듣기'가 가능합니다.

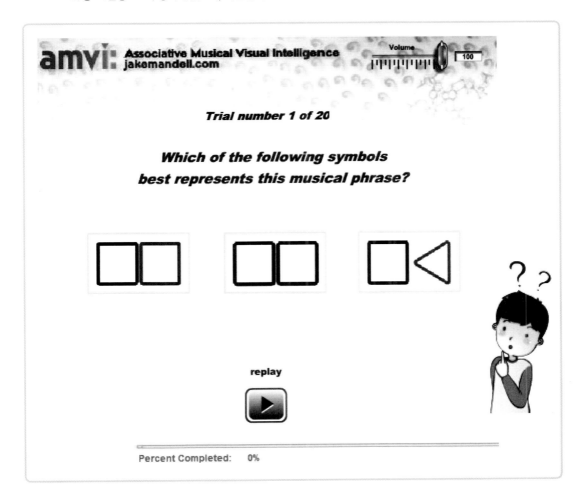

교사는 사회가 규정한 모든 과정을 이수한 사람을 의미하기도 하나,
보다 더 중요한 것은 '더 나은 교사가 되고자 하는 마음가짐과 자세'가 아닐까?

한국 음악교육 실태에 관한 연구결과(윤현진, 2002; 조대현, 2012; 함혜란, 2001; Cho, 2002)에 의하면, 오늘날 우리의 음악교육은 음악적 자극에 의해 발생하는 직접적 경험과 과정을 중시하기보다는 학습 활동의 결과물이라 할 수 있는 음악적 지식과 실기능력의 향상만을 목표하고 있다. 이러한 현상은 학습자 스스로가 탐색하고 사고할 수 있는 자발적인 경험과 학습의 기회를 제공하기보다는 이미 타인에 의해 발견되고 개념화된 지식만을 전달함으로써, 오히려 학습자의 능동적이고 논리적인 사고의 흐름을 방해한다. 결과적으로는 학습자 내부에서 발현되어 나타나는 가치부여의 과정이 생략되는 것이며, 획일적이고 정형화된 지식교육만이 이루어지고 있음을 뜻하는 것이다. 이러한 교육내용은 평가 영역으로까지 확대되어, 학습의 과정보다는 결과만을 평가하게 되었고, 이로 인해 학습목표(learning goal)보다는 평가목표(evaluation goal)만을 중시하는 오늘날의 교육풍조를 야기하였다.

☑ 이러한 시대적 경향은 교사양성과정에서도 발견된다. 교사교육의 주된 목적은 교육가로서 필요한 역량과 전문성을 기르는 데 있다(정재은, 2012). 따라서 교사교육 프로그램은 교사로서의 전문성을 함양하는 데 있어 가장 효율적인 과정이어야 한다. 그러나 현장의 상황은 이와 다르다.

☑ 임용고사 문제의 타당성에 대해 연구한 양종모(2009)는 예비교사들이 말하는 효과적인 임용시험 준비방법은 폭넓은 음악적 원리를 이해하고 다양한 음악적 경험을 쌓는 것이 아니라 책의 내용을 암기하는 것이라고 밝히고 있다. 이는 포괄적 음악성에서 말하는 음악의 기초적인 기능, 즉 '음악가적 기능(musicianly functions)'에 위배되며, 교육학적 관점에서 정의하는 교사의 자질에도 못 미치는 것이다. 포괄적 음악성 관점에서 보는 음악적 활동은 '어떤 특정 체계에 순응하는 것이 아니라, 다양한 음악적 자극이나 환경 속에서 자연스럽게 발생하는 새로운 생각과 표현'으로 정의된다(민경훈 외, 2017, p. 281). 따라서 음악학습은 학습자의 열린 사고를 담보하고, 나아가 새로운 발견을 장려할 수 있어야 한다. 즉, 철저한 학습자 중심의 교육이 요구된다. 이를 위해서 전제해야 할 것이 바로 음악교사의 준비된 자질이다(안재신, 2004; 오영미, 2003).

여기에서는 이러한 음악교수자가 준비해야 하는 자질의 내용과 과정에 대해 다음과 같이 사회와 학습자의 관점에서 살펴보고자 한다.

사회가 규정하는 교사의 자격

교사란, 사회가 규정하는 정규 교사양성과정, 즉 교직 및 교과교육학과 내용학으로 구성된 과정을 이수하고 교사자격증을 취득한 사람을 뜻한다. 오늘날에는 이 과정에 더하여 교사 임용과 관련한 시험에 합격하고 학교배정을 받아 학교 교단에 선 사람으로 정의한다. 이때 사회가 교사에게 기대하는 것이 있다. 교육과학기술부가 발표한 '신규교사의 자질과 능력에 관한 일반기준(2006. 11. 17.)'를 통해 이를 살펴보면, 그 내용은 다음과 같이 열 가지 영역의 자격기준으로 정리할 수 있다.

영역	자격기준
교직이해 영역	교사는 건전한 인성과 윤리의식, 교사 및 문화 전수자로서의 사명감을 갖는다.
학습복지 영역	교사는 학생들의 학습과 복지를 위해 헌신한다.
학생이해 영역	교사는 학생과 학생의 학습발달 등과 관련된 문화와 환경을 이해한다.
교과 영역	교사는 교과내용과 교과교육에 관한 전문지식 및 실기능력을 갖는다.
교육과정 영역	교사는 교육과정을 이해하고 교육상황에 맞게 재구성한다.
수업 영역	교사는 수업을 효과적으로 계획, 조직, 실천한다.
평가 영역	교사는 학생의 학습을 타당하고 공정하게 평가한다.
학습지원 영역	교사는 학습을 지원하는 환경과 문화를 조성한다.
교육공동체 영역	교사는 교육공동체 구성원들과 협력관계를 구축한다.
교사 전문성 영역	교사는 전문성 신장을 위해 꾸준히 노력한다.

 사회가 기대하는 교사의 자질

교사에게 요구되는 자질은 크게 세 가지 관점에서 설명될 수 있다. 먼저, 교사로서의 일반적 자질, 학교 수업을 위한 전문가적 자질, 마지막으로 끊임없는 성찰을 통한 발전하고자 하는 노력하는 자세이다.

☑ 교사로서 갖춰야 할 일반적 자질 중 가장 중요한 조건은 '원만한 인격'이다.

이는 모든 사람에게 적용되는 일반적인 조건이기도 하다. 그러나 원만한 인격이란 모든 인간이 끊임없이 지향해 나아가야 하는 하나의 이념이기 때문에, 이 이념을 향해 정진할 수 있는 인간, 이를 위해서 자신의 불완전성을 자각할 수 있는 인간이라는 특질 속에서 교사의 기초적 자질이 발견되어야 한다.

☑ 교사란 학생을 지도하는 자이다.

교사에게 요구되는 교육기술은 공장에서 물건을 만드는 생산기술, 동식물을 대상으로 하는 농업기술, 사물을 대상으로 하여 자기의 개성을 실현하는 예술가가 지니는 기술 등과 크게 구분된다. 왜냐하면 교육기술은 살아 있는 인간, 가치실현의 가능성을 지닌 학생을 대상으로 하기 때문이다. 따라서 교육기술은 다양한 학생과의 상호작용을 통해 발전하며, 교사의 전인격으로부터 나오는 통합적이고 풍부한 인간성이 주요 자질의 하나로 전제된다.

☑ 교사의 자질은 이 조건들을 전제로 하여 교사 스스로 발전하고자 하는 내부적 과정 중에 형성된다.

교사는 교육이라는 특정 전문직으로 머무는 것이 아니라 사물 및 대상에 대한 이해, 이를 위한 학습 및 발달심리학적 지식과 경험, 다양한 교수법적 연구와 시도 등을 통해 점차 심화된 영역으로 교사로서의 자질을 심화하고 확장시켜야 한다. 이러한 노력 아래 교육의 참다운 의미가 있다고 할 수 있다. 따라서 교사에게 요구되는 가장 중요한 자질은 스스로를 평가하고 진단하여, 끊임없이 발전해 나가는 능력을 말한다.

 학습자가 기대하는 교사의 모습

사회가 규정하는 교사의 모습과 함께 학습자가 기대하는 교사의 모습이 있다. 이는 다음과 같이 크게 세 가지 요소로 구분할 수 있다.

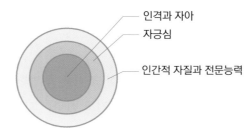

인격과 자아

☑ 교사 = 성인(成人) + 지도자(指導者)의 모습을 지녀야 한다.

교사는 먼저 태어나 어른이 된 선행자의 입장에서 자신의 경험을 보다 체계적이고 긍정적으로 전달하고자 하는 교육적 노력과 함께, 그 삶 속에서 후학의 신뢰를 받는 모범된 모습이 필요하다.

☑ 교사의 역할: 교사의 교육적 행위의 목적은 학습자의 자발적이고 직접적인 행동, 즉 교사의 교육적 행위에 대한 긍정적 반응을 이끌어 내는 데 있다.

"대학에서 음악을 전공하는 학생들의 자존감은 주로 자신의 연주를 통해서 얻어지는 반면, 교육자의 자존감은 대체로 학생들에게 음악적으로 감정을 표현하는 기회를 만들어 줌으로써 얻게 된다."(Klotman: Hoffer, 2008에서 재인용) 즉, 결과물만이 아닌 과정 자체의 중요성이 강조된다.

☑ 교사의 성격적 특징: 교사의 역할에서 보듯이 교사의 교육적 수고는 학습자와의 관계에 크게 의존한다. 즉, 학습자와의 교육적 관계가 좋을수록 교사의 교육에 대한 열망과 노력은 더욱 발전할 수 있다. 따라서 교사와 학습자의 긍정적 관계 형성이 매우 중요하다.

"교사로서의 사명감을 학생들의 지적 발달로 연장시키는 것이다. 이것은 대부분 학생의 지적인 성장에 필요한 참된 이득을 위해 교사가 더욱 열심히 가르칠 것인지 혹은 단지 형식적으로 가르치는 시늉만 할 것인지를 결정한다."(Ausubel, 1978)

☑ 결국 교사 역시 인간으로서 교육이 목표하는 더 나은 인간이 되고자 노력하는 자세가 필요하다. 이것이 사회가 정한 교사가 되어 스스로가 만들어 가는 더 나은 교사가 되는 길이다.

"가장 훌륭한 교사도 내심으로 '젠장, 빌어먹을.'이라는 기분을 감추고 있을 뿐이다."(Brenton: Hoffer, 2008에서 재인용) 교사도 인간이다. 그러나 지금보다 더 나은 교사가 되고자 노력할 뿐이다.

자긍심

☑ 교사로서의 인격과 자아를 향한 인간적 노력은 교사로서의 신념, 즉 자긍심을 갖게 한
다. 자긍심은 다양한 분야에서 요구되는 것이며, 현상학적 장의 형성 속에서 충분한 긍
정적 경험시간이 흐른 후 발생한다. 교사의 자긍심은 다음과 같이 정의된다.

- 가르치는 것이 학생들이 반드시 알아야 할 가치 있는 내용이라는 확고한 믿음
- 교사로서 자기의 위치가 무엇인지를 이해함으로써 생기는 확신
- 음악교사의 자기 평가와 성찰을 통해 얻는 신념

인간적 자질과 전문능력

☑ 앞에서 언급한 내용적 기반 위에 실제 교육 환경에서 교사에게 요구하는 주요 내용은 다
음과 같다. 이는 크게 전문적인 면과 인간적인 면으로 구분된다.

- 개인의 능력: 작업에 있어서 개인적인 개별 능률과 함께 조직 내에서의 협응능력이 요
구된다.
- 직업에 대한 준비의 정도: 개인의 능력 평가에 있어서 가장 큰 영향을 주는 하위 개념
으로 전문능력으로 평가받기 위한 현장 투입 이전 단계의 준비된 상태를 가리킨다. 교
사의 경우 교육현장 투입 이전의 학업과 교사 선발 시험 단계의 준비된 정도라 할 수
있다.
- 직장 동료와의 관계: 직업에 대한 준비의 정도와 함께 개인의 능력을 평가하는 데 있
어 중요한 하위 개념의 하나로, 조직 내에서 원활한 적응과 동료와의 협응에 필요한 능
력이다. 직업에 대한 준비의 정도가 현장에 적용되어 나타나는 결과물의 하나이다.

생각하기

우리는 '엄마'라는 단어를 어떻게 배웠을까? 아래 제시된 엄마라는 단어의 학습과정을 통해 '교사'의 모습을 유추해 보자.

저는 딸 아이가 하나 있습니다. 유학 중에 가진 아이라 제 아내는 독일 대학병원에서 아이를 출산했습니다. 첫 아이라 어리둥절했던 우리는 외국이라는 특수한 상황 아래 더더욱 모든 것이 새롭고 두렵기만 했습니다. 그래도 독일병원의 세심한 관리와 배려로 인해 큰 문제 없이 출산이 진행되었습니다. 그러나 문제는 퇴원 후 집에 온 첫날 발생했습니다. 잘 자고 먹고 노는 줄만 알았던 아기가 집에 온 이후 전혀 자지 않고 울기만 하는 것입니다. 더욱이 잠을 자야 하는 밤에도 잠을 못 자 울고 보채는 통에 우리 부부 또한 잠을 잘 수 없었습니다. 그러나 다음 날 아침 혹시나 하는 마음에 사온 분유를 먹은 아기는 언제 그랬냐는 듯이 쌕쌕 잠이 들었습니다. 아기가 밤새 울었던 이유는 배가 고팠기 때문입니다. 산모의 초유를 먹어야 한다고, 분유를 먹이면 모유를 안 먹게 된다는 말에 양적으로 부족한 모유만 먹인 우리 초보 부모는 간밤의 일을 통해 큰 깨달음을 얻었습니다. 그것은 개념화된 육아지식보다 아기와 그 상황에 대한 이해가 더 중요하다는 것이었습니다. 그리고 이러한 경험 속에서 더 나은 진짜 부모가 되어 간다는 사실입니다. 이러한 사건을 통해 아기의 입장에서 생각해 보았습니다. 아기는 언제 우리를 엄마와 아빠로 인정하게 될까? 우리를 엄마 혹은 아빠라고 부르는 순간이 바로 그때인가? 다음의 내용은 아기가 엄마 아빠를 인지하는 과정을 설명한 것입니다. 아마도 여러분이 되고자 하는 '교사의 과정' 또한 다르지 않을 것입니다.

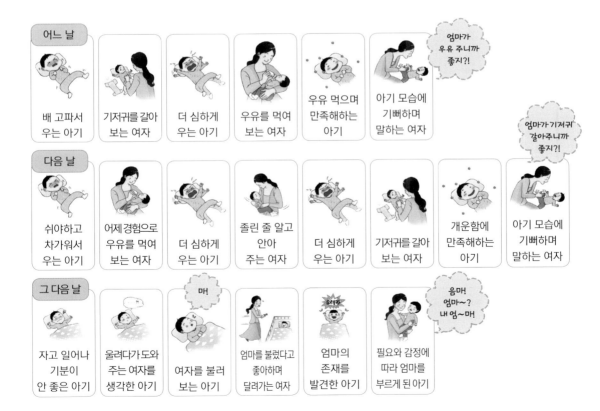

학문적 관점에서 보는 교사의 자질: PCK

음악 수업의 내용과 질은 교사의 수업 전문성에 달려 있다. 이때 가장 중요한 것이 바로 교과내용을 지도하는 데 요구되는 내용교수 지식(Pedagogical Content Knowledge: PCK)이다. 1980년대 이래로 미국에서는 교육 개혁에 대한 관심이 일기 시작하였다. 이러한 결과로 발생한 것이 바로 PCK(Shulman, 1986), 즉 교직 전문성에 대한 결과물이다. PCK는 교육학적 내용 지식, 교과교육학 지식, 교수내용적 지식, 교수법적 내용 지식, 교수내용 지식 등으로 세부화된다.

Pedagogical   Content   Knowledge

☑ PCK란 특정 내용을 특정 학생들의 이해를 촉진할 수 있도록 가르치는 방법에 대한 교사의 지식을 말한다(Shulman, 1987).

> PCK에는 주제, 절차 및 개념에 대한 상당량의 교과내용 지식과 이들 간의 관계에 대한 이해가 포함된다. PCK는 본질적으로 교과내용에 따라 달라지므로, 교과내용에 고유한 교수법(content-specific pedagogy)이라고도 지칭된다. PCK의 발달은 교실 실천 속에 내재되어 있으므로 특정 주제를 아직 가르쳐 보지 못한 교사는 해당 내용 영역에 대한 PCK를 거의 지니지 못한 것으로 간주된다(Muhall et al., 2003: Shulman, 1987에서 재인용).

☑ PCK는 교사의 개인적 지식 영역이다. 따라서 개인별로 고유한 전문성을 띤다(Loughran et al., 2008).

> PCK는 교사의 개인적 지식 영역이다. PCK는 학생들의 내용 이해를 향상시킬 수 있도록 특정한 방식으로 특정 내용을 가르치는 방법에 대한 지식으로서 교사가 시간에 걸쳐서 경험을 통하여 계발해 나가는 것이다. 그러나 PCK는 주어진 교과 영역의 모든 교사가 공유하는 동일한 실체가 아니며, 가르치는 맥락, 내용 및 경험의 영향을 받아 달라지는 교사마다 고유한 전문성이다.

☑ PCK에는 교과내용, 교육학 지식, 학생 변인, 상황 변인 등 다양한 영역이 통합적으로 영향을 미친다(임청환, 이경언, 최승현, 2007에서 재인용).

PCK는 그 본성상 교수법과 내용 영역이 다양한 상황 속에서 다양한 경험을 통하여 고유한 특징과 성질을 지닌 다양하고 복잡한 화합물을 만들어 낼 수 있으므로, 비유하자면 다양한 방법으로 결합된 아말감(혼합물)이라고 할 수 있다. PCK는 여러 영역에서 영향을 받을 수 있으며 여러 근원에서 기인할 수 있다(이연숙, 이경호, 2004).

☑ 이와 같은 배경에서 PCK는 다양한 영역에서 변형된 형태로 나타난다(이경언, 최승현, 2007).

- 코크란–스미스 등(Cochran-Smith et al., 1990)은 슐만(Shulman)의 PCK 개념을 수정하여 PCKg(Pedagogical Content Knowing, 교수내용 알기)을 제안하고, PCKg를 교육학, 교과내용, 학생 특성, 학습 환경 맥락 등의 네 가지 요소에 대한 교사의 통합적 이해(integrated understanding)로 정의하였다. PCKg는 수업 전체에 걸쳐서 지속적으로 발달하며, 특히 학생 특성과 학습 환경 맥락의 중요성이 강조된다. 즉, 상황과 맥락에 따라 활성화되는 맥락 중심 교사지식의 특수성을 강조하였다.
- 프레난데스–발보아 등(Frenandez-Balboa et al., 1995: 이경언, 최승현, 2007에서 재인용)은 PCK를 구체적 PCK와 일반적 PCK로 구분하여 모든 교과와 모든 내용에 걸쳐 공통적으로 나타나는 일반적 PCK의 구성요소를 교과, 학생, 교수전략, 교수맥락, 교수목적 등의 요소로 구분하였다.
- 과학교육에서는 임청환(2003)이 PCK를 교과교육학 지식으로 번역해야 한다고 제안하며 과학 PCK를 과학 내용 지식과 과학 교수방법 지식의 합성체로 과학교사 전문성의 요체가 된다고 주장하였다.
- NCTM(1990: 이경언, 최승현, 2007에서 재인용)은 PCK의 용어를 사용하지 않지만, 수학적 교수방법(knowing mathematical pedagogy)라는 용어로 수학을 가르치는 지식에 대해 언급하고 있다. 이것은 교수 자료와 자원, 수학 개념과 절차를 표현하는 방법, 교수전략과 교실 조직 모델, 담화를 증진시키고 수학적 공동체감을 형성하는 방법, 수학에 대한 학생들의 이해를 평가하는 방법을 포함하며, 과제를 선택하고 특정한 학습목표를 달성하기 위하여 교사가 교수과정을 조직하는 데 필요한 지식이라고 하였다.

☑ PCK를 발전시키려면 가르치는 특정 교과내용에 대한 풍부한 개념적 이해가 전제된다.

> 가르치는 절차, 전략 및 방법을 개발, 활용 및 조절하는 전문성과 결합된 이러한 풍부한 개념적 이해는 내용과 교수법이 통합된 복합 지식을 만들어 내기 위해 의도적으로 연계되어야 한다.

☑ PCK는 교실수업의 경험을 통하여 얻는 경험적 · 실천적 지식이다(Baxer & Lederman, 1999; Gess-Newsome, 1999; Grossman, 1990; Magnusson et al., 1999: 이경언, 최승현, 2007에서 재인용).

> PCK는 교사의 실천 속에 내재된 암시적인 것이며, 오랜 기간을 통하여 서서히 계발된다 (Loughran et al., 2008). PCK 계발에서 교과내용 지식은 필요조건으로 미리 전제되어야 하며, PCK는 교사의 실제 교수 활동을 통하여 발달된다고 한다(Dijk & Kattmann, 2006; Van Driel et al., 2002; 이경언, 최승현, 2007에서 재인용). 같은 맥락에서 박성혜(2003)는 초등학교 교사들의 과학 PCK에 대한 연구에서 자기효능감, 과학교수법, 과학교수에 대한 태도, 교사의 경력 등이 높을수록 PCK를 많이 가지고 있다고 주장하였다.

☑ PCK는 고정된 지식이 아니라 실제 교실수업에서의 반성과 적용 등 다양한 과정을 통하여 점진적으로 발달된다(임청환, 2003).

> 교사의 PCK는 수업 준비 및 수업과 관련된 결정에 영향을 미치고, 교사의 수업 활동은 그들의 PCK에 영향을 미친다고 한다. 즉, 교사의 반성적 수업 실천을 통하여 PCK는 향상될 수 있다고 한다(Osborne, 1998: 임청환, 2003에서 재인용).

☑ PCK는 주제별로 달라진다(조희형 외, 2008).

> 조희형 등(2008)은 PCK를 교수내용 지식으로 번역하고, 주어진 주제를 학생들이 쉽게 이해할 수 있도록 표상화하거나 형식화하는 방법을 포함한다고 보았다.

☑ 교사만이 가지고 있는 고유한 전문성의 한 형태인 PCK는 교과별 교사 전문성의 요체로 간주되므로, 경쟁력 있고 전문성을 갖춘 교과 교사를 정의하는 핵심적인 구인이다(임청환, 2003; Magnusson et al., 1999; Shulman, 1987).

PCK란 교과내용을 가르치기 위한 교사의 내용 지식(teachers' content knowledge for teaching)으로 해당 분야의 다른 전문직의 내용 지식과 교사 지식(예: 의사와 생물교사, 물리학자와 물리교사 등)을 차별화시키는 요인이기도 하다. 교과내용 지식을 아는 것과 가르치기 위해 교과내용 지식을 활용하는 것은 차이가 있으며, '가르치기 위한 교과내용 지식(subject matter knowledge for teaching)'을 지닌 교사만이 예측할 수 없는 다양한 상황에 융통성 있게 대처할 수 있다(Ball, 1988). 따라서 교사교육 프로그램의 교육과정 목표를 교과별 PCK 획득과 신장에 두어야 하며, 특정 주제에 대한 PCK를 함양시키기 위한 교육과정에는 그에 적절한 수업전략과 학생 5개념 교수방법 등을 포함시켜야 한다(조희형 외, 2008; Cochran-Smith et al., 1990; De Jong et al., 2005; Magnusson et al., 1999).

☑ 예비교사의 PCK 습득은 학습자로서의 경험에서 구성된 지식, 훈련을 통해 얻은 지식, 교과내용 자체에 대한 이해를 통하거나 내용 지식과 일반교육학 지식의 결합을 통해 얻은 지식 등을 통해 이루어진다(이화진 외, 2013).

이는 PCK가 교수법, 내용, 맥락 등의 지식과 분리되어 독립적으로 존재하는 것이 아니며, 각 지식의 공동 혹은 이전의 PCK 구성물을 통해 새롭게 구성될 수 있음을 보여 주는 것이다. 따라서 PCK는 교사 지식의 하나의 구성 요소이면서 다른 지식들을 포함하며, 궁극적으로는 다른 구성 요소의 통합과 변형을 통해 드러남을 알 수 있다.

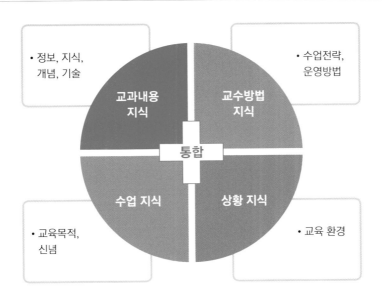

음악교사에게 요구되는 PCK

☑ 음악교사의 전문성 요소

발란타인과 패커(Ballantyne & Packer, 2004: 이경언, 최승현, 2007에서 재인용)는 슐만의 지식 구성요소를 참조하여 음악교사의 전문성을 판단하는 요소를 다음과 같이 크게 네 가지로 제시한다.

음악지식과 기술	내용교수법 지식과 기술	일반교수법 지식과 기술	비교수법 전문지식과 기술
연주, 지휘, 청각적 인지, 작곡, 음악사 지식 등	음악교수기법, 의미 있는 학습방법, 음악교육과정의 효과성 실행, 타당한 평가, 음악적 개념의 전달 등	학습자 특성에 대한 지식, 교육의 목적 및 가치에 대한 지식, 학생 요구에 부응하는 능력, 효과적 학습을 위한 계획능력, 학습환경 조직능력, 다양한 교수전략 활용능력 등	교육과정 외 음악 활동, 음악예산 운영, 행정적 협력, 지역사회, 동료, 학생, 학부모와의 교류 등

☑ 음악교사의 PCK 발달요인

더블링(Dubling, 1992)과 골케(Gohlke, 1994) 등은 음악교사의 PCK 발달요인을 다음과 같이 크게 다섯 가지로 제시한다(이경언, 최승현, 2007에서 재인용).

교수경험을 통한 교수맥락에 대한 지식	학생 특성에 대한 지식	비형식적 멘토 관계로부터의 지식	다른 교사 관찰	이전에 습득한 음악학습경험

☑ 음악교사의 전제조건

음악교사의 역량은 PCK 구성요소와 함께 음악적 경험에 기초한 내재된 교사지식의 함양을 전제하며, 이는 교사 개개인의 지속적이고 끊임없는 자기개발을 요구한다.

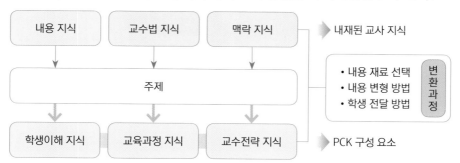

교육과정에 따른 음악과 내용교수 지식

다음은 이경언과 최승현(2007)이 음악과 교육과정 분석을 통해 제시한 음악과 내용교수 지식의 사례이다. 이 사례 분석을 통해 개정된 음악과 교육과정에 적용할 수 있는 내용교수 지식을 만들어 보자.

교육과정 내용 영역(학년)		내용교수 지식 사례	
활동	이해	수업상황	내용교수 지식
바른 자세로 표현하기		리코더 연주 자세	• 리코더를 연주할 때 팔꿈치와 등이 의자에 닿지 않도록 주의시킨다.
악곡의 특징을 살려 표현하기 (3~10)		셈여림 지도	• 셈여림 기호에 대한 이론적인 설명보다는 노랫말에 셈여림표현을 실어 연습하는 것이 효과적이다.
			• 셈여림의 정도를 0(소리가 안남)부터 10까지의 단계로 임의적·개인적으로 설정하도록 하고(학생의 수준에 따라 단계를 줄일 수도 있다) 교사가 5단계의 소리, 8단계의 소리 등을 요구하여 표현하도록 하면 셈여림의 의미를 쉽게 이해하고 표현할 수 있다.
함께 표현하기 (3, 4)		함께 노래하거나 연주하기 전 제재곡 익히기	• 노래나 연주를 익히기 전에 제재곡의 악보를 눈으로 보면서 듣는 활동을 하면 제재곡에 대한 느낌을 잘 살릴 수 있다. 특히 교사가 집중해서 봐야 할 부분을 미리 알려 주며 몇 번 반복하면 더 효과적이다.
		초등학교 저학년에서 같은 제재곡을 반복적으로 연습해야 할 때	• 교사의 반주에 맞춰 처음에는 속도를 천천히 하다가 점차 빠르게 노래하거나 연주하면 같은 곡을 연습하더라도 지루하지 않게 연습할 수 있다. 이 활동은 교사의 반주능력이 뒷받침되어야 가능하다.
바른 호흡으로 표현하기		초등학교 저학년 복식호흡 지도	• 코를 떼어 배꼽에 붙이도록 하고, 배꼽을 통해 호흡하도록 설명하면 어린 학생들도 잘 따라 할 수 있다.
		복식호흡의 지도	• 교사의 구령에 맞춰 들이마시기-멈추기-내쉬기를 반복적으로 연습한다.

〈계속〉

교육과정 내용 영역(학년)		내용교수 지식 사례	
활동	이해	수업상황	내용교수 지식
지휘에 맞추어 표현하기 (5~10)		지휘의 역할 지도	• 교사의 지시에 따라 셈여림과 빠르기 등을 표현하여 노래하거나 리코더 연주하기를 하면 쉽게 이해할 수 있다. • 교사의 지휘에 맞춰 표현하기를 할 때에는 주변에서 쉽게 접할 수 있는 다양한 악곡을 활용한다.
자연스런 발성으로 부르기(3, 4) 무리 없는 발성으로 노래하기(7)		발성 연습 전의 준비 운동 지도	• 노래를 부르기 전에 몸에 힘을 빼고, 팔을 털고, 입 주위의 근육을 풀어 주는 등 준비 운동을 해 주면 노래 부르는 데 집중이 되고 발성도 자연스럽게 나올 수 있다.
		발성 지도	• 교사의 반주에 맞춰 차례대로 올라가는 형식적인 발성 연습은 효과가 없다. 정확한 발음을 내기를 위한 구체적인 설명이 반드시 있어야 한다.
		변성기 학생들의 노래 지도	• 한 옥타브 낮춰서 부르도록 한다. • 학생들이 낼 수 있는 최고음을 기준으로 시작음을 정하여 조옮김하여 부르도록 한다.
		고음 소리내기 지도	• 억지로 소리를 내기 위해 목을 눌러 부르지 않도록 한다. 성대가 망가질 수 있다.
바른 주법으로 연주하기 (3~8)		악기 연주 전 활동	• 어깨, 얼굴, 입술, 손가락 등의 근육을 풀어 주는 준비운동을 한다.
		리코더 잡기 전 활동	• 리코더를 입에 대기 전에 취구 부분을 쥐거나 품고 있으면 추운 날씨에 음정이 낮아지거나 물방울이 생기고 소리가 갈라지는 현상을 방지할 수 있다.
		리코더 운지 지도	• 처음에는 악보를 보지 않고 교사의 소리를 듣고 따라 하도록 한다. • 손톱에 스티커를 붙여 기준음을 표시해 준다. 다만 자칫 학생이 자기 손가락만 보며 연주할 수 있으므로 주의한다.

〈계속〉

교육과정 내용 영역(학년)		내용교수 지식 사례	
활동	이해	수업상황	내용교수 지식
간단한 리듬 짓기 (3, 4)		초기 단계의 리듬 짓기 지도	• 교사가 미리 만들어 둔 리듬꼴을 골라 넣고, 그 리듬대로 읽어 보기를 반복하면 리듬을 쉽게 익힐 수도 있고, 이를 토대로 리듬 짓기 도 쉽게 할 수 있다.
간단한 리듬 짓기 (3, 4) 리듬악기, 가락악기 연주하기 (3~10)	리듬꼴(3~8)	리듬의 단계적 지도	• 가장 간단하고 쉬운 리듬부터 그것이 분할해 가는 과정(예: ♩ = ♪♪ = ♫♫)을 보여 주며 리듬 간의 위계 관계를 이해하도록 하고, 이 를 바로 손뼉치기 등의 활동으로 익혀 이해 하도록 한다.
		리듬치기의 단계적 지도	• 처음부터 소리를 내어 리듬을 익히기보다는 한 손가락(집게손가락)으로 쳐 보고 수정하 기를 반복하다가 손뼉치기를 하면 학생들이 자기의 소리에 집중하고 반복적으로 연습할 수 있다.
		음표와 쉼표가 있는 리듬 지도	• 음표와 쉼표를 구별해서 음표가 있는 부분은 손바닥을 붙이고, 쉼표가 있는 부분은 손바 닥을 떼어 시각적으로 구분이 확실하도록 지 도한다.
		학생들이 어려 워하는 리듬	• 말리듬을 활용한다. 이때 말리듬은 해당 박 자의 셈여림에 유의하여 정한다.
합창하기 (5~10)		성부의 인원 배분	• 혼돈되기 쉬운 낮은 음역에 더 많은 인원을 배치한다.
		자신의 성부의 음정을 잘 못잡을 때	• 악기를 이용하여 부정확한 음정을 익히도록 한다. 위성부의 경우 낮은 음 연주가 불가능 한 리코더를 활용하고, 아래성부의 경우 멜 로디언으로 하는 것이 좋다.
		노래에 자신이 없어 참여하지 못하는 학생의 지도	• 연습을 할 때에는 같이하지만 발표할 때에는 노래가 아닌 악기를 활용해 발표하도록 허용 해 준다. 학생이 가지고 있는 음악적 특성을 살려 음악 활동에 참여할 수 있도록 한다.
		변성기 이전의 혼성 합창 지도	• 변성기 이전에는 남자에게 소프라노를, 여자 에게 알토를 맡겨도 무리가 없다.

〈계속〉

교육과정 내용 영역(학년)		내용교수 지식 사례	
활동	이해	수업상황	내용교수 지식
간단한 가락 짓기 (5, 6)		학생이 선택한 음을 실음으로 떠올리지 못하는 학생들의 지도	• 학생이 제시한 음(또는 가락)을 바로 소리로 확인해 줄 수 있는 피날레와 같은 프로그램을 활용하면 성취감을 높일 수 있다. • 리코더를 이용하여 창작하면 바른 음을 사용할 수 있다.
		학생 창작곡의 완성도를 높여 주고 싶을 때	• 학생들이 자신의 창작곡을 발표할 때 교사가 반주를 해 주면 학생들의 성취감을 높일 수 있다.
	화음(5) 주요 3화음(6)	계속되는 느낌과 끝나는 느낌 지도	• 산토끼와 같이 쉬운 악곡을 통해 차이를 인식시킨다. • 계속되는 느낌은 대부분 V화음으로, 끝나는 느낌은 I화음으로 끝난다는 것을 소리를 통해 확인시킨다.
	여러 가지 리듬꼴 (당김음 포함)(6)	당김음 지도	• 월드컵 박수를 활용하면 학생들이 쉽게 이해한다.
	타악기의 종류와 음색(3)	장구의 구조 설명	• 조이개를 조였다 풀었다 하며 소리가 달라지는 과정을 보여 주면 조이개의 역할과 장구의 음색과의 관계를 이해시키는 데 효과적이다.
	관악기의 종류와 음색(4)	리코더의 종류 지도	• 리코더의 여러 종류를 할아버지, 아버지, 어머니, 아이 등 가족 관계에 비유해 설명해 준다. • 악기를 보여 주는 데서 그치지 말고 실제 연주를 통해 소리를 들려주면 더욱 확실히 이해할 수 있다. • 악기꽂이를 활용해 악기의 크기를 한눈에 비교해서 볼 수 있도록 하면 더욱 효과적이다. • 종이 찰흙으로 미니어처를 만들거나 골판지로 실물크기로 만들어 보면 악기의 구조를 이해하는 데 효과적이다.

〈계속〉

교육과정 내용 영역(학년)		내용교수 지식 사례	
활동	이해	수업상황	내용교수 지식
	관악기의 종류와 음색(4)	리코더의 음색 지도	• 소리 탐색을 하도록 학생들에게 지시하기 전에 소리 탐색에 해당하는 활동 예시를 보여 준다 (예: 두드리기, 취구에 볼펜 대고 불기 등). • 스토리텔링을 활용해 다양한 상황에 맞는 소리를 만들어 보도록 한다(예: 숲에서 나는 소리, 별이 빛나는 소리 등). 소리가 들리지 않는 소리도 중간중간 포함할 수 있도록 하며, 리코더 구멍만 막고 손가락으로 뗄 때 나는 소리도 활용하면 좋다. • 발표하기 전에 생각할 시간을 충분히 주도록 한다.
	악기의 종류와 음색	여러 가지 악기의 음색 비교 지도	• 악기 그림 카드를 활용해 악기 소리를 들려주고 그림을 들도록 하면 조용한 상태에서 학생 개인 활동 확인이 가능하다.
	정간보(5)	정간기보 지도	• 보드마커로 수정할 수 있는 확대 정간보판을 활용하면 적은 시간과 공간을 효과적으로 사용하고, 학생들을 쉽게 이해시킬 수 있다.
	악곡의 종류 (3~8)	악곡의 특징과 종류 지도	• 교과서에 제시된 곡을 지도하기에 앞서 그와 비슷한 특징을 가지고 있는 쉬운, 또는 학생들이 익숙한 곡을 먼저 소개하고, 그것이 실생활에서 사용된 예를 제시하면 좋은 동기 유발 활동이 될 수 있다.

앞에서 제시한 음악과 내용교수 지식(PCK) 사례를 보면 교사의 교육과정과 학생에 대한 정확한 이해에 바탕하여, 이에 적합한 교수전략을 사용하면서 이것이 학생들의 이해를 촉진하는 수업상황으로 드러났음을 알 수 있다. 결국 내용교수 지식은 교육과정이나 학생, 또는 교수전략 중 한 가지 지식만으로는 표상될 수 없는 것임을 알 수 있으며, 다른 한편으로는 이 세 가지 요소 중 한 가지만 결핍되어도 내용교수 지식이 제대로 표상될 수 없음을 보여 준다.

음악과 교육과정이 정의하는 음악교사의 역할

음악과 교육과정에서 정의하는 음악교사는 다음과 같이 교육과정의 전달자 및 개발(재구성)자의 역할을 수행해야 한다(이경언, 최승현, 2007).

☑ 교육과정 전달자로서의 음악교사

교육과정 내용의 명료화, 구체화, 다양화는 우선적으로 이 내용에 대한 교사의 정확한 이해를 요구한다. 목표가 학교급별로 분명하게 설정되고, 배워야 할 내용도 학년별로 구체적으로 제시되었기 때문에 학년별, 학교급별 수업 계획을 수립할 때 이들이 반영되어야 한다. 교사가 이러한 음악과 교육과정의 내용을 이해하고 전달해야 하는 것은 음악교과가 가지고 있는 역사성과 책무성에 근거한다. 음악과 교육과정의 내용은 국가나 학교에서 학습자의 필요에 따라 임의적으로 결정되는 것이 아니라 교육의 유구한 전통 속에서 그 자체로 결정되는 것이다(김인, 2004). 음악을 가르칠 것인가의 여부나 음악교과의 가치 역시 이미 음악교과가 지니고 있는 역사성 속에서 증명된 것이지, 현재의 사람들에 의해 좌우될 수 있는 것이 아니다. 이러한 음악교과를 충실하게 가르치는 것이 교사의 책무이다. 학습자는 교사의 가르침을 통해 단순히 음악교과의 내용만을 전달받는 것이 아니라 음악교과의 역사성과 정체성 속에 내재된 인간의 역사와 정체성을 이해하고 그것을 토대로 미래의 삶을 설계하기 때문이다. 결국 교육과정 전달자로서 교사의 역할은 음악교과 자체의 성격과 본질에 맞게 학생들에게 음악지식을 충실히 가르치는 것이다.

☑ 교육과정 개발자로서의 음악교사

음악과 교육과정에서는 '만들어 가는 교육과정'을 표방하며 지역과 학교, 교사가 저마다의 특성을 살리고 자율성을 발휘하여 개성 있고 다양한 교육과정을 개발하여 운영하도록 권고하고 있다(교육부, 1997). 결국 교사에게 교육과정의 개발자로서의 역할을 부여하고 있는 것이다. 이때 교육과정은 교사에게 주어진 지식의 결과물이 아니라 과정 그 자체로 인식된다.

따라서 교사는 주어진 교육과정 지식을 정확히 이해하여 학습자들에게 충실히 전달하기

만 하는 것이 아니라 교육과정의 중심에서 자신이 이해한 교육과정을 학습자를 대상으로 한 자기만의 방법으로 새롭게 계획하거나 재구성하는 역할 또한 요구된다. 교사가 교육과정을 자신의 학교와 교실에 적합하게 적용하기 위해서는 교육내용, 학생 배경, 수업 환경 등에 대한 이해가 완전히 이루어진 상태에서 수업을 기획해야 한다. 결국 교육과정을 체계적으로 실행하기 위해서는 교육과정 개발자로서의 능력과 더불어 재구성의 능력을 갖추어야 하는 것이다(이경진, 2005). 최근 개정된 교육과정의 특징을 고려할 때, 교육과정을 실행하는 수업상황에서 교사의 역할과 비중, 즉 교사의 수업 전문성에 대한 요구는 더 커졌다고 할 수 있다.

이 내용을 통해 볼 때, 음악교사는 다음과 같은 조건과 준비된 자질 그리고 마음가짐을 지니고 있어야 한다.

☑ 첫째, 본인의 음악가적 기능이 충분히 발현되어 있어야 한다. 다양하고 충분한 음악적 경험을 통해 창의적인 음악적 사고의 틀을 형성하고 다양한 방식의 음악 및 비음악적 표현을 자유롭게 구사할 수 있어야 한다.

☑ 둘째, 음악교사에게는 이러한 음악가적 기능을 현장에 적용하기 위한 교육학적 이해와 실천적 사고가 요구된다. 학습자를 고려하는 교육적 노력이 그 행위 속에 내재되어 있어야 함을 뜻하는 것이다.

☑ 셋째, 교사로서의 자존감과 사명감의 함양이 필요하다. 클롯맨(Klotman, 1972)은 '교육자의 자존심은 학생들에게 음악적으로 감정을 표현하는 기회를 만들어 줌으로써 발생한다'고 말하고 있으며, 오슈벨(Ausubel, 1978) 또한 교사로서의 사명감을 '학생들의 지적 발달로 연장시키는 것'이라고 설명한다(안미자, 2008에서 재인용). 즉, 음악교사는 본인의 음악가적 기능을 발전시키는 가운데 형성한 고유한 음악적 경험과 그 과정에 대한 교육학적 이해를 통해, 상이한 배경을 가진 학습자들을 음악적 경험으로 이끌어 내고자 하는 교육적 사명감을 가진 자라 정의할 수 있다.

삶의 작은 일에도 그 맘을 알기 원하네
그 길 그 좁은 길로 가기 원해
나의 작음을 알고 그 분의 크심을 알며
소망 그 깊은 길로 가기 원하네

아 저 높이 솟은 산이 되기 보다
여기 오름직한 동산이 되길
내 가는 길만 비추기보다는
누군가의 길을 비춰준다면 … 〈소원〉 중 일부)

누구나 큰 길을 가기를 원한다. 누구나 높은 산이 되기를 원한다.
그러나 나의 높음을 낮춰 누군가를 위한 오름직한 동산이 되기는 쉬운 일이 아니다.
이 쉽지 않은 길을 가는 사람을 우리는 '교사'라고 부른다.

제4부

How? 융합적 사고에 기초한 음악교육

제9장 교사 수준 교육과정으로의 재구성

    1 교육과정 재구성의 필요성

    2 교사 수준 교육과정의 의의

    3 교육과정 재구성의 원리와 조건

    4 개념도를 활용한 재구성의 예

    5 과정상 목표를 활용한 교육과정 재구성의 예

제10장 융합교육으로의 재구성 사례 분석

    1 융합의 유형

    2 융합교육의 사례

제11장 음악 중심 융합교육을 위한 교수학습 모델

    1 음악 중심 융합교육의 필요성

    2 음악 중심 융합교육의 전제조건

    3 음악 중심 융합교육을 위한 교수학습 모델의 원리

    4 교수학습 모델을 적용한 음악 중심 융합교육 프로그램의 예

제**9**장

교사 수준 교육과정으로의 재구성

지금 두루미에게
필요한 건?

여우를 위해
준비해야지!

선생(先生)이란 무엇인가?

한자로는 '먼저 태어난 사람'을 의미하고,
내용적으로는 먼저 태어났기 때문에 먼저 세상을 경험하고 이해한
사람이라고 할 수 있으며,
사전적으로는 '학생을 가르치는 사람을 두루 이르는 말'로 정의된다.

먼저 세상을 이해했다는 것은 그 이해의 과정을 알고 있음을 의미하며,
그 과정 중에 발생할 수 있는 다양한 문제에 대해
고려할 수 있음을 뜻한다.
즉, 선생은 학습자의 배경과 관점 및 수준 등을 이해하고,
이를 바탕으로 학습자의 더 나은 경험과 이해를 유도하는,
학습자 관점에서 생각하는 사람,
학습자 입장에서 학습내용을 유추하는 사람,
'역지사지(易地思之)하는 사람'이라고 말할 수 있다.

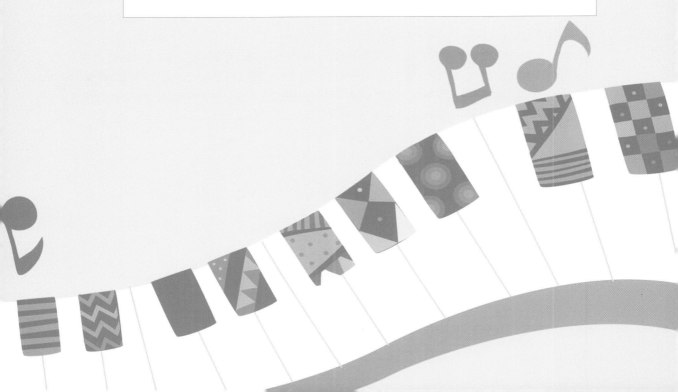

1 교육과정 재구성의 필요성

'재구성'이란 무엇인가? 이는 이미 주어진 것에 대한 또 다른 관점, 목적, 방법 등에 따른 전환을 의미하며,
이때 중요한 요인으로 작용하는 것이 바로 '기준'의 설정이다.

 시대적 요구에 따른 교육적 과제

현대 교육에서 '교육과정의 재구성'과 '교사의 재구성 능력'은 매우 중요한 주제로 다루어지고 있다. 특히 2009 개정
교육과정의 공표 이후 개최된 다양한 음악교육 관련 행사의 주제를 살펴보면, 교육과정 재구성의 중요성은 더욱 강조
된다. 예를 들어,

• 2010년 '음악교육: 다양성과 조화'라는 주제로 열린 한국음악교육학회 여름 학술 세미나는 실기 및 이론학습 위
  주의 '음악을 위한 교육(Erziehung zur Musik)'에서 다양성에 기반을 둔 '음악을 통한 교육(Erziehung durch
  Musik)'으로의 변화를 제시하고, 음악에 대한 명제적 정의의 범주와 교육적 목적의 영역을 확장시키고자 하는
  융·복합적 관점에서의 음악교육을 강조하였다.
• 2011년 한국음악교육학회(KMES) 주최로 열린 전주교육대학교의 콜로키움 주제가 바로 '음악교과의 재구성'
  이었다. 여기에서는 교과의 재구성에 대한 다양한 이론적 제안과 더불어 재구성을 위한 교사의 자질과 역할 등이
  PCK(Pedagogical Contents Knowledge: Shulman, 1987)를 중심으로 다루어졌으며, 또한 오르프(Orff) 관점
  에서의 음악교과서 재구성 시연이 워크숍 형태로 소개되었다.
• 문화체육관광부와 한국문화예술교육진흥원이 주관한 2011 대한민국 문화예술교육 주간 행사의 일환으로 열린 음
  악교육 특별 세미나에서 '창의·인성교육과 음악교육'의 관계를 재조명함으로서, 궁극적으로는 학습자 고유의 인
  성이 바탕이 되는, 그래서 남과는 구별되는 창의적 결과물을 추구하는 음악교육 환경, 즉 전통적으로 시행해 온 실
  기 위주의 획일적인 음악교육이 아니라, 학습자 개개인의 음악적 배경과 관심 및 목적 등에 따른 학습자 중심의 음
  악교육이 심도 있게 논의되며 관련 연구의 시발점 역할을 하였다.
• 분만 아니라, 2012년 1월 서울 천왕초등학교에서 열린 교사직무연수(서울교육 2011-555)에서도 교육과정 재구
  성의 중요성이 발견된다. '음악교과서 재구성의 실제'란 제목 아래 진행된 직무연수는 음악교과 재구성 방향에 대
  한 이론적 제시와 함께 국악 및 가창 영역에서의 재구성과 놀이를 통한 재구성 등으로 세분화하여 다양한 실례를
  통한 교사의 교육과정 재구성 능력의 필요성을 강조하고 있다.

☑ 국가 수준 교육과정이 강조하는 교육과정 재구성의 필요성

- 국가 수준의 교육과정이 학교현장에 적용된 이래 제기된 학교 공교육에 대한 문제는 매우 다양하게 나타났다. 그러나 이 중에서도 심각하게 논의되었던 것은 자발적 경험과 사고의 과정을 중시하기보다 반복학습의 결과물인 이론적 지식과 실기능력의 향상만을 목표하는 획일적인 교육계획과 내용 체계 아래 동일하게 시행된 교과서 중심 (textbook-based), 또는 교육과정 중심의 학교교육(curriculum-based school education) 이다.
- 현대의 교육과정은 이러한 문제를 해결하는 과정 속에서 자연스럽게 '학습자 중심의 교육'을 지향하게 되었으며, 그 결과 2009 개정 교육과정에서는 학습자 중심 교육의 결과물이라 할 수 있는 '창의 · 인성교육'을, 2015 개정 교육과정은 6대 핵심역량을 제시하는 융합교육과정을 표방하기에 이르렀다.
- 이러한 배경 아래 오늘날의 교육은 학습자를 직접 대면하고 관찰, 교육, 평가하는 학교와 교사의 역할을 매우 중요하게 여기고 있으며, 또한 같은 맥락에서 국가 수준의 교육과정에 기초한 학교 수준 및 교사 수준의 교육과정을 강조하고 있다. 바로 이러한 학습자 중심의 교육을 위해 전제되는 것이 '교사의 교육과정 재구성 능력'이다.
- 이는 내용적으로, ① 학습자의 삶과 분리되지 않는 교육, ② 학습자가 주체가 되어 배움이 일어나는 교육, ③ 교사의 자율성이 발휘되는 교육을 가능하게 한다.

☑ 다양한 목적과 관점에서 이루어지는 재구성의 결과물

교육과정 재구성의 노력은 다음과 같은 재구성의 결과물을 선보이고 있다.

- 시대적 변화에 따른 사회적 요구에 대한 수용의 차원에서 나타난 다문화 음악교육과 인성교육, 창의교육
- 학습자 중심 교육을 위한 다양한 노력의 결과물인 창의교육과 통합교육

교육과정 재구성의 목적

☑ 교육은 인간이 행하는 의도적 활동으로 분명한 목적과 방향을 갖고 이루어진다. 교육목적 및 방향의 설정은 교육이 의도하는 교육적 가치판단에 의해 결정되는데, 교육적 가치판단의 결과물 중 하나가 바로 교육과정이다.

☑ 우리는 서두에서 언급한 교육과정 재구성에 대한 교육계의 적극적인 움직임 그리고 노력의 흔적을 현행 교육과정 속에서 발견할 수 있다.
- 체계적인 면에서 볼 때, 오늘날 국가 수준의 교육과정은 지역사회나 학교, 또는 학급 및 학습자의 상황 등 다양한 배경과 조건에 따라 상이하게 적용될 수 있는 '학교 및 교사 수준'의 교육과정을 강조하고 있으며,
- 내용적으로는 국가 수준의 교육과정에 기반한 학교 및 교사 수준에서 이루어지는 교육과정 재구성의 능력이 모든 교사에게 요구된다.

☑ 이러한 교육과정의 변천은 어원적 의미 변화에서도 발견된다.
- 영문 표현으로 'curriculum'이라 불리는 '교육과정'은 'currere'라는 라틴어에서부터 유래되었다.
- currere는 '경주로' 또는 '경주' 자체를 의미하는 말로, '경마장의 말이 뛰는 길' 또는 '경마장의 말이 뛰어야 하는 길'을 뜻한다. 즉, '뛰고 있는 말'의 입장보다 '뛰어야 하는 경주로'를 강조한다.

☑ 따라서 curriculum이 갖는 전통적 의미는 '교육과정 중심의 교육'이라 할 수 있으며, 이는 획일적으로 적용되는 국가 수준의 교육과정을 가리키고 있다. 당시의 교육적 가치판단이 오로지 국가에 의해서 가능했음을 보여 주는 것이다.

☑ 반면, 현대적 의미의 curriculum은 전통적 의미와는 달리 교육적 가치판단의 주체를 국가가 아닌 학습자로 정의하고 있으며, 따라서 '말이 달리는 길'이나 '말이 달리고자 하는 길'이라는 상황적 의미를 담고 있다.

☑ currere는 교육과정을 의미하는 curriculum 외에도 많은 새로운 단어를 파생시켰다. 그

중 여기에서 의미 있게 다루고자 하는 교육 관련 파생어는 '경작' 또는 '재배하다'라는 의미를 가진 'cultura'와 '마음을 쓰다'라는 의미의 'colere'이다.

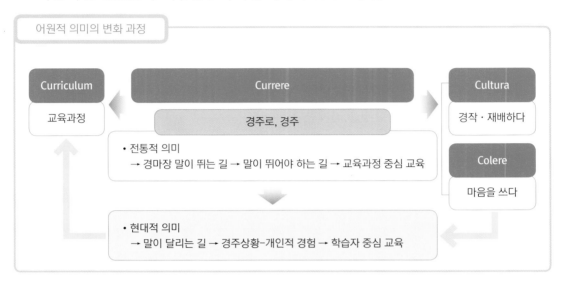

- 교육을 농사에 비유한다면, 교사는 풍성한 수확을 목표하는 농부의 입장이 될 것이다. 이때 농부는 자신의 입장에서, 본인이 가장 잘 할 수 있는 농사방법만을 고집하거나, 이미 지시적으로 계획되어 있는 획일적인 방법이나 도구만을 통해 농사짓는 것이 아니라, '무엇'을 수확할 것인가에 따라, 즉 대상에 따라 '언제' '어떠한 조건에서' 그리고 '어떻게' 해야 할지 등을 현실적 상황에 대한 고려 속에서 마음을 다해 계획하고 실행해야 한다. 이때 농부는 그 결과로 자신이 원하는 풍성한 수확물을 얻을 수 있다.
- 현대적 의미의 curriculum이 뜻하는 바가 바로 이것이다. 교사는 교육의 대상이 되는 학습자를 고려한 학습자 중심의 교육을 계획하고 실행해야 한다. 이는 학습자 개인의 상황과 배경, 교육조건을 충분히 고려한 학교 수준의 교육과정 그리고 더 나아가 학생과 교사의 1:1 상황에서 이루어지는 교사 수준 교육과정으로의 재구성을 의미하며, 이러한 재구성의 결과물은 학습자들이 달려야 하는 수동적 경주로가 아닌, 자발적이고 능동적인 '말이 달리고자 하는 길'을 통해 도출될 것이다.
- 우리나라의 교육과정 또한 '말이 달려야 하는 길'에서 '말이 달리고자 하는 길'로의 변화를 겪어 왔다. 교육과정의 재구성은 창의적이고 바른 인성을 가진 현대인 양성을 목표하는 이 시대 교사의 당면과제라 할 수 있다.

교육과정 재구성의 과정과 방법

☑ 교육과정의 재구성은 학교교육목표를 확인하는 것, 그리고 필요한 경우 이를 재설정하는 데에서부터 시작한다. 물론 국가 수준의 틀 안에서 구성된 학교교육목표의 설정을 전제한다.

☑ 교육과정 재구성의 목적에 비추어 볼 때 재구성에 있어서 고려되어야 할 점은 크게, ① 학습자 개개인의 긍정적 자존감의 형성, ② 공동체 속에서의 타인에 대한 배려와 소통능력의 배양이라고 할 수 있다. 왜냐하면 수업의 공간은 교사가 각자의 전공으로 학습자를 만나는 시간이며 여러 사람의 삶과 생활이 교차하는 지점이기 때문이다. 즉, 현 사회의 축소판인 교육현장 속에서 사회가 정한 규칙을 익히고(사회적 인성) 그 안에서 개인적 발달(개인적 인성)을 도모하는 환경이 필요한 것이다. 이때 비로소 오늘날의 교육과정이 추구하는 창의 · 인성교육이 가능하다.

☑ 교육적으로 목적하는 교육과정 재구성의 범위는 다음과 같이 크게 세 가지로 구분된다.
- 동일 교과 내에서의 재구성: 단원 재배치가 요구되며, 기존 교과의 성격은 유지하는 가운데 타 교과내용과의 통합이 시도된다.
- 타 교과 간의 재구성: 2~3개 교과 간의 동일, 또는 유사 주제나 관련 차시 간의 통합으로 교과 교육과정 간 내용 중심 통합이다.
- 교과를 넘어선 교육과정 내용 중심의 재구성: 프로젝트 학습이라고도 하며, 특정 주제나 목적에 따라 재구성하는 사례이다.

☑ 교육과정 재구성은 학교 교육 환경 개선이라는 결과물을 도출한다.

학교 문화 혁신
교육과정 혁신
평가방법 혁신

→
- 학교 철학이 담긴 교과교육 목표
- 교사의 교과신념이 반영된 교육 내용
- 학습자의 자발적 참여를 유도하는 교육 환경
- 절대기준의 평가목표가 아닌 성취기준의 학습목표 강조
- 모든 학습자가 자신의 기준에서 학업 성취감을 함양하는 교육 환경

커리큘럼은 문서화된 계획(written curriculum)이 아니라, 교사 자신이 되어야 한다(Elliott).

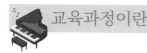
교육과정이란

교육과정이란, '교육목표를 달성하기 위하여 선택된 교육내용과 학습 활동을 체계적으로 편성 · 조직한 계획'으로 '국가 수준의 교육과정' '학교 수준의 교육과정' 그리고 '교사 수준의 교육과정' 등으로 구분된다. 이러한 구분은 교육과정을 바라보는 다양한 관점에 의한 것으로서 교육에 기대하는 목적과 현장에서 발생하는 실제의 차이, 그리고 교육에 임하는 주체의 상이함 등을 주요 요인으로 들 수 있다. 흔히 말하는 교육과정, 특히 각 학교에서 교과의 종류와 시간을 정해 학생들이 각 교과의 중요성을 구조적으로 체감하는 교육과정은 '학교 수준의 교육과정'으로, 이는 국가 수준의 교육과정에 기초하여 개별 학교가 위치한 지역과 학교 및 학생의 상황과 수준이 고려된 결과물이다.

국가 수준의 교육과정은 우리나라 전체 학교의 가장 기본적인 교육 체계와 내용을 담은 것으로서 학교급 및 학년군, 그리고 교과에 따라 국가 수준에서 일반화시켜 규정한 것을 말한다. 흔히 교육과정이 개정된다고 할 때 그 대상이 되는 것이 바로 국가 수준의 교육과정이다. 여기에는 우리 사회가 기대하는 인간상과 더불어 학교급 및 학년군의 목표, 교과별 목표와 주요 내용, 교수학습방법 및 평가방법, 그 외 다양한 교육 지원체계 및 내용 등이 제시됨으로써 학습자의 기본 학습권을 보장함과 동시에 지역이나 환경에 따라 발생할 수 있는 교육의 질적 편차를 줄이는 역할을 한다.

반면, 교사 수준의 교육과정이란, 학습자 중심 교육의 관점에서 실제 교사가 면대면을 통해 학습자에게 전달하는 수업의 체계와 내용 그리고 방법을 가리키는 것으로, 앞에서 언급한 국가 수준의 교육과정과 이에 따라 계획된 학교 수준 교육과정 틀 내에서 해당 교과의 담당교사에 의해 재구성된다.

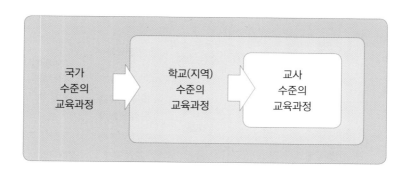

교사 수준의 교육과정

☑ 교육과정은 그 체계와 내용을 결정하는 주체에 따라 크게 중앙집권형 교육과정과 지방분권형 교육과정으로 구분할 수 있다. 중앙집권형은 국가 수준의 교육과정이 대표적이라 할 수 있으며, 지방분권형의 경우 지역 및 학교 수준의 교육과정과 교사 수준의 교육과정을 예로 들 수 있다.

☑ 중앙집권형과 지방분권형 교육과정의 관계는 상호 보완적 관계라고 할 수 있다. 중앙집권형이 갖고 있는 통일성은 공교육이라는 관점에서 매우 효과적인 체계이나 실제 교육에서 나타나는 다양한 현상과 결과를 볼 때 교육과정의 통일은 현실적으로 불가능하다고 볼 수 있다. 왜냐하면 중앙집권형 교육과정은 학교급과 학년군에 따른 평균적이고 일반적인 수준, 예를 들면 학교 환경과 교재·교구, 수업내용과 방법 등과 함께 학생 수준에 대한 평균적 일반화를 전제하기 때문이다.

☑ 따라서 이에 대한 보완적 차원에서 지방분권형 교육과정의 필요성이 야기되었으며, 이를 통해 지역 및 학교 환경과 상황을 고려하고 사회 및 학습자의 다양한 교육적 요구에 대응하며, 나아가 학습자를 직접 만나 관찰하고 그 결과를 통해 수업을 계획하고 실행하는 교사의 자율성 등을 확보하고 있다.

분류	국가 수준 교육과정	학교(지역) 수준 교육과정	교사 수준 교육과정
Eisner	의도된 교육과정		실행된 교육과정
김호권	공약된 목표로서의 교육과정		수업에 반영된 교육과정
김종서/곽병선	국가 및 사회 수준의 교육과정		교사 수준의 교육과정
Goodlad	이론적 영역	이론+실천 영역	실천 영역
	의도(intend)		과정(process)
	이상적+공식적 교육과정	공식적 교육과정	인지된 교육과정 실행된 교육과정

☑ 이러한 관점에서 구분되는 국가 수준, 학교(지역) 수준 그리고 교사 수준의 교육과정은 여러 학자에 의해 그 개념과 역할이 다양한 관점에서 정의되고 있다.

☑ 먼저 이론과 실제라는 차원에서 볼 때 국가 수준의 교육과정은 이론적 차원에서의 이상적인 교육과정으로 분류되는 반면, 학교 및 교사 수준의 교육과정은 이론적 틀 안에서 현실과 실제가 반영된 실천 영역의 교육과정으로 구분된다. 이는 다른 표현으로 '의도된 교육과정'과 '실행된 교육과정', 또는 '공약된 교육과정'과 '수업에 반영된 교육과정' 등으로 불리기도 한다.

☑ 교육과정의 내용적 구분 속에서 간과하지 말아야 할 것은 학습자의 반응에 대한 충분한 숙고이다. 왜냐하면 학습자의 반응은 학습자의 입장에서 도출되는 매우 자연스러운 것으로 국가 및 학교 수준의 교육과정, 심지어 교사 수준의 교육과정이 기대하는 것과는 다를 수 있기 때문이다. 이러한 이유에서 교육과정을 실제 현장에 적용하는 관점에서의 구분은 다음과 같이 국가 및 학교 수준의 교육과정과 교사 수준의 교육과정 그리고 학습자 수준의 교육과정으로 구분된다.

- 국가 및 학교 수준의 교육과정 ❶ 교육적 의도(intend)
- 교사 수준의 교육과정 ❷ 교육의 과정(process)
- 학습자 수준의 교육과정 ❸ 산출/결과물(product)

☑ 학습자 수준의 교육과정은 학습자의 다양하고 창의적인 결과물에 대한 교육적 수용과 존중을 전제로 하고 있으며, 이는 학습자 중심 교육의 대표적인 전제조건이자 주요 개념으로서의 의미를 갖고 있다. 이러한 관점에서 교사 수준의 교육과정은 이론적이고 이상적인 국가 수준의 교육과정과 지역 및 학교 수준의 교육과정에 기초하여 효율적인 학습자 수준 교육과정의 발현을 목표하는 교육과정이라고 정의할 수 있다.

☑ 결론적으로 교사 수준의 교육과정은 교사의 교육철학적 이해와 교육내용 및 방법적 이해 그리고 학습자에 대한 충분한 이해를 전제하고 있으며, 이를 위해서는 무엇보다 끊임없는 교사 개개인의 철학적 사유의 과정이 요구된다.

교사 수준 교육과정의 재구성 사례

☑ 동일 교과 내에서의 재구성: 도덕 교과서에 제시되어 있는 내용을 10차시 수업으로 재구성한 사례로 교사의 교과내용에 대한 세심한 분석과 재해석이 요구된다. 수업 재구성의 가장 일반적인 경우라고 할 수 있다.

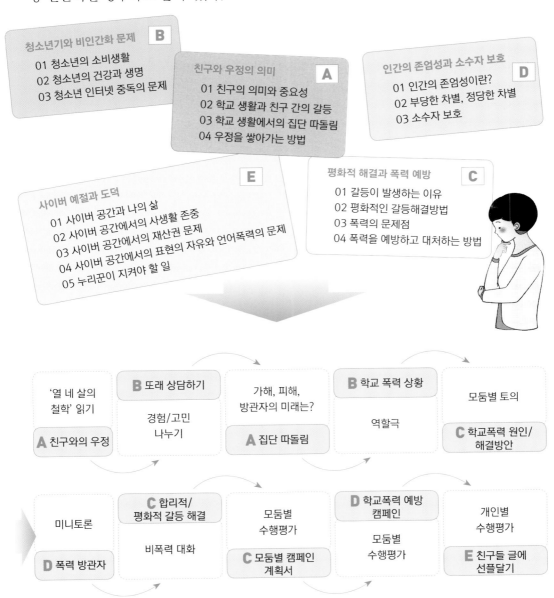

청소년기와 비인간화 문제 **B**
01 청소년의 소비생활
02 청소년의 건강과 생명
03 청소년 인터넷 중독의 문제

친구와 우정의 의미 **A**
01 친구의 의미와 중요성
02 학교 생활과 친구 간의 갈등
03 학교 생활에서의 집단 따돌림
04 우정을 쌓아가는 방법

인간의 존엄성과 소수자 보호 **D**
01 인간의 존엄성이란?
02 부당한 차별, 정당한 차별
03 소수자 보호

사이버 예절과 도덕 **E**
01 사이버 공간과 나의 삶
02 사이버 공간에서의 사생활 존중
03 사이버 공간에서의 재산권 문제
04 사이버 공간에서의 표현의 자유와 언어폭력의 문제
05 누리꾼이 지켜야 할 일

평화적 해결과 폭력 예방 **C**
01 갈등이 발생하는 이유
02 평화적인 갈등해결방법
03 폭력의 문제점
04 폭력을 예방하고 대처하는 방법

'열 네 살의 철학' 읽기
A 친구와의 우정

B 또래 상담하기
경험/고민 나누기

가해, 피해, 방관자의 미래는?
A 집단 따돌림

B 학교 폭력 상황
역할극

모둠별 토의
C 학교폭력 원인/ 해결방안

미니토론
D 폭력 방관자

C 합리적/ 평화적 갈등 해결
비폭력 대화

모둠별 수행평가
C 모둠별 캠페인 계획서

D 학교폭력 예방 캠페인
모둠별 수행평가

개인별 수행평가
E 친구들 글에 선플달기

☑ 타 교과 간의 재구성: 국어와 사회 교과서의 관련 있는 내용을 맥락적으로 연계하여 4차시의 활동 중심 수업으로 재구성한 사례이다. 목표하는 학습내용을 학습자가 흥미로워하는 내용과 연계함으로써 학습자의 자발적이고 자연스러운 자기주도적 학습을 유도하고 있다. 교수자의 두 교과내용에 대한 이해가 전제되며, 이러한 전제 아래 학습자 및 학습자의 배경에 대한 충분한 이해가 필요하다.

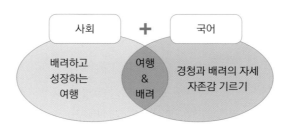

차시	교과	학습주제	단원	활동 내용
1. 동기부여	사회	배려하고 성장하는 여행	여행을 떠나요	• 학급의 여행주제 정하기 • 여행계획 세우기 −함께 여행할 친구 찾기 −여행 시기, 장소, 기간 등 정하기 • 멋진 여행을 위해 해야 할 일 생각해 보기
2. 과정 1	국어	경청과 배려의 자세	마음을 담은 언어	• 자기소개하기 • 친구 이야기 경청하기(상황별 대화) • 상대방 감정 공감하기(역할극) −남자와 여자 −엄마(아빠)와 아들/딸 • 위로, 격려의 글쓰기 • 친구 고민에 댓글 달기
3. 과정 2	국어	자존감 기르기	아름다운 삶과 글	• 갈등 내용 및 갈등구조 파악하기 • 갈등에 따른 인물 관계 파악하기 • 갈등의 원인 및 해결 방안 찾아보기 • 나와 갈등관계에 있는 가족/친구에게 편지쓰기
4. 결과	사회	배려하고 성장하는 여행	여행을 떠나요	• 모둠별 여행 준비하기 • 세부적인 여행 계획 세우기 • 기행문 쓰기 • 여행 평가하기

☑ 교과를 넘어선 교육과정 내용 중심의 재구성: 여러 교과의 내용을 특정 주제나 목적에 따라 통합으로 재구성한 프로젝트 수업의 예이다. 특정 주제 및 목표하는 내용에 대한 다양한 관점에서의 경험과 학습이 가능하다. 교과 외의 내용도 다룸으로써 학습자의 흥미와 관심을 유도하는 데 매우 효과적이다.

- 주제: 생태 템플릿
- 주요 개념: 자연, 이웃, 상생
- 목표: 생태적 삶을 실천하고 자기보고서를 작성하여 발표할 수 있다.

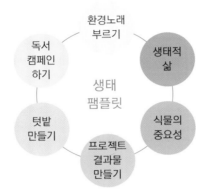

도덕	음악	과학	미술	기술·가정	영어	수학
• 생태적 삶 실천하기	• 환경 관련 노래 배우기	• 공기와 관련 식물의 중요성 이해하기	• 생태 프로젝트 결과물 만들기	• 텃밭 가꾸기 • 목공 실습	• 환경 관련 독서 캠페인	• 텃밭 나누기 • 수확물 예상하기

- 평가
  ① 생태적 삶 실천 보고서 작성(개인별)
  ② 텃밭 가꾸기 일지 작성(모둠별)
  ③ 생태 프로젝트 결과물 전시 및 공유

3 교육과정 재구성의 원리와 조건

무엇인가를 설명하려는 자는 알려지지 않은 것을 잘 알려진 것에 비유해서 사람들이 알아들을 수 있도록 해야 한다.
만일 유추라는 것이 없다면 설명은 불가능하다(고대 중국 고사 중).

 원리 1: 선행조직자의 역할

☑ 교육과정 재구성에 있어 그 주체가 되는 '선행조직자'의 개념이 중요하다. 이는 체계적인
틀 안에서 이루어지는 단계적 학습과정을 그 원리로 삼고 있다.
- 선행조직자의 개념은 오슈벨(Ausubel, 1978)에 의해 제안된 것으로, 교육과정 재구성에
있어 요구되는 교사의 역할과 자질의 중요성을 강조한다.
- 선행조직자는 학습자가 습득한 기존의 학습내용, 즉 앞에서 언급한 현상학적 장을 구
성하고 있는 개별적 기본경험(individuelle Grunderfahrung: Gruhn, 2008)과 이를 국가 수
준 교육과정에 기반하여 계획한 새로운 학습내용에 연결하여 이를 사전에 계획·준비
하고 교육현장에 제공하는 역할을 하는 자로서, 학교 및 교사 수준의 교육과정을 시행
하는 현장교사를 의미한다.
- 선행조직자는 이를 위해 학습자에 대한 가능한 한 다양한 정보 확보가 선행되어야 하
며, 이를 근거로 근접발달지대(Zone of Proximal Development: Vygotsky, 1976)를 설정하
고, 나아가 현장에서의 단계적인 스캐폴딩(Scaffolding)을 통해 목표한 학습의 결과를
추구한다.

☑ 교육심리학적 관점에서 볼 때, 이때 가장 중요하게 다루어져야 하는 것이 바로 학습자를
위한 논리적인 '의식의 흐름'(Stream of Consciousness: Dewey, 1938)이다.
- 듀이(Dewey)가 말하는 논리적 의식의 흐름이란, 물리적인 경험이나 학습 속에 동반되
는 인지의 과정을 뜻하며,
- 결과적으로는 인지 대상에 대한 이해의 정도를 개별적인 '경험의 구조' 속에서 도출
한다.

☑ 따라서 이러한 과정이 현장교육에서 발현되기 위해서는 선행조직자가 특정 지식이나 현
상에 대해 전체적 윤곽(일반화된 내용)에서부터 체계적인 세부화(특정 목표내용)의 과정으

로, 또는 반대로 주제의 가장 핵심적인 내용을 중심으로 하여 점점 복잡하고 풍부한 형태로 발전시키는 등의 자연스러운 사고 및 의식의 흐름을 유도할 수 있는 과정상 목표를 설정하여야 한다.

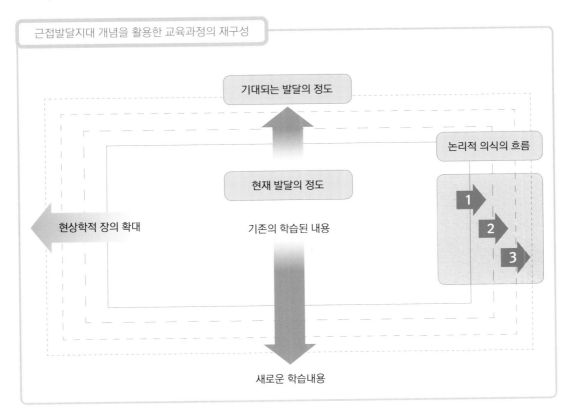

근접발달지대 개념을 활용한 교육과정의 재구성

기대되는 발달의 정도

논리적 의식의 흐름

현재 발달의 정도

현상학적 장의 확대

기존의 학습된 내용

1
2
3

새로운 학습내용

☑ 이 그림이 보여 주는 바와 같이 학습자의 근접발달지대에 적합한 단계적 스캐폴딩 (Scaffolding)을 최종목표가 아닌 단계적 목표를 활용하여 계획해야 한다. 이때 보다 자발적인 학습자의 활동을 유도하기 위해서 과정상의 목표를 설정할 수 있다.

☑ 이때 결과물은 학습자에게 더 이상 새로운 것이 아니며, 자연스럽게 학습자의 생활 속에 녹아들어 다시금 일반화된 사고의 결과물로 자리 잡는다.

☑ 다음의 그림은 선행조직자에 의해 단계적으로 나타나는 자연스런 인식의 흐름을 보여 주는데, 이러한 단계가 바로 근접발달지대의 확대를 뜻하고, 더불어 여기에서 논하고자 하는 과정상 목표의 단계를 의미한다.

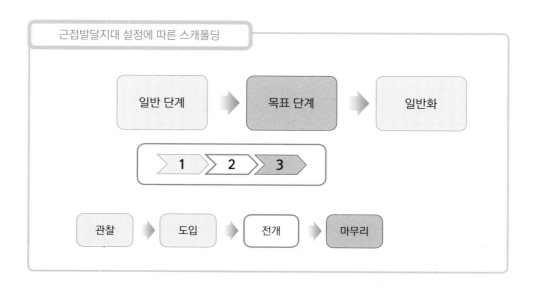

근접발달지대 설정에 따른 스캐폴딩

일반 단계 → 목표 단계 → 일반화

1 2 3

관찰 → 도입 → 전개 → 마무리

원리 2: 선행조직을 위한 개념도의 활용

앞서 언급한 선행조직자의 역할을 다하는 데 있어 노박과 거윈(Novak & Gowin, 1984) 그리고 히르쉬(Hirsch, 1992)의 '개념도'는 매우 유용하게 활용될 수 있다. 이는 기계적 암기와 반복적 훈련 같은 단편적인 지식과 기술의 전달보다는, 학습자 스스로가 발견하고 확산적으로 사고하며 그 안에서 보다 정교화된 지식과 개념을 논리적으로 유추하고 추론하는, 즉 주어진 정보 속에서 논리적이고 창의적인 의미를 부여하는 데 목적이 있다.

☑ 개념도란, 특정 대상에 대한 개념과 속성을 논리적으로 설명하고 이해하기 위한 도구의 하나로서, 우리의 사고를 이해하기 쉬운 일반적인 단계에서 새롭고 특정한 단계로 유도하기 위해 위계적으로 도해화한 것을 말한다. 이러한 개념도의 물리적 배열을 다양한 개념과 개념을 직·간접적으로 연결하는 고리(link) 연결을 통해 가능하며, 우리는 이를 통해 다양한 요소로 이루어진 특정 대상의 특징을 자세하게 표현할 수 있다.

☑ 개념도의 개념은 메릴(Merrill et al., 1992)의 '단위요소 전개이론'(Component display theory)을 거시적 교수학습과정에 확대 적용한 '정교화 설계이론'(Reigeluth, 1983)에서 그 이론적 근거를 찾을 수 있다. 정교화 설계이론은 어떤 지식이나 현상의 이해를 위해 전체적인 윤곽을 제시하는 것으로부터 시작하여, 체계적인 세부화 과정으로의 유도를

통해 이미 제시한 일반적 내용으로 발전시켜 나가는 설계이론이다. 즉, 주제의 가장 핵심적이고 기본이 되는 골자에서부터 점점 복잡하고 풍부한 형태로 확대, 발전시켜 학습자로 하여금 더 많은 연습과 반복, 결과적으로 종합화를 가능하게 하는 것이다. 이는 학습자가 학습 요소 간의 관계와 중요성을 전체적인 맥락에서 파악하도록 도와주는 한편, 교수자에게는 교육과정에 있어 분명한 목표를 갖고 임할 수 있는 논리적 사고의 흐름을 제공한다(조대현, 2010).

☑ 오늘날의 개념도는 지속적인 연구 속에서 다양한 종류로 구분, 발전되었다. 개념도의 물리적 표현 방법에 따른 구분으로는 전반적인 사고의 흐름을 종(縱)으로 나타내는 '위계형 개념도'(Novak & Gowin, 1984)와 각 요소 간의 횡적 관계를 보여 주는 '방사형 개념도'(Hirsch, 1992)가 있으며, 활용되는 쓰임의 방식에 따라서는 '교육과정 도구로서의 개념도' '지도도구로서의 개념도' 그리고 '평가도구로서의 개념도' 등으로 세분화할 수 있다. 이 장에서는 교사가 학습자의 개별상황 및 상이한 배경을 관찰하고 이를 실제 수업에 적용하기 위한 개념도가 요구되며, 이를 위해 교육과정 도구로서의 개념도와 지도도구로서의 개념도를 혼합한 '교육과정 준비도구로서의 개념도'를 주된 내용으로 다루고자 한다.

교육과정 준비도구로서의 개념도

교수설계 전략도구의 하나로서, 개념과 개념 사이의 관련성을 구조화하여 개념도를 이용하는 사용자 스스로가 여러 가지 개념을 종합하고 논리적으로 추론하여 목표하는 개념을 이해하고 경험하도록 하는 데 목적이 있다.

이 내용을 통해 살펴본 교육과정 준비도구로서의 개념도가 갖고 있는 교육적 의미는 다음과 같다.

☑ 첫째, 개념도는 교육과정의 도구로 학습에 나타나는 주요 개념 간의 위계적 구조와 관계를 보여 주며, 이는 결과적으로 자연스러운 사고의 흐름을 가능하게 한다. 모든 교육의

목적은 그 과정 속에서 항상 구체적이고 분명하게 드러나야 한다. 교육의 목적은 망망대해에서 나아가야 할 방향을 보여 주는 나침반과 같다. 이는 다양한 수준의 학습자가 혼재한 현장에서 표류를 예방하고, 보다 계획적이고 체계적인 교육을 담보하게 한다. 따라서 교육을 계획하고 준비하는 단계에서부터 이를 분명히 하는 것이 중요하며, 이를 위해서는 교사의 논리적 사고가 무엇보다 절대적이라 할 수 있다. 개념도는 교육적 관점에서 학습자의 학습과정을 고려한 논리적인 '사고의 흐름(Stream of Consciousness: Dewey 1938)'을 유도하는 교육철학적 배경을 갖고 있다.

☑ 둘째, 개념도는 교사의 선행조직자로서의 역할 수행을 가능하게 한다. 학습자가 가지고 있는 기존의 학습된 내용과 새로운 학습내용을 연결시켜 주는 '선행조직자(Advance Organizer: Ausubel, 1978)' 개념에서 발전한 개념도는 상·하위 개념이 뚜렷하여 학습의 논리적 위계성과 각 개념 간의 관계를 이해하는 데 효과적이라 할 수 있다. 바로 이를 이용한 교사의 논리적인 선행경험이 효과적인 교육의 결과를 담보할 수 있다.

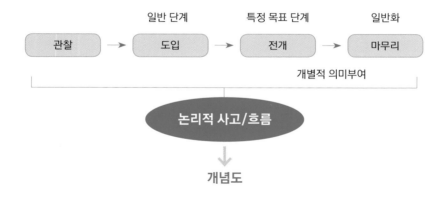

☑ 셋째, 선행조직자에 의해 제공되는 자연스러운 사고의 흐름을 목표하는 교육적 환경은 학습자로 하여금 '주의 깊은 자세'(조대현, 2010b)를 갖게 한다. 이러한 긍정적인 내적 통제신념의 발현은 내재적 목적에서 외재적 목적을 발견하게 하고, 암묵지(tacit knowledge)가 형식지(explicit knowledge)로, 전심이 치사로 확장되며, 형태적(figural) 표상이 형식적(formal) 표상으로, 예비 오디에이션(primary Audition)이 오디에이션(Audition)으로 발전하는 자연스럽고도 자발적인 학습과정을 유도할 수 있다.

교육철학적 관점에서는 이러한 과정이 교육의 주된 목적이라 정의하며, 학습 및 발달심리학에서도 직접적이고 상대적인 경험의 과정이 우리로 하여금 맥락종합자로서의 총체적인 사고의 틀을 갖게 한다고 주장한다. 이는 모든 교육이 교사가 아닌 학습자 중심으로 이루어져야 함을 뜻하는 것이며, 더불어 교사는 학습자의 관점에서 이러한 과정에 대한 사전이해를 전제해야 함을 보여 주고 있다. 즉, 교사에게는 어떤 지식이나 현상의 이해를 위해 전체적 윤곽에서 체계적인 세부화 과정으로의 유도를 통해 이미 제시되었던 일반적이고 기초적인 내용으로 종합화시켜 나가는 단위요소 전개이론(component display theory: Merrill et al., 1992)과 정교화 설계이론(Reigeluth, 1983)에 바탕을 둔 교육공학적 사고능력이 요구된다.

개념도의 종류

개념도의 종류는 크게 위계형 개념도(Novak & Gowin, 1984)와 방사형 개념도(Hirsch, 1992)로 구분된다.

| 위계형 개념도 | • 논리적인 사고의 흐름을 위계적(주된 수업목표: A–B–B′, 학습자 반응에 따른 교수자의 재반응으로서 수정된 목표: A–B–B″, A–B–B‴, 또는 A–C–C′, A–CC″)으로 표현하는 데 효과적인 개념도이다. |

• 특정 맥락 내 두 가지 이상의 개념, 또는 단위 활동 간의 타당한 관계를 연결선과 연결어를 사용함으로써 개별 단위의 위계를 정리할 수 있다.
• 교육과정 준비도구의 차원에서 차시별 수업을 계획하는 데 유용한 개념도이다.

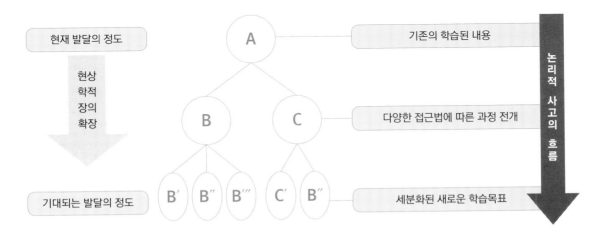

<table>
<tr><td>방사형 개념도</td><td>• 목적 및 주제, 내용 등을 고려한 주요 구성 요소(A, B, C, D, B′, B″, C′, C″, D′, D″)에 대한 이해와 설명이 가능한 개념도이다.</td></tr>
</table>

- 목적 및 주제, 내용 등을 고려한 주요 구성 요소(A, B, C, D, B′, B″, C′, C″, D′, D″)에 대한 이해와 설명이 가능한 개념도이다.
- 위계형 개념도가 종적 관계 중심으로 구성되는 반면, 특정 맥락

아래 주요 개념 및 요소 간의 종적(A–B–B′ 또는 A–B–B″)이고 횡적(B:C:D 또는 B′:B″, B′:C′, B′:D″)인 관계 설정이 가능하다.

- 교육과정 준비도구의 차원에서 교과서를 분석하고, 이를 통해 장기적인(분기, 학기, 또는 년 단위) 수업계획을 수립하는 데 유용하다. 이때 교사는 학습자의 근접발달지대를 설정함으로써 출발점과 목적 그리고 단계별 목표를 설정해야 한다.

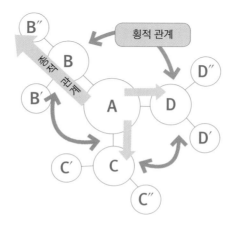

원리 3: 과정상 목표의 설정

☑ 세 번째 원리는 선행조직자가 다양하고 상이한 학습방법을 통해 의도적으로 계획하는 2차적인 교육목표, 즉 학습자의 활동 중에 나타나는 '과정상 목표'의 설정이다.

- 교사가 흔히 설정하는 학습목표는 교육과정에서 제시하는 개념 중심의 명제적 목표로 이루어져 있다.
- 따라서 선행조직자는 이러한 명제적 목표를 어떠한 과정을 통해, 그리고 그 과정 속에서 어떠한 방법적 접근을 고려할 것인가에 대해 미리 계획해야만 한다.
- 이때 중요한 것이 바로 '과정상 목표'의 설정이다.

☑ 저자는 이러한 과정상 목표에 대한 구체적인 설명과 제시를 위해 발달심리학적 관점에

서 사용하는 인간발달 영역에 대한 분류를 인용해 보고자 한다(Santrock, 2006).

- 인간의 발달은 크게 신체적 발달을 의미하는 생물학적 발달과 인지 · 언어적 발달 (Grimm, 1973, 1985, 1990; Wilkening & Krist, 1998) 그리고 대인관계를 비롯하여 사회적 환경에 대한 적응 등을 뜻하는 사회 · 정서적 발달(Montada, 1983, 1984, 1993, 1998) 등으로 구분할 수 있다.
- 이는 태아기에서부터 영 · 유아기를 거쳐 아동기와 청소년기에 이르기까지 나타나는 인간의 주요 발달 영역으로서, 사회라는 환경 속에서 발생하는 성장, 성숙의 모든 현상을 담고 있다. 선행조직자가 바로 이러한 발달의 영역을 학습자에게 적합한 과정상 목표를 통해 결정하는 것이다.
- 예를 들어, 큰 악기와 작은 악기의 연주를 비교할 때, 작은 악기의 연주는 큰 악기에 비해 더 정교한 소 근육의 움직임과 더 긴밀한 운동능력 간의 협응능력이 요구되는 데 비해, 큰 악기의 연주는 물리적으로 강한 체격과 힘을 필요로 한다.
- 또한 학습자 혼자 하는 솔로연주의 경우, 자신의 감정을 표현하기에 유리하고 연습하는 데 있어서도 시간적으로 자유로울 수 있는 반면, 연주에 있어 보다 큰 개인적 책임감을 가져야 한다. 반대로 동료들과 함께하는 합주의 경우는 연주에 대한 부담감이 적은 대신에 나의 주관적인 생각보다 현장에서 공유하는 공동체적 감정을 우선시해야 하는, 즉 동료와의 사회적 관계, 사회화의 과정을 경험한다.
- 뿐만 아니라, 특정 곡을 악기가 아닌 목소리를 통해 연주해 봄으로써 악기의 특징을 상대적인 입장에서 이해하고, 다양한 몸의 움직임과 제시되는 특정 상황에 대한 인식을 통해 개별적인 음악적 의미를 이해함과 동시에 창의적인 인지능력 및 언어적 발달이 가능하다.

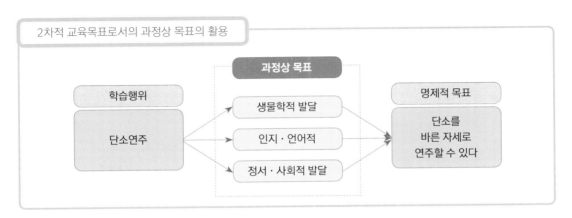

2차적 교육목표로서의 과정상 목표의 활용

과정상 목표란

☑ '과정상 목표(procedural goals)'란 '명제적 목표(propositional goals)'에 상대되는 개념으로, 흔히 명제적 목표가 지식과 기능에 대한 학습목표, 예를 들어 '○○의 특징을 알고, □□하게 노래, 또는 연주할 수 있다.' 등을 의미하는 한편, 과정상 목표는 명제적 목표에서 설정한 음악적 지식과 기능을 '어떠한 과정을 통해 학습자가 경험하고 이해하게 하는가' 하는 방법적이고 과정적인 내용을 담고 있다.

☑ 이러한 과정상 목표를 설정해야 하는 이유는 교사의 준비가 어떠한가에 따라 학습자의 학습 결과 또한 매우 상이하게 나타나기 때문이다.

☑ 일례로 과정상 목표를 설정한 교사의 경우 더욱 분명한 교육의 목표와 과정에 대한 계획을 체계적으로 확보함으로써 지향하고자 하는 바를 보다 다양한 관점에서, 즉 개별 학습자에 적합한 환경으로 제공할 수 있으며, 이로 인해 발생하는 자발적인 내적 동기부여를 통해 결과적으로는 긍정적인 학습의 결과물을 기대할 수 있다.

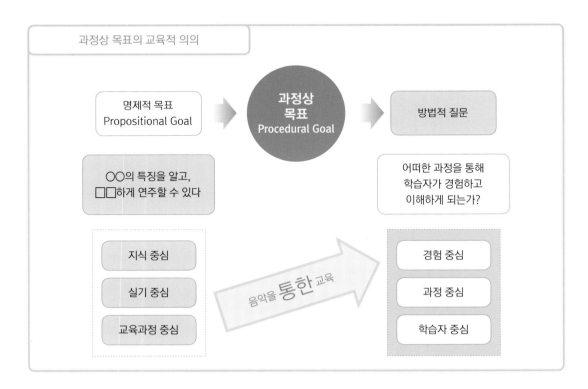

☑ 이러한 과정상 목표에 대한 내용은 직접적이고 체험적인 음악교육을 표방하는 리머(Reimer)와 엘리엇(Elliott)에게서도 발견된다. 리머와 엘리엇은 학습자가 주체가 되어 경험하고 실천하는 경험 중심 음악교육과 실천주의 음악교육을 표방하였는데, 이들이 공통적으로 주장하는 바가 바로 학습자 중심의 음악교육이라 할 수 있다.

☑ 특히 엘리엇(1992)은 문서화된 교육과정을 교육현장에 그대로 적용하기보다는 교사 스스로가 커리큘럼 그 자체가 되어야 한다고 주장한다(권덕원 외, 2011에서 재인용). 즉, 교사 수준 교육과정의 필요성과 교육과정 재구성의 당위성을 피력한 것이다.

☑ 이때 반드시 전제되어야 하는 요소가 바로 과정상 목표에 대한 이해와 설정이다. 왜냐하면 과정상 목표는 매 행위의 단계마다 나타나는 다양한 활동과 경험 그리고 지식 등에 대해 일련의 연속적 관계성을 갖게 하는 매우 중요한 역할을 하기 때문이다(조대현, 2012).

☑ 이러한 이유에서 교사는 국가 수준의 교육과정이 제시하는 공동의 목표를 이루기 위해 먼저 학습자 수준에 따른 개별적 목표를 설정할 수 있어야 하며, 이때 설정된 과정상 목표는 다음과 같다.
  • 첫째, 개별 학습자에게 실제적인 도움을 줄 수 있는 '단계적 과정을 보여 주는 목표'로서 국가 수준의 교육과정이 제시하는 공동의 목표로 나아가는 징검다리의 역할을 한다.
  • 둘째, 음악적 활동 속에서 발생 가능한 '다양한 영역에서의 발달', 예를 들어 신체적 · 언어적 · 인지적 · 사회적 발달 등을 유도하게 될 것이다.

결과적으로 과정상 목표는 학습자를 고려한 음악 환경을 제공함으로써 내적 동기부여에 의한 자발적이고 직접적인 음악적 경험을 담보하고, 나아가 비음악적 영역에서의 접근을 통한 학습자의 다양한 학습과 발달을 유도한다. 따라서 학습자 중심 교육을 근간으로 하는 과정상 목표의 설정은 궁극적으로 음악적 개념에 대한 획일적 학습을 지양하고 수준별 학습과 능동적이고 창의적인 개별학습을 가능하게 하는 교육과정 재구성을 위한 주요 전제조건의 하나라고 규정할 수 있다.

4 개념도를 활용한 재구성의 예

진정한 선행조직자는 그것이 무엇인지 먼저 보고 오래 생각하며, 나아가 직접 경험해 보는 사람이다.
이를 '철학적 사유의 과정' 또는 '충분히 기능한 것'이라고 말한다.

다음은 앞에서 설명한 개념도의 개념을 교사교육과정에 적용한 예이다. 이 재구성안은 예비교사의 자발적이고 긍정적인 경험과 확산적 사고를 유도할 수 있는 개념도의 개념을 직전교육과정에 도입하여 예비교사의 통합적 이해를 위한 개념도 활용 교사교육 모델을 제안하고 있다. 오늘날의 음악교육은 음악적 자극에 의해 발생하는 자발적 경험과 사고의 과정 그리고 이로 인한 통합적 결과물을 중시하기보다는 정형화된 지식과 실기능력의 향상만을 목표로 평가하여, 다양한 관점에서 기대할 수 있는 학습자(예비교사)의 능동적이고 논리적인 사고의 흐름을 방해하는 경향이 있다. 이러한 이유에서 이 교사교육 모델은 기계적이고 획일적인 반복학습을 지양하고, 학습자의 자발적 경험을 통해 스스로 발견하고 확산적으로 사고하며, 나아가 그 안에서 더욱 정교화된 지식과 개념 그리고 가치부여를 유도함으로써, 첫째, 예비교사의 통합적 이해를 통한 음악과의 긍정적인 관계 형성을 목표하고, 둘째, 선행조직자의 역할을 감당할 수 있는 교육적 사고의 틀을 제공하고자 한다.

☑ 재구성의 이론적 배경은 다음과 같다.

- 몸을 이용한 직접적 경험이 우리의 통합적 사고와 이해를 가능하게 하기 때문에 이 교사교육 모델은 동작교육의 기초 위에서 설계되었다.

- 세부적으로는 크게 청각적 · 언어적 · 시각적인 개별 인지 영역과 이들의 통합적 관점에서의 적용으로 이루어지며, 각각의 인지 영역에는 모두 음악 및 동작적 요소를 포함함으로써 예비교사로 하여금 자발적이고 직접적인 음악적 경험이 가능하게 하고자 한다.

- 따라서 개념도 활용 교사교육의 1차 목적은 동작교육이라는 틀 안에서 동작과 관련된 음악적 요소를 '지식'이나 '개념'이 아닌 '몸'을 이용하여 자연스럽게 경험하고 이해하는 데 있다.

- 궁극적으로는 이러한 음악에 대한 긍정적 경험이 예비교사에게 음악에 대한 긍정적인 성취감을 심어 주고 나아가 자아개념의 성장으로까지 확대되기를 기대한다.

☑ 먼저 교사교육 모델을 구성하는 세부 요소는 다음과 같이 방사형 개념도를 통해 설명할 수 있다.

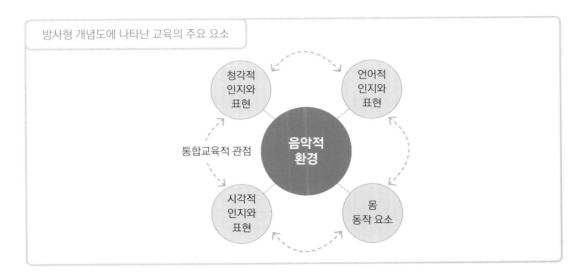

방사형 개념도에 나타난 교육의 주요 요소

- 청각적 인지와 표현
- 언어적 인지와 표현
- 음악적 환경
- 통합교육적 관점
- 시각적 인지와 표현
- 몸 동작 요소

☑ 방사형 개념도의 주요 개념 및 요소의 선정은 다음과 같은 이론적 배경 아래 이루어졌다.

- 음악적 경험과 이해에 있어 가장 대표적인 인지 수단은 청각적 인지이다. 청각적 인지란, 오감(五感)의 하나인 청각기관을 통해 소리를 감지하는 인지를 의미하는 것으로서 주변 환경에서 발생하는 음파를 수용하여 느끼는 감각의 하나이다. 이는 외부의 소리를 수용하는 외이기관과 이러한 소리를 내이로 전달하는 중이기관 그리고 이를 신경신호로 바꾸어 뇌로 전달하는 내이기관으로 이루어져 있으며, 이 신경신호는 일련의 인지과정을 거쳐 하나의 의미로 변화한다. 청각적 인지는 인간의 오감 기관 중 가장 먼저 완성되는 것으로서, 대략 임신 24~26주경에 물리적 기능이 가능해진다. 따라서 우리는 출생 이전부터 매우 다양한 청각적 경험을 하게 되며, 이러한 경험은 여타 다른 인지기관보다 우선 경험하는 매우 익숙한 인지의 결과물이다.

- 청각적 인지의 광의적 영역에는 언어적 인지가 포함된다. 언어란 인간이 사회라는 테두리 속에서 공존하기 위해 사용하는 가장 기본적인 교류의 수단으로, 말하기 또는 글쓰기 형태로 나타나는 '관습적' 기호 체계로 이루어져 있다. 인간은 언어를 통해 자신의 생각이나 느낌 등을 전달할 수 있으며, 이때 음성이나 문자 등의 형태를 사용한다.

- 청각적 인지와 언어적 인지의 가장 큰 차이점은 청각적 인지가 직접적 경험의 과정을 통해 그 사고의 결과물을 가져오는 반면, 언어적 인지의 경우 그 자체가 관습적으로 생성된 기호적 체계를 담고 있기 때문에 특정한 언어기호 또는 언어적 현상을 이해하기 위해서는 이에 대한 사전 학습이 전제되어야 한다는 것이다. 이러한 학습은 반복되

는 청각적 인지 과정 속에서 발생하는 특정 현상과 청각적 소리 현상의 인지적 연합을 통해 일어나며, 이러한 과정을 통해 우리는 언어를 습득할 수 있다. 따라서 언어적 인지 역시 청각적 인지와 함께 우리에게 익숙한 대표적 인지방법이라 할 수 있다.

• 시각적 인지는 사물을 파악하고 관찰하는 인간의 가장 기본적인 인지의 방법이다. 그러나 시각적 인지는 단지 시각기관만이 아닌 다양한 인지기관의 협응을 통해 일어난다. 사전적으로 시각적 인지는 시각기관에 의해서가 아닌 '눈과 같은 기관'을 통해 물체의 형태와 색을 구별하는 생리과정으로 정의된다. 이는 시각적 인지가 '눈'이라고 하는 시각기관에 의해서만이 아닌 다양한 인지를 대표하는 통합된 종합지(綜合知)의 성격을 띠기 때문이다. 우리는 시각적 인지 속에서 다양한 인지의 결과물을 가져온다. 예를 들면, 어느 가을날 조용히 떨어져 내리는 낙엽의 모습에서 단조의 구슬고도 너무나도 가벼운 소리를 떠올리기도 하고, 때로는 반대로 눈에 보이지 않는 큰 소리를 통해 특정한 어떤 장면을 그려 내기도 한다. 뿐만 아니라 언어적 사용에 있어서도 비물질적이고 비시각적인 대상을 시각적으로 표현하기도 한다. 예를 들어, 실현 가능성이 없는 미래의 일에 대해 '앞일이 깜깜하다'는 시각적 표현을 사용하거나 자신의 생각을 하나의 '시각' 또는 '관점'으로 표현하기도 한다.

☑ 이러한 이유에서 이 교사교육 재구성 모델은 우리가 음악적이라는 환경을 바라보고 경험하며 이해하는 데 효과적인 청각, 언어 및 시각적 인지와 표현의 방법을 주요 개념과 요소로 설정하였고, 이때 몸을 이용한 음악적 경험을 공통 요소로 제시함으로써 이 모델이 목표하는 지식이나 개념이 아닌 직접적 경험에 의한 '고유한 의식구조'의 형성을 기대하고 있다.

☑ 이 교사교육 모델의 흐름을 보여 주는 위계형 개념도는 다음과 같다.
  • 이 모델은 익숙한 환경과 새로운 환경을 반복적으로 교차 제공함으로써 일반 환경에서 특정 목표 환경으로의 발달 그리고 이것이 다시 일반화되는 과정을 목표한다.
  • 또한 '음악'이라고 하는 나와는 익숙하지 않은 어려운 개념적 접근을 목표하는 것이 아니라, 음악적인 환경을 나에게 익숙한 잣대와 도구를 이용하여, 익숙한 새로운 대상으로 이해하게 하는 것을 목표로 한다.
  • 이를 위해 이 모델은 먼저 음악교육의 목적과 내용에 대한 개괄적 이해를 목표로 한 예비교사의 이론적 이해를 전제하고 있으며, 이후 경험적 이해를 유도하여 종래에는 통합적 이해가 가능하도록 설계되었다.

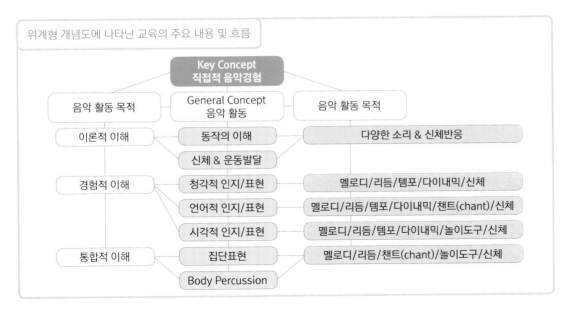

위계형 개념도에 나타난 교육의 주요 내용 및 흐름

	Key Concept 직접적 음악경험	
음악 활동 목적	General Concept 음악 활동	음악 활동 목적
이론적 이해	동작의 이해	다양한 소리 & 신체반응
	신체 & 운동발달	
경험적 이해	청각적 인지/표현	멜로디/리듬/템포/다이내믹/신체
	언어적 인지/표현	멜로디/리듬/템포/다이내믹/챈트(chant)/신체
	시각적 인지/표현	멜로디/리듬/템포/다이내믹/놀이도구/신체
통합적 이해	집단표현	멜로디/리듬/챈트(chant)/놀이도구/신체
	Body Percussion	

- 특히 예비교사에게 익숙한 잣대와 도구를 사용하여 자발적이고 긍정적인 음악적 경험을 유도하고 있으며, 이때 예비교사에게 익숙한 잣대와 도구는 우리가 일상에서 흔히 다양한 인지와 표현을 위해 사용하는 청각적·언어적·시각적 관점에서의 인지와 표현을 말한다. 예를 들면, 서로 상이한 느낌을 가진 두 멜로디에 대해 각자의 느낌에 따라 개별적으로 익숙하게 인지하고 표현하는 활동을 할 수 있다. 만약 시각적 표현이 익숙한 사람이라면 특정 '색'이나 '모양'으로, 언어적 표현이 익숙하다면 각각의 멜로디에 자신의 느낌을 담은 '제목'이나 '가사'를 통해, 신체적 표현이 익숙하다면 자신의 몸을 이용한 '동작' 등으로 이해하는 것이다.

- 이러한 활동의 주된 이유는 예비교사 개개인이 음악이란 환경과 특별한 개별적 관계를 형성하는 데 있다. 이때 음악과의 관계가 긍정적으로 성립되기 위해서는 그들이 갖고 있는 배경에 적합한 외부의 자극이 필요하다. 다시 말하면, 그들이 관심을 갖고 있는 영역에 해당하는 환경이 제공되어야 하는 것이다. 이를 위해서 이 모델은 우리가 일상에서 자연스럽게 사용하는 청각, 언어, 시각이라는 인지의 과정과 표현의 절차를 도입하여 음악에 대한 익숙한 이해를 이끌어 내고자 시도하였다.

결론적으로 개념도를 활용한 교사교육 재구성 모델은 일상에서 학습자에게 익숙한 다양한 관점에서의 폭넓은 음악적 경험과 사고를 유도함으로써, 첫째, '음악과 나'의 긍정적 관계를 형성하고, 둘째, 음악과 관계하는 '미래의 나'를 발견하는 데 궁극적인 목적이 있다. 이는 음악적 생활화를 의미하며, 예비교사의 사고에 의해 변화하는 음악적 환경의 이해와 이를 교육적으로 현장에 적용할 수 있는 교사로서의 자질 계발을 주요 목표로 한다. 이를 위해서는 예비교사가 자발적이고 능동적으로 참여하여 직접적으로 경험하는 적극적인 자세가 담보되어야 한다.

5 과정상 목표를 활용한 교육과정 재구성의 예

다양한 관점에서의 과정상 목표에 대한 설정은 더 나은 '학습자 중심의 경험 환경'을 제공하게 한다.

과정상 목표를 활용한 음악과 교육과정 재구성 모델을 제안하기 위해 저자는 먼저 다음과 같은 수업지도안을 작성하였다. 이 지도안은 중학교 3학년을 대상으로 하며, 음악교과서 '대중 속의 음악' 단원 중 '저기 달나라로'(Fly Me to the Moon)를 제재곡으로 삼고 있다. 이 수업지도안이 목표하는 명제적 목표는, 첫째, 제재곡을 올바른 자세로 부르고, 둘째, 스윙리듬 패턴을 이해하며, 셋째, 제재곡의 다양한 노래형태를 창의적으로 표현하는 것이다.

☑ 수업에서 설정한 학습목표는 다음과 같다.

단원	대중 속의 음악: 저기 달나라로(Fly Me to the Moon)
학습목표	1. 제재곡 '저기 달나라로'를 올바른 자세로 부를 수 있다. 2. 스윙리듬 패턴의 구조를 이해할 수 있다. 3. 제재곡의 다양한 노래형태를 창의적으로 표현할 수 있다.

☑ 학습자 중심의 과정상 목표를 활용하여 위에서 제시한 명제적 목표의 내용을 다음과 같이 재구성하였다. 이때 과정상 목표에 대한 이해를 돕기 위해 성격에 따라 과정상 목표를 1과 2로 세분하여 제시하였다.

학습자료	ppt자료, 동영상, 지시봉, 조 팻말, 피아노, 키보드, 마라카스, 우드블럭, 봉고, 개별평가지, 모둠평가지, 형성평가지, 수업안내도 모형, 모둠별 평가표

- 학습 단계별: 도입/전개/정리 및 평가
- 학습 흐름별: 일제학습/개별학습/모둠학습
- 학습 유형별: 정보안내/정보탐색/정보분석/정보만들기
- 활용 매체별: Ⓦ 웹, Ⓜ 멀티미디어자료, Ⓟ ppt, 참고자료,  피아노, 피페, 키보드, 마라카스, 우드블럭, 봉고

학습 단계	학습내용	교수·학습 활동	학습자료	과정상 목표1	과정상 목표2
도입 (10′)	◆ 전시악곡 내용 파악 → 개별학습지	전시 악곡내용에 대해 질문한다. → 개별학습지를 통해 확인학습을 유도한다.	[학습지] P M W	출발점 확인	
	◆ 학습동기 유발	♬ 제재곡을 국악으로 연주한 동영상 감상을 통해 학습동기를 유발한다		내적 동기 부여	미적 자극
	♬ 동영상 감상	→ 악곡 내용을 생각하면서 감상하도록 유도한다.			지적 반응
전개 (30′)	◆ 학습목표 발견	감상곡에 대한 질의응답을 통해 학습목표를 유추하도록 유도한다.		학습자 수준의 학습목표 설정	논리적 사고 & 관찰력
		〈학습목표〉 스윙리듬을 익히고, 악기로 연주하며, 창의적으로 표현할 수 있다.			
	♬ 스윙리듬 경험하기	• 당김음에 의한 엇박자 리듬을 언어놀이(안녕)를 통해 경험한다		언어적 당김음	언어적 유희
		• 제재곡의 스윙리듬 패턴을 언어 및 신체 움직임 표현을 통해 경험한다.	[피아노][학습지] P M	움직임 속의 당김음	언어 & 신체협응
		• 제재곡의 멜로디만을 가사 없이 부르며, 신체 움직임으로 표현한다.		멜로디 속의 당김음	음악 & 신체협응
	♬ 가사창	• 제재곡을 신체 움직임 속에서 가사창한다.		스윙리듬 노래 부르기	음악언어 & 신체협응
	◆ 스윙리듬 이해	[악보: 4/4박자 스윙리듬]		스윙리듬의 이해	
		• 움직임으로 경험한 스윙리듬에 대한 느낌을 발표하게 한다.		개념화	지적 반응
		〈학습목표 1의 확인〉 스윙리듬을 익힌다.			

				개념 적용	지적 반응
	◆대중가요 속 스윙리듬 찾기	• 울랄라세션의 '스윙 베이비'를 감상하며, 스윙리듬을 느끼게 한다.			
	◆모둠별 탐구 활동 제시	〈모둠별 탐구 활동〉 ◆달나라조: 가창+키보드를 활용하여 스윙리듬 표현하기 ◆마라카스조: 마라카스+봉고로 표현하기 ◆피페조: 피페로 표현하기 ◆스윙조: 우드블럭+동작으로 표현하기			
	◆모둠별 탐구 활동 하기	• 모둠별 창의적인 표현이 도출되도록 유도한다. • 모둠원 간 자유로운 의견교환을 유도한다. • 모둠별 연주를 통해 각각의 표현을 비교하고 자유로운 발표를 유도한다. • 가창 및 기악합주를 한다.		음악적 사고의 확장	사회화 & 창의적 표현
정리 (5′)	◆학습정리	• 느낀 점을 정리해 준다.	Ⓟ	이해	
		〈학습목표 2의 확인〉 악기로 연주하고, 창의적으로 표현할 수 있다.			
	◆형성평가	• 형성평가를 통해 학습결과를 정리한다.	Ⓟ		

☑ 앞의 수업계획안을 보면, 이전에 언급한 명제적 목표 외에 다음과 같은 과정상 목표를 발견할 수 있다. 먼저 '선행조직자'의 관점에서 계획한 과정상 목표는,

- 전시 악곡에 대한 언급을 통해 학습자의 현재 상황을 의미하는 학습 출발점에 대한 파악에서부터 시작하여,
- 흥미로운 미적 자극을 통한 내적 동기부여와 이에 따른 학습자의 자발적인 음악적 활동을 추구하고 있으며,
- 음악적 발견과 탐색을 유도하는 학습자 수준에서의 자발적인 학습목표 설정을 통해

학습자의 지적 반응을 선행조직자인 교사의 입장에서 재확인하고 있다.

수업의 전개부분에서는 명제적 학습목표로 설정한 스윙리듬 패턴에 대한 학습을 위해,
- 학습자에게 익숙한 언어적 표현을 활용한 언어적 당김음을 경험하게 하고 있으며,
- 익숙해진 언어적 당김음에 신체 움직임을 활용한 신체적 당김음을 추가함으로써 언어와 신체 영역 간의 협화를 꾀하고 있다.
- 또한 제재곡의 멜로디를 가사 없이 부르게 함으로써 첫 음절에 강세가 있는 익숙한 언어적 특징을 최소화하고자 하였으며, 이를 스윙리듬을 표방하는 신체 움직임과 동반시킴으로 청각적 지각능력과 신체표현능력 간의 협화를 유도하고 있다.
- 종래에는 가사 창을 하게 함으로써 언어적 · 음악적 · 신체적 영역 간의 종합적 협화를 목표하였으며,
- 이를 모둠 활동으로 연계하여 창의적인 음악적 사고의 확장과 더불어 모둠원 간 사회적 관계의 성숙을 이끌어 내고자 하였다.
- 마지막 정리 단계에서는 이에 대한 개념화와 이론적 이해를 유도함으로써 앞에서 제시한 명제적 목표를 달성하고 있다.

☑ 한편, 앞에서 언급한 선행조직자 관점의 과정상 목표 외에 또 다른 유형의 과정상 목표를 발견할 수 있다. 바로 과정상 목표의 두 번째 유형인 '다양한 영역에서의 2차적 발달'이다.
- 즉, 흥미로운 자극을 통해 자연스러운 미적 관심을 이끌어 내고, 자발적인 음악적 활동을 통해 긍정적인 음악경험을 담보하며,
- 학습자 수준에서의 자연스러운 지적 반응을 통해 자기표현능력의 신장을 추구하는 등, 수업의 도입에서는 음악적 정서 신장에 대한 과정상 목표가 제시되어 있다.
- 전개에서는 음악과 언어 그리고 신체 움직임 간의 자연스러운 협화를 유도하고 있으며, 나아가 모둠 활동을 통한 사회화의 과정과 다양한 창의적 표현 또한 경험하게 하고 있다.

☑ 결론적으로 이 수업지도안은 학습자의 학습출발점에서부터 명제적 목표에 이르기까지의 과정을 단계적인 과정상 목표를 통해 가능하게 하고 있으며, 나아가 학습자에게 적합한 다양한 활동을 제공함으로써 2차적인 교육의 효과까지 추구하고 있다.

현대 사회와 같이 급변하는 시대에는 변화에 보다 효율적으로 대처할 수 있는 적극적이고 창의적인 교육 체계가 요구된다. 이러한 시대적 요구에 따라 국가 수준의 교육과정 역시 운영에 있어 보다 적극적인 교사의 자율성을 보장하고 있다. 중앙에서 통제하는 획일적이고 경직된 교육과정만으로는 시대적 요구에 걸맞은 효과적인 교육이 불가능하기 때문이다. 현대 교육은 중앙집권적 교육과정보다는 학교 중심 교육과정(school-based curriculum)을 선호하고 있으며, 교육현장에서도 교과서 중심의 교육보다는 과정 중심의 교육이 강조되고 있다. 따라서 과정상 목표 중심의 교육과정 재구성을 위해서는 먼저 선행조직자 역할을 수행하는 교사의 전문적 자질이 담보되어야 한다. 학교 중심 교육과정이나 과정 중심의 교육은 학생의 특성과 수준, 지역 및 환경과 같은 개별 교육여건에 따라 다르게 설계·적용되어야 하기 때문이다. 즉, 교사는 국가 수준에서 의도하는 교육과정의 내용과 목표를 학생의 성취로 연결시키는 매개자의 역할을 수행해야 한다(손승희, 2005). 아이스너(Eisner, 1985)는 이러한 관계를 '의도된 교육과정'(intended curriculum)과 '실행된 교육과정'(operational curriculum)으로 구분하여 설명하는데, 이는 교육적 계획과 현장에서의 실제 사이에 존재하는 실질적 차이를 가리키는 것이며, 이 차이는 상이한 학습자 또는 학습자의 조건에 의해 야기됨을 쉽게 미루어 짐작할 수 있다. 따라서 교육과정의 재구성은 이미 언급한 바와 같이 학습자 중심의 교육을 목표하며, 이는 학습자 개개인의 상이한 조건과 배경을 충족시킬 수 있는 점진적이고 세부적인 과정상 목표 아래 가능하다고 할 수 있다. 이를 정리하면 다음과 같다.

☑ 첫째, 선행조직자의 역할을 담당하는 교사의 과정상 목표에 대한 적극적인 이해와 노력이 필요하다. 교육철학 및 교육심리학적 관점에서 볼 때 과정상 목표란, 교과에서 제시한 명제적 목표를 개별 학습자의 관심과 흥미, 발달의 정도 및 개별 환경에 따라 학습자 눈높이에 맞는 학습 환경 및 과정으로 재구성하는 가운데 반드시 고려해야 하는 매우 중요한 방법적 도구로서 학습자의 자발적이고 직접적인 경험을 가능하게 한다. 일반적으로 자기확신과 전문성이 강한 교사일수록 교육과정 개발에 보다 적극적으로 참여하고, 현장에서의 효과 또한 우수하다. 따라서 교사에게는 학습자 중심의 과정상 목표 설정을 위한 끊임없는 노력과 준비가 요구된다.

☑ 둘째, 관찰자로서의 교사 역할에 충실해야 한다. 과정상 목표는 학습자의 발달의 정도, 관심의 크기, 음악학습에 대한 배경 등 개별적인 조건에 따라 상이하게 적용된다. 따라서 학습자에 대한 세심한 관심과 지속적인 관찰 그리고 이에 따른 올바른 분석과 객관적인 판단이 선행되어야 한다.

☑ 셋째, 실천적 사고와 지식 향상을 위한 교사의 끊임없는 자기개발이 요구된다. 교사의 직접적인 경험에 의한 실천적 사고와 지식의 결과는 교육과정의 재구성과 과정상 목표의 설정에 매우 큰 영향을 끼친다. 교사의 다른 표현인 선생(先生)이라는 말은 가르

침을 받는 학습자보다는, 먼저 세상을 경험한 사람으로서 이를 후대에 전달해야 하는 책무가 있다는 의미를 내포하고 있다. 따라서 교사는 단지 교사자격증(형식지: explicit knowledge)만을 가진 사람을 뜻하지 않으며, 미리 경험하고 사고하여 자신만의 결과물 (암묵지: tacit knowledge)을 가지고, 나아가 교사자격 취득의 과정을 통해 '더 나은 교사' 가 되고자 하는 마음의 준비가 되어 있어야 한다. 교사는 개별적 현상에 대해 전심에서 치사로, 또는 형태적(figural) 표상에서 형식적(formal) 표상으로 발전하는 자발적이고 적극적인 음악경험을 통해 '음악과 관계하는 자신'을 발견해야 한다. 이러한 과정의 경험이 현장에 적용할 수 있는 2차적 재구성을 가능하게 할 것이다.

☑ 넷째, 앞에서 언급한 과정상 목표를 활용한 학습자 중심의 음악교육이 현장에서 실현되기 위해서는 교육실천의 중심에 있는 교사의 역할을 담보하고 지원하는 환경적·제도적 조건이 확보되어야 한다. 교사의 자율성과 더불어 체계적인 자기발전의 기회를 제공하고, 이를 가능하게 하는 사회적·정책적 지원 또한 매우 중요한 전제조건의 하나라 할 수 있다.

제**10**장

융합교육으로의
재구성 사례 분석

융합교육은 두 가지 관점에서의 융합으로 진행된다.

첫 번째 융합은 융합교육을 준비하는 교사 입장에서의 융합으로, 이는 학습자의 자연스러운 사고를 통해 융합적 결과물을 유도하고자 하는 선행조직자 관점의 융합이다. 엄밀히 말하면 통합적 환경을 설계하는 데 요구되는 융합적 사고이다.

두 번째 융합은 융합수업에 임하는 학습자 입장에서의 융합이다. 이는 교사가 사전에 계획하여 제공하는 통합적 환경에 의한 결과물로서, 융합교육이 첫 번째로 목표하는 것이다. 학습자에 의해 도출되는 융합의 결과물은 학습자에 따라 상이할 수 있으며, 이는 그 자체 과정을 목표하는 것이며 절대적 기준을 갖고 있지는 않다. 다만, 학습자가 도출하는 결과물이 융합이라는 개념적 조건을 충족하는 것이어야 한다.

이를 위해 교사에게는 융합에 대한 개념적 이해와 함께 융합적 사고를 유도할 수 있는 통합적 환경을 재구성하는 능력 그리고 학습자가 융합의 주체라는 이해 아래 도출한 다양한 결과물을 수용하고 존중하는 자세가 필요하다.

1 융합의 유형

융합의 결과물에는 어떤 것들이 있을까? 실제 경험 환경에서 발견되는 융합의 사례들은 융합 유형을 정리하는 데 도움을 준다.

생각하기

다음의 예와 같이 생활 속에서 발견되는 다양한 통합, 또는 융합의 경우를 찾아 나만의 방법으로 기록해 보자!

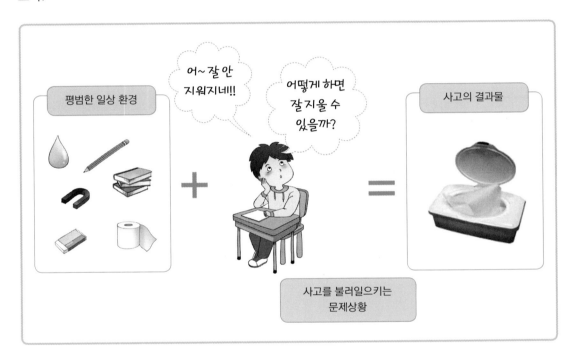

내가 발견한 통합 · 융합의 사례

통합의 방법과 유형

☑ 새로운 사고를 유도할 수 있는 '통합'의 방법에 대한 많은 연구 결과가 있으나, 그중에서 가장 많이 인용되는 포가티(Fogarty, 1991a)에 의하면 통합은 다음과 같이 크게 세 가지 방법과 열 가지 유형으로 구분된다.

통합의 방법	통합의 유형	
단일 교과 내에서의 통합	단절형	• 전통적인 분과형 모델로 교과 간 통합을 시도하지 않는 통합의 최소 모델이다. • 그러나 각각의 교과 그 자체가 이미 각 영역에 해당하는 여러 내용으로 통합되어 있다.
	연관형	• 단절되어 있는 각 교과 간 서로 관계성 있는 내용들을 연관시켜 운영하는 통합의 기본 형태이다.
	둥지형	• 핵심내용을 다양한 관점에서 바라보는 통합 유형이다. • '둥지형'이라는 이름처럼 새가 둥지를 만들듯이 둥지 가운데 깊은 곳에 핵심 주제를 두고 다양한 각도와 차원에서 입체적으로 개념을 확장시켜 나가는 방법이다.
여러 교과 간에 걸친 통합	계열형	• 초기에 나타난 통합모델로 각각의 교과 영역을 유지하고 서로 유사한 영역 또는 주제를 계열성 있게 배치, 교육과정을 운영하는 유형이다.
	공유형	• 두 개의 교과 중 서로 중복되는 개념 등을 중심으로 통합하는 유형이다. • 교사의 팀 티칭이 중요하다.
	거미줄형	• 특정 주제를 중심으로 다양한 교과내용을 적절히 추출하여 통합하는 유형이다. • 간학문적 접근방법을 띠고 있다.
	실로 꿰인 형	• 특정한 사고기능을 획득하기 위해 관련된 교과내용을 실을 꿰듯이 연결하여 통합하는 유형이다.
	통합형	• 세 개 이상의 교과에서 각 교과의 기본 요소를 찾아 통합하는 유형이다. • 교사의 철저한 사전준비가 요구된다.
학습자 간의 통합	몰입형	• 학습자 개인의 관심, 흥미가 중심이 되어 교과의 지식을 통합하는 유형이다. • '문제해결 중심형 모델'이라고도 한다.
	네트워크형	• 주제와 관련된 인접한 또는 다양한 영역의 전문가와 네트워킹하는 형태의 통합 유형이다. • 네트워크는 학습자 스스로 선정한다.

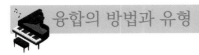
융합의 방법과 유형

☑ 포가티가 제시한 통합방법의 맥락적 기호 아래에서, 드레이크와 번스(Drake & Burns, 2003)는 융합이 일어날 수 있는 다양한 경험 관찰을 통해 학문 통합 방식 및 연계의 정도에 따라 융합의 유형을 다음과 같이 총 세 가지로 구분하였다.

다학문적 통합
(multidisciplinary integration)

독립된 개별 학문이 하나의 주제를 중심으로 연계되어 다각적이고 종합적인 관점을 유도하는 유형이다. 한 교과를 중심으로 적용하기에 용이하다.

간학문적 통합
(interdisciplinary integration)

두 개 이상의 학문 분야에서 공통된 개념이나 내용이 동일한 탐구 방식이나 탐구 수준을 통해 동일한 논리구조 속에서 새롭고 의미 있는 종합을 유도하는 경우이다. 학문 내용의 구별이 가능하고, 조합하는 데 있어서 매우 다양한 경우의 수가 존재한다.

탈학문적 통합
(extra-disciplinary integration)

특정 교과 혹은 학문보다 주제 중심으로 학문과 교과가 완전한 통합을 이루는 구조이다. 자유로운 표현 활동이나 문제해결을 학습과정의 중심 요소로 하는 학습자 중심의 유형으로, 학문 간 경계를 없애고 학습자의 관심과 배경 및 수준에 의해 새로운 영역으로 통합이 가능하다. 그러나 다수의 분야가 복합적으로 연계되어 학문 간 구별이 쉽지 않으며 교수 준비에 많은 시간과 노력이 요구된다.

☑ 이러한 통합 및 융합적 방법을 토대로 하여, 우리나라 융합 연구의 선구자라 할 수 있는
김진수(2010)는 융합의 유형을 STEAM 융합교육에 적용하여 다음과 같이 제시하고 있다.

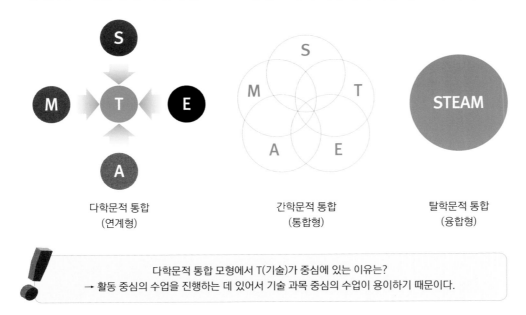

다학문적 통합　　　　　간학문적 통합　　　　　탈학문적 통합
(연계형)　　　　　　　　(통합형)　　　　　　　　(융합형)

> 다학문적 통합 모형에서 T(기술)가 중심에 있는 이유는?
> → 활동 중심의 수업을 진행하는 데 있어서 기술 과목 중심의 수업이 용이하기 때문이다.

한 걸 음 더 !

통합 및 융합의 여러 유형 중 서로 닮은 꼴의 유형이 있는지 찾아보고, 그 이유에 대해 생각해 보자.

융합	통합	생각의 이유
다학문적 통합		
간학문적 통합		
탈학문적 통합		

현재 현장에 적용되고 있는 융합교육은 얼마나 융합적 관점을 구현하고 있는가?

여기서는 융합교육의 의미 있는 사례들을 프로그램 위주로 살펴봄으로써 융합의 유형과 방법 그리고 실제 개발 결과물을 비교·분석하고자 한다. 주요 사례는 크게 세 가지로 구분되며, 이때 주제 또는 중심교과, 융합적 사고의 유형과 방법 등이 주요 요인으로 고려되었다. 주제 또는 중심교과로는 과학, 수학, 음악 등으로 구분되며, 방법적으로는 '상황 제시-창의적 설계-감성적 체험' 'P-D-I-E' 그리고 통합적 설계방법을 차용한 경우로서, 세부 내용은 다음과 같다.
- STEAM 교육 1: '상황 제시-창의적 설계-감성적 체험' 과정을 활용한 '째깍째깍, 시간을 내 손에'(과학 중심: 서울교육대학교, 2016)
- STEAM 교육 2: P-D-I-E 과정을 활용한 '친환경 미래도시를 설계하라!'(수학 중심: 전미숙, 박문환, 2015)
- 교과 중심 융합교육: 통합적 설계방법을 활용한 '교육부 지정 예술교육선도학교'(음악 중심: 양종모, 2013)

 STEAM 교육 1: 융합인재교육 프로그램 개발 프로젝트

2012년부터 교육부와 한국과학창의재단의 주관으로 시작된 '융합인재교육(STEAM) 프로그램 개발 프로젝트'는 STEAM 교육의 대표적인 지원 사업이라고 말할 수 있다. 발표된 결과물이 2017년까지 약 134종에 달하며, 학문 분야 주제별 융합형, 첨단제품 활용형, 과학·예술 융합형, 설계기반 미래 유망직업형 등의 세부 영역으로 구분, 진행되고 있다. 학습의 주요 대상은 초·중·고등학생이다. 다음은 한국과학창의재단의 주도로 다양한 영역에서 도출된 STEAM 교육의 결과물이다.

구분	2012	2013	2014	2015	2016	2017	계
학문 분야 주제별 융합형	12	10	8	10	8	4	52
첨단제품 활용형	6	6	5	9	4	2	32
과학·예술 융합형	6	8	9	4	5	2	34
설계기반 미래 유망 직업형	0	4	4	3	3	2	16
계	24	28	26	26	20	10	134

이 중 우수사례로 제시된 서울교육대학교 연구진(전영석, 2016)의 융합인재교육 프로그램 '째깍째깍, 시간을 내 손 안에'를 주요 사례로 제시한다.

우수사례: 째깍째깍, 시간을 내 손 안에

☑ 주제 개요

- 초등 5~6학년 프로그램인 '째깍째깍, 시간을 내 손에'는 시간의 흐름이나 변화에 따라 일정한 주기나 규칙성을 가지는 다양한 자연 현상을 관찰하고, 이들을 과학적으로 탐색해 보는 활동으로 구성되었다. 해당 학년군의 '과학 6-2-3 계절의 변화' '사회 6-2-1 우리 이웃 나라의 환경과 생활 모습' '국어 5-1-5 대상의 특성을 살려' '수학 5-2-6 자료의 표현' '미술 5-1-4 표현방법(아침나라)' 단원을 바탕으로 학생들이 시간의 의미를 인식하고 탐구하는 것을 목표로 한다.
- 시간기준 설정 및 시계 발전의 역사에 대한 이해를 바탕으로 우리 주변에 있는 시계의 정확성과 정밀성을 측정해 보는 활동을 수행한다. 또한 일정한 주기를 갖는 사물의 운동이나 변화를 이용하여 나만의 시계를 고안하고 시간을 측정해 보는 탐구 활동을 수행한다. 이를 통해 '정밀한 시간 측정'의 어려움과 시간 측정 기술의 역사적·과학적 가치를 체험하고 도전 과제를 수행하는 과정에서 과학적 정밀성과 탐구력, 문제해결력을 신장할 수 있다. 끝으로, 시간의 객관적 측정을 넘어서서 시간에 대한 인식의 주관성을 경험하여 시간의 상대성을 초등학교 수준에서 체험해 볼 수 있는 기회를 제공하고 있다.

☑ 학습목표

① 세계 지역별 시각과 천문 현상을 통해 시간 변화를 체험할 수 있다.
② 시간의 흐름에 따른 자연 환경과 생물들의 변화를 설명할 수 있다.
③ 시간 측정의 원리를 이해하고 여러 시계의 정확도를 측정할 수 있다.
④ 일정한 주기를 갖는 사물의 운동이나 변화를 이용하여 나만의 시계를 제작할 수 있다.
⑤ 시간에 대한 인식의 주관성을 체험할 수 있다.

☑ STEAM 과목 요소

- S: 일정한 주기를 갖는 사물의 운동 변화에 대해 탐구하기
- T/E: 여러 시계를 통한 시간 측정의 원리에 대해 이해하기
- A: DIY 시계 디자인하기/회전 사이클 모형 꾸미기/도덕적 행동능력과 습관을 기르기
- M: 측정 시작 시각과 마지막 시각을 이용하여 시간을 계산하기

☑ 융합인재교육(STEAM) 학습 준거

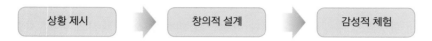

- 상황 제시: 이 프로그램에서는 지구에서의 시간과 관련하여 학생들이 접할 수 있는 다양한 일상을 중심으로 자연 현상에 대한 의문을 갖고 이를 자세히 탐색할 수 있는 여러 상황이 제시되었다. 차시별 활동은 다음과 같다.
  - (1) 1차시에는 지구의 시간과 관련한 여러 경험과 현상으로, 자전으로 인해 발생하는 시차, 지역별로 서로 다른 시각, 천체 활동을 통해 알 수 있는 시간의 변화를 주요 주제로 하여 시간의 흐름에 따른 지구의 변화를 총체적으로 살펴본다.
  - (2) 2차시에는 시간의 흐름에 따른 동물과 식물의 변화를 살펴본다. 계절과 시간에 따라 동·식물의 모습이나 행동이 어떻게 달라지는지를 탐색한다.
  - (3) 3차시에는 시간의 변화를 정밀하게 측정하기 위한 인간의 노력을 살펴본다. 이때 정확하고 정밀한 시간기준의 설정과 이로 인한 시계 발전의 역사에 대해 탐색한다.
- 창의적 설계: 창의적 설계 단계에서는 시간의 변화 및 측정과 관련한 활동이 고안되었다. 시간의 변화에 따른 생물들의 생체주기를 활용하는 활동과 시간의 변화에 따른 사물의 규칙적인 변화를 활용한 DIY 시계 제작 활동이다. 각 활동별 자세한 구성은 다음과 같다.
  - (1) 3차시에는 계절이나 시간의 변화에 따른 동·식물의 행동이나 모습의 변화를 이용한 '생체주기 회전 사이클'을 만든다. 자연에서 관찰되는 다양한 생체주기의 모습을 학생이 주도적으로 조사하고, 이를 바탕으로 회전 사이클을 만들어 발표하는 기회를 갖는다.

(2) 4~5차시에는 모래나 물, 쌀 등이 일정한 속도로 낙하하는 원리를 이용하여 DIY 시계를 제작한다. 특히 시계를 제작할 때, 낙하 속도를 조절하여 주어진 시간(1분)을 정확히 측정할 수 있는 시계를 제작한다. 이를 통해 학생들은 낙하 시간과 관련한 여러 변인을 추출하고 이를 조정하면서 문제를 해결하는 개방적 탐구 과정을 할 수 있다.

• 감성적 체험: 감성적 체험 단계에서는 예술, 문학, 영화에서 시간을 다룬 여러 작품을 접하고, 시간의 상대성에 대한 경험을 이야기하도록 하였다. 특히 1~5차시까지는 시간의 변화와 이를 정확하게 측정하기 위한 노력에 초점을 맞춘 반면, 6차시의 감성적 체험 활동에서는 내가 '느끼는' 시간의 변화, 예술 작품 속에서 그려지는 시간에 대한 감성을 이야기하면서 시간에 대한 상대적인 인식과 느낌을 체험할 수 있도록 구성하였다.

☑ 융합인재교육(STEAM) 활동 내용

차시	차시명	학습목표	주요 내용
1	지구의 시간	시차를 탐색하고 천문 현상을 통해 시간 변화를 체험한다.	• 세계 지역별로 서로 다른 시간 탐색하기 −세계지도, 지구본, Earth Cam 사이트, 스마트폰을이용하여 세계 여러 지역별 시각 알아보기 • 태양의 운동을 통해 시간 변화 체험하기(하루, 계절) −태양의 운동을 통한 시간 변화를 살펴보고, 시간 변화를 알 수 있는 다양한 현상 탐구하기
2	자연의 시간	시간에 따라 규칙적으로 변하는 자연 현상을 찾아 설명할 수 있다.	• 시간에 따라 변화하는 여러 가지 현상 탐색하기 −시간의 흐름에 따라 규칙적으로 변하는 자연 현상 탐색하기 • 시간에 따라 변화하는 동물의 모습 탐색하기 −시간에 따라 동물이 변화하는 사례를 조사하여 정리하기 • 시간에 따라 변화하는 식물의 모습 탐색하기 −시간에 따라 식물이 변화하는 사례를 조사하여 정리하기 • 생체주기를 활용한 회전 사이클 만들기

3	시계 이야기	시계의 역사를 탐색하고, 시계의 정확도를 측정할 수 있다.	• 일정한 주기를 갖거나 시간에 따른 변화의 양이 일정한 현상 찾기 • 시간기준 설정 및 시계 발전의 역사 알기 　－역사적으로 시간의 기준(분, 초)을 설정하게 된 과정 알기 • 우리 주변 시계의 정확도 탐구하기 　－우리 주변의 시계는 몇 분, 몇 초까지 측정할 수 있는지 탐색하기 　－국제 표준시각을 기준으로 내 시계로 측정한 시간이 얼마나 정확한지 살펴본다.
4~5	DIY 시계, 누가누가 정확한가?	다양한 아이디어를 이용한 DIY 시계를 제작하고 정확성을 측정할 수 있다.	• 다양한 아이디어를 이용한 DIY 시계 제작 계획하기 　－다양한 변인을 생각하며 DIY 시계 제작 계획하기 • DIY 시계 제작하기 　－변인을 조절하며 시계 제작하기 • DIY 시계로 주어진 시간(1분) 측정하기 　－주어진 시간을 반복하여 측정하여 기록하기 • 가장 적합한 DIY 시계 선발하기 　－정확성의 기준을 세우고 가장 적합한 DIY 시계 선발하기
6	시간을 느껴봐!	나의 시간을 주체적으로 이끌고 있는지 되돌아보고, 시간에 대한 다른 사람들의 생각을 예술, 문학, 영화 등을 통하여 살펴본다.	• 시간의 상대적인 인식과 느낌에 대한 경험 나누기 　－눈 감고 1분 맞히기 　－시간이 빠르거나 느리게 느껴질 때, 바쁘거나 지루하게 느껴질 때 떠올리기 • 내가 느끼는 나의 하루를 주관적으로 표현하기 　－실제 하루 일과와 심리적으로 느껴지는 하루 일과 비교하기 • 예술, 문학, 영화에서 시간을 다룬 작품 살펴보기 　－시간에 대한 다른 사람들의 생각을 살펴보기

준비물	Tip & Knowhow	STEAM	교과역량
지구본, 세계지도 (선택), Earth Cam 사이트, 스마트폰 (테블릿PC)	• 일상에서 쓰이는 시간의 의미에서 시각을 분리하여 설명하되, 정확한 용어 사용에 얽매이지 않는다. • 여행 노선에 따라 날짜 변경선을 중심으로 하루를 얻는 경우와 하루를 잃는 경우가 있음을 이야기한다. • 시간의 변화를 느낄 수 있는 다양한 현상을 탐구하는 데 필요한 검색어를 안내해 준다.	SA	과학적 의사소통 능력
A4용지(1인 1매), 나무막대기, 자연 현상 및 동식물 영상자료, 스마트폰 (테블릿 PC)	• 시간에 따라 동물과 식물이 변하거나 성장하는 사례들을 스마트폰이나 테블릿PC로 그 자리에서 찾거나 수업 전에 과제로 준비해 올 수 있다. • 학생들이 선정한 현상의 주기에 따라 사각기둥, 삼각기둥, 원기둥, 피라미드 등의 회전체 모양을 자유롭게 선택하도록 한다.	STE	과학적 사고력
다양한 시계 사진 및 영상 자료, 스마트폰 (테블릿 PC)	• 학생들이 시간을 계산하는 것에 어려움을 겪을 수 있으므로 매시 정각이나 30분에 시각을 측정하도록 안내한다. 학교 교실 시계로 함께 연습하고 과제로 수행할 수 있다. • 우리 주변의 여러 시계(전자시계, 태엽시계 등)의 정확도를 탐구해 보면서 일상생활의 현상을 과학의 관점에서 재해석하고 비판적으로 생각해 보는 시민 과학적 경험을 체험한다.	STEM	과학적 참여 및 평생학습 능력
스마트폰(테블릿 PC), 초시계, 각종 실험 도구 (진자, 초, 실, 모래, 수조, 물, 스탠드, 막대, 가위, 풀 등)	• 해시계, 진자시계, 모래시계, 물시계와 같이 다양한 시계를 제작해 보도록 안내한다. • 시계의 물리적 조건을 변화시킴에 따라 소요 시간 혹은 횟수가 어떻게 달라지는지 조건을 파악해 보도록 하는 것이 중요하다. 모래시계의 경우 병의 크기, 구멍의 크기나 모래(또는 쌀)의 크기와 양에 따라 시간을 조절할 수 있다. • 시계의 주기성 관점에서 정확한 시계를 선발하기 위한 기준에 대해 논의한다.	STEAM	과학적 사고력, 과학적 탐구능력, 과학적 의사소통 능력
시간이 담긴 예술, 문학, 영화 사진 및 영상 자료, 붙임쪽지, 스마트폰 (테블릿 PC)	• 각각의 일과의 중요도, 감정적, 주관적 기준으로 학생마다 느끼는 시간의 길이를 상대적인 단위로 나누어 표현하도록 유연한 분위기를 조성한다. • 예술, 문학, 영화 작품에 나타난 시간의 의미를 시작으로 음악에서는 음표를 이용한 시간의 표시, 미술에서 시간의 경과를 나타내는 방법, 체육에서의 시간 등 또한 이야기하며 시간을 삶의 다양한 분야에서 바라보도록 유도한다.	SA	과학적 의사소통 능력

☑ 평가 내용 및 방법

〈수행 관찰 평가 척도〉

평가 영역	평가 항목	평가 척도		
		상	중	하
창의적 설계	시계 설계	여러 가지 시계에 담긴 과학 원리를 이해하여 과학적이고 정밀한 방법으로 시계를 설계함	여러 가지 시계에 담긴 과학 원리를 이해하지 못하거나 과학적이고 정밀한 방법으로 시계를 설계하는 능력이 부족함	여러 가지 시계에 담긴 과학 원리를 명확히 이해하지 못하고 과학적이고 정밀한 방법으로 시계를 설계하지 못함
	도전 과제 해결	시간을 측정하는 도전 과제를 해결하기 위해 여러 가지 과학적이고 정밀한 방법으로 시계를 잘 만듦	시간을 측정하는 도전 과제를 해결하기 위해 여러 가지 과학적 방법으로 시계를 만드는 데 어려움이 있음	시간을 측정하는 도전 과제를 해결하기 위해 여러 가지 과학적 방법으로 시계를 만들지 못함
감성적 체험	집중과 끈기	과제에 대한 집중력이 좋으며 과제를 끈기 있게 해결함	과제에 대한 집중력은 있으나 끈기가 부족함	과제에 대한 집중력과 끈기가 부족함
	흥미와 참여도	새로운 내용을 배우고 싶어 하며 도전 과제 해결을 위해 적극적으로 참여함	새로운 내용에 대해 약간의 흥미가 있으며 도전 과제 해결 과정에 어려워하지만 참여함	새로운 내용에 대해 흥미가 거의 없으며 도전 과제 해결 과정에 거의 참여하지 않음
	창의성	문제를 해결하는 과정에서 유창성, 융통성, 독창성, 정교성이 두드러지게 나타남	문제를 해결하는 과정에서 유창성, 융통성, 독창성, 정교성이 가끔씩 나타남	문제를 해결하는 과정에서 유창성, 융통성, 독창성, 정교성이 거의 나타나지 않음

〈수행 관찰 평가 기록지〉

이름	평가 영역	창의적 설계		감성적 체험		
		DIY 시계 설계	생체주기 회전체 제작	집중과 끈기	흥미와 참여도	창의성

〈학생 자기/동료 평가 척도〉

평가 방법	평가 영역	평가기준	평가 척도		
			상	중	하
자기 평가	감성적 체험	즐거운 마음으로 적극적으로 활동에 참여하였는가? (흥미, 참여도)			
		모둠별 도전 과제 해결을 위해 스스로 기여했다고 생각하는가? (성취감, 보람)			

	창의적 설계	여러 가지 시계 속에 담긴 과학적 원리를 잘 이해하여 창의적으로 설계하였는가?			
		다양한 재료를 활용하여 여러 번의 시도를 통해 정밀한 시계 제작 탐구 활동을 수행하였는가?			
동료 평가	창의적 설계	모둠별로 역할 분담이 잘 되었으며 협동적으로 활동이 이루어졌는가?			

☑ 학습자용 수업 자료 예시-1차시

초등 5~6학년 1차시　　　　　　　　**지구의 시간**

이 활동을 하면	1) 세계 지역별로 시각이 서로 다름을 탐색하고 설명할 수 있다.
	2) 천문 현상(예: 태양의 운동)을 통해 시간 변화를 체험할 수 있다.
무엇이 필요할까	세계 지도, 지구본, 스마트폰(태블릿 pc)
어떻게 할까	

1. 시차, 경험해 보았나요?

□ 다른 나라로 여행을 다녀온 경험이나 매체를 통하여 우리나라와 다른 나라의 시간 차이를 느낀 경험이 있으면 말해 봅시다.

▶잉글랜드는 왜 새벽에 축구를 할까요?
▶외국에 사는 친구나 친척에게 연락을 할 때 서로 시각이 달랐던 경험이 있나요?

□ 시간 차이를 느낀 나라를 지구본에서 찾아 아래 지도에 표시하고, 우리나라와 비교해 보세요.

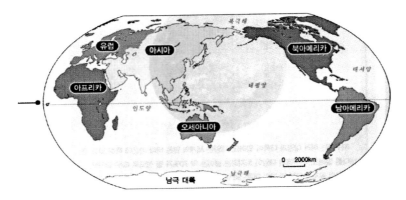

□ 지구본에서 위도, 경도, 날짜 변경선을 찾아보세요.

위도	가로선인 ( )을 이용하여 ( )(위도 0°)를 기준으로 북쪽은 북위, 남쪽은 남위라고 하고, 각각 90°로 나눈다.
경도	세로선인 ( )을 이용하여 ( )(경도 0°)을 기준으로 동쪽은 동경, 서쪽은 서경이라고 하고, 각각 180°로 나눈다.
날짜 변경선	날짜 변경선은 경도 0°인 ( )이 지나는 영국 그리니치 천문대의 180° 반대쪽인 태평양 한가운데(경도 180°)로 북극과 남극 사이 태평양 바다 위에 세로로 그은 가상의 선이다.

□ 세계 각 지역의 시각 차이를 시차라고 합니다. 서로 다른 지역에서 시차가 발생하는 이유는 무엇일까요?

[참고 자료] 세계의 시간을 정하는 기관은 어디일까요?

세계의 시간은 19세기부터 영국 그리니치 천문대를 기준으로 한 그리니치 표준시가 적용된다. 영국이 세계를 지배할 당시 정한 것을 지금까지 사용하고 있다. 유엔이 세워지고 나서 유엔 산하 기구인 국제전기통신연합(ITU)이 1972년 1월 1일부터 국제 표준시인 협정 세계시(UTC)를 만들었지만 아직도 그리니치 평균시를 더 널리 사용한다.

2. 지금 이 순간 지구상의 모습을 확인해 봅시다.

□ 스마트폰을 활용하여, 지금 세계 여러 나라의 시각을 알아봅시다.

나라 이름(도시 이름)	한국				
시간	오전 / 오후 ( )시				

□ 우리나라와 시각이 비슷한 도시와 시각이 매우 달라 밤낮이 다른 도시를 찾아봅시다.

시각이 비슷한 도시	
밤낮이 다른 도시	

□ 세계 지역별로 시각이 달라지는 이유는 무엇일까요?

3. 태양의 운동을 통한 시간 변화를 체험해 봅시다.

다음은 서울을 기준으로 계절별로 해가 뜨는 시각과 해가 지는 시각을 표로 정리한 것입니다. 표를 미루어 보았을 때, 각 계절의 오전 7시와 오후 7시의 모습은 어떻게 다를까요?

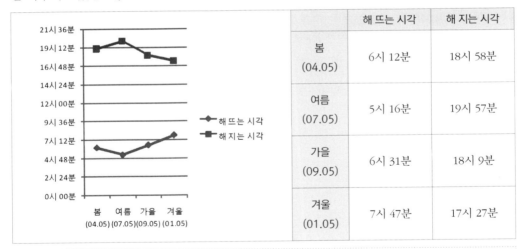

	해 뜨는 시각	해 지는 시각
봄 (04.05)	6시 12분	18시 58분
여름 (07.05)	5시 16분	19시 57분
가을 (09.05)	6시 31분	18시 9분
겨울 (01.05)	7시 47분	17시 27분

□ 지구에서 시간의 변화를 느낄 수 있는 다양한 현상을 찾아 적어 봅시다.

계절의 흐름에 따른 자연 환경의 변화

[선택 활동] Time lapse(타임랩스) 프로그램을 이용한 시간 변화 체험

□ 스마트폰 앱의 Time lapse(타임랩스) 프로그램을 통해 태양의 모습을 10분 동안 찍어봅시다.

▶움직임이 미세할 경우 촬영 시간을 길게 조정

□ 시간에 따라 태양은 어떻게 움직이나요? 간단히 적어 봅시다.

STEAM 교육 2: 수학 중심 융합교육

이 사례는 초등학교 1학년에 적용할 수 있는 STEAM 프로그램을 개발에 목적을 둔 수학 교과 중심의 STEAM 교육 프로그램 개발의 예(전미숙, 박문환, 2015)이다. 이는 STEAM 교육의 학문 간 연계 방식 중에서 김진수(2010)가 제시한 'P(준비)-D(개발)-I(실행)-E(평가)'를 기반으로 하고 있으며, 수학 교과를 중심으로 개발되었다. 과학적 언어라 할 수 있는 기초적인 수학과의 개념 및 원리를 이해한 후, 이러한 개념을 특정 생활 영역이나 상황 속에 응용하는 것을 목표로 하며, 특히 학생들에게 흥미를 불러일으킬 수 있는 실생활 소재를 도입함으로써 과학, 기술, 공학 및 예술적 사고를 통한 문제해결을 유도하고 있다.

> 친환경 미래도시를 설계하라!

☑ 주제 개요

- 2009 개정교육과정에 STEAM 요소를 가미한 융합수업모형을 적용한 STEAM 교육 프로그램
- 1학년 2학기 수학 3단원 '덧셈과 뺄셈' 수업에 대하여 STEAM적 요소를 융합하여 17차시로 재구성
- 수학 1학년 2학기 3단원은 '블록마을에 사용된 블록의 수'라는 상황을 통하여 덧셈과 뺄셈의 의미를 알고 계산 원리를 이해하여 문제를 해결
- 포괄적 핵심개념인 융합 주제로 '친환경 미래도시를 건설하라!'로 수업내용을 재구성

☑ STEAM 과목 요소

- S: 미래도시를 위한 조건을 관찰하고 분류하는 활동
- T: 교구를 사용하여 건축물 제작, 홍보물 제작 및 발표 기술 익히기 활동
- E: 튼튼하고 안전한 도시 계획 세우기 활동
- A: 아름다운 도시 구획 및 나만의 건축물 꾸미기 활동
- M: 블록을 이용한 계산 활동

☑ PDIE 모형에 따른 수학 중심 융합교육 프로그램 개발

단계		내용	비고
P(준비)	1	요구 분석	
	2	수학에 적합한 STEAM 모형 분석 및 탐색	
	3	학습 준거 설정	상황 제시, 창의적 설계, 감성적 체험
	4	수업 형태 선정	M–STRAM
D(개발)	5	단원 및 융합 주제 선정	3단원 '덧셈과 뺄셈'
	6	수업목표 선정	
	7	수업내용 선정	
	8	수업내용의 구조화 및 재구성	
	9	STEAM 내용 선정	'친환경 미래도시를 건설하라!'
I(실행)	10	STEAM 프로그램 수업 적용	
E(평가)	11	Feedback을 통한 프로그램의 개선	
	12	최종 프로그램 완성	

☑ 융합인재교육(STEAM) 활동 내용

• 1차시 수업인 〈Misson를 수행하라!〉는 과학과 예술, 수학이 융합된 수업이다. 즉, 우리 마을의 지리적 특성을 관찰하고 분류하고 측정하는 과학적 요소와 우리 마을을 그려 보는 예술적 요소, 마을별 건물 수를 세어 보는 수학적 요소가 가미되었다고 할 수 있다. 1차시 수업에서는 활동을 통한 학습주제와 학습목표의 인식을 유도하기 위해 기존의 교과서 내용이 재구성되었다. 학생들은 교사가 제시한 미션(Misson)을 듣고 생활 속에서 덧셈이 필요한 상황을 인식하도록 하고 있으며, 학생들이 실제 살고 있는 마을의 모습을 2개 모둠으로 나누어 그려 보도록 함으로써 단원에 대한 흥미와 동기를 부여하고자 시도하였다. 특히 학생들이 살고 있는 마을을 크게 2개 지역으로 나눠서 미래도시를 상상하도록 하였으며, 학생들의 통학거리가 각기 다르기 때문에 모둠을 희망하여 선정하였다.

- 2~6차시 수업인 〈미래도시를 구상하라!〉는 과학, 기술, 공학, 예술, 수학이 융합된 수업이다. 즉, 미래도시가 어떤 모습일지에 대해 구상하면서 '문제 인식, 가설 설정, 자료 해석, 결론 도출'의 과정을 거쳐야 하는 과학적 요소, '미래도시 그리기'의 예술적 요소, 공학적 요소를 활용한 자료 검색, 안정적인 블록 쌓기를 위한 기술적 요소, 블록 계산을 위한 수학적 요소가 가미되었다. 이 차시들은 블록놀이 수업으로 진행되며, 미래도시를 만들기 위해 세워야 하는 건축물의 종류를 알아보고, 블록을 가지고 직접 건축물을 쌓아 보는 활동을 통해 성공의 기쁨과 수 감각의 형성을 목표한다.
- 4~6차시에서는 블록 건물의 수를 구하기 위해 (몇십 몇)+(몇십 몇)의 계산 원리를 기초로 한 계산능력을 유도하며, 전체적으로 개념 중심의 통합적 접근을 시도한다. 특히 도시를 건설하기 위한 조건과 종류에 대해 생각할 때 이 단원에서 배우고자 하는 (몇십 몇)의 계산 형식을 직관적으로 이해할 수 있도록 하기 위해 블록의 색을 두세 가지로 한정하고 있다.
- 7~10차시 수업인 〈미래도시를 창조하라!〉는 과학, 기술, 공학, 예술, 수학이 융합된 수업이다. 미래도시의 문제점 도출 및 미래도시의 재구성을 위해서 '문제 인식, 가설 설정, 자료 해석, 결론 도출'의 과정을 거쳐야 하는 과학적 요소, '미래도시 그리기'의 예술적 요소, 환경 문제의 해결을 위해 공학적 요소를 활용한 자료 검색, 안정적인 블록 쌓기를 위한 기술적 요소, 블록계산을 위한 수학적 요소가 가미되었다. 7~10차시의 수업 중, 7차시에서는 급격한 성장이 때론 도시를 파괴하는 주범이 될 수 있음을 알고 무분별한 도시 계획을 수정하는 시간을 제공한다. 모둠별로 미래도시 지도에서 야기되는 문제점을 토론하여 친환경 미래도시 건설을 위해 필요한 점을 생각하고 실천하는 시간을 가져 보면서 뺄셈이 필요한 상황을 알게 하고 있다.
- 8~9차시 블록 수업에서는 개념 중심 통합요소를 바탕으로 받아내림이 없는 (몇십 몇)−(몇십 몇) 뺄셈계산 원리를 이해하고 능숙하게 계산할 수 있도록 유도하고 있다.
- 10차시는 수정된 미래도시 건물의 블록 수를 계산 원리에 따라 구하는 활동 중심 수업을 제시한다.
- 11~12차시 〈나만의 건축물을 세워라!〉에서는 미래에 새로운 직업이 생기고 또 사라질 것을 예측하면서 미래 직업을 예상해 보고, 직업과 관련된 건물의 수를 계산한다. 또한 도시의 부속 건물을 만들고 한 자릿수인 세 수의 덧셈과 뺄셈의 계산 원리를 바탕으로 건물의 수를 계산하는 과정을 전개한다.

- 13~15차시 수업인 〈나만의 건축물을 지켜라!〉는 과학, 기술, 공학, 예술, 수학이 융합된 수업이다. 즉, 새로운 기술이 산업을 발전시키고 시설 노후와 기술개발로 인해 건물을 철거하거나 보수하면서, 도시가 얼마나 새롭게 변신할지를 예상해 보는 수업이다. 이때 최첨단 기술을 가진 견고한 건물을 짓기 위한 조건을 찾는 활동이 이루어지며, 블록의 수를 구하기 위해 세 수의 가감산, 감가산의 계산 원리를 알고 계산한다.
- 15차시에서는 도시를 만들기 위해 사람, 땅, 건물, 도로 등이 유기적으로 형성되어 있어 미래도시 건설을 위해 그동안 만든 블록을 가지고 전체와 부분의 관계를 이해하고 덧셈식을 뺄셈식으로, 뺄셈식을 덧셈식으로 나타내는 활동을 한다.
- 16~17차시 수업인 〈미래도시로 초대하라!〉는 공학, 예술, 수학이 가미된 수업으로, 배운 내용을 중심으로 미래도시를 꾸미고, 최고의 도시를 선정하는 활동 중심 수업이다. 매 차시 활동한 결과물을 모아 산출물을 만들고 학생들 스스로 비교·평가를 통해 다양한 결과물에 대한 경험을 공유하는 데 목적이 있다.

융합주제	소 주제	차시	SREAM 요소	학습 활동
친환경 미래도시를 건설하라!	Mission을 수행하라!	1	S	지도에서 우리 마을 살펴보기
			A	우리 마을 그리기
			M	건물 세어 보기
	미래도시를 구상하라!	2~3	S, A	우리 마을 상상하기
			T, E	미래도시 꾸미기
		4~6	M	계산 원리 알기
			M	블록 계산하기
	미래도시를 창조하라!	7	S, E	미래도시의 문제점 인식
			T, A	미래도시의 재구성
		8~10	M	계산 원리 암기
			M	블록 계산하기
	나만의 건축물을 세워라!	11~12	A	미래 직업 살펴보기
			S	직업에 따른 건물 분류하기
			T, E	건물 짓기
			M	건물 세기

		13-14	T, E	튼튼한 건물 짓기
나만의 건축물을 지켜라!			M	블록 계산하기
		15	S, A	현재와 미래 비교하기
			M	블록계산하기
미래도시로 초대하라!		16-17	A, E	미래도시 초대하기
			M	평가하기

☑ 수학 중심 융합교육의 결과

수학 중심 융합교육 '친환경 미래도시를 설계하라!'를 현장 수업에 적용한 후 나타난 결과는 다음과 같다.

- 첫째, t-검정을 통해 학생들의 학습동기에 미치는 영향을 분석한 결과, 학습동기의 유의확률이 0.001로, 유의수준 0.05보다 작아 유의미한 결과를 얻었다. 이는 개발된 STEAM 프로그램이 학생의 재미와 흥미를 유발하는 데 긍정적인 영향을 미치고 있음을 보여 주는 것이다.
- 둘째, 창의적 인성에 대해 t-검정을 실시한 결과, 하위 영역을 포함한 전체 유의확률이 0.000으로 모든 영역에서 유의하다고 할 수 있다. STEAM 교육은 융합적 소양을 갖춘 인재교육 양성에 효과가 있음을 보여 주는 것이며, 저학년 학생들에게도 창의적 인성을 제공할 수 있는 프로그램 개발이 가능하다는 것을 보여 주는 유의미한 수업 결과물이라 할 수 있다.

또한 통계자료 외에도 수업 중의 학생들에게서 다음과 같은 의미 있는 반응이 관찰되었다.

- 1~3차시에서는 인터넷 지도에서 우리 마을을 살펴보면서 수업에 집중하였고, 마을의 건물 수를 세면서 덧셈이 필요한 상황을 인식하였으며, 아이디어를 공유하고 미래도시를 상상하며 블록 건물을 만들었다.
- 4~6차시에서는 직접 만든 블록 건물을 세면서 수업에 몰입하였다. 또한 받아올림이 있는 덧셈식은 십 단위모형과 일 단위모형을 이용하였다. 계산 원리를 이해한 아이들은 능숙하게 계산을 하였고, 서로 답을 확인하면서 수업에 대한 호기심과 책임감을 가질 수 있었다.
- 7~10차시에서는 살기 좋은 친환경 미래도시를 위한 문제해결을 위해 어느 쪽에도 치우지지 않는 공정하고 비판적인 사고를 갖게 되었으며, 블록 건물의 수와 층수를 줄이

는 뺄셈이 필요한 상황을 인식하고, 세로형식 뺄셈을 배우면서 덧셈보다 수업에 대한 만족도가 높았다.

- 11~15차시는 과거, 현재, 미래의 직업 탐색을 통해 확산적 사고로 미래 직업을 설계하고 창의적으로 건축물을 제작하면서 세 수의 덧셈과 뺄셈을 계산하였다.
- 16~17차시는 친환경 미래도시를 선정하면서 모둠별 발표에 좋은 아이디어에 대해 칭찬하고 보완할 사항에 대해서는 조언을 하면서 서로 배우는 시간이 되었다. 특히 아이들의 반응은 즉각적으로 피드백되었고 새로운 아이디어를 만들어 주었으며 수학적 의사소통능력이 향상되었다.

음악 중심 융합교육-교육부 지정 예술선도학교

이 사례는 2013년 교육부 지정 예술교육선도학교(이하 예술교육선도학교)의 사례이다. 분석 대상으로 제시한 유형별 사례는 예술교육선도학교(양종모, 2013b)에서 시행한 우수 사례들을 발췌한 것이다. 예술교육선도학교가 제시하는 융합 유형의 종류 및 방법은 다음과 같이 크게 세 가지 유형으로 구분된다.

---

1) 창체 활동이란 창의적 체험 활동의 줄임말로 현장에서 흔히 사용하는 용어임

☑ 첫 번째 유형인 '교과 내 수업형'은 중심교과(음악)와 관계하는 타 교과를 연계한 비교적 간단한 융합의 유형이다. 이 연구에서 목표하는 음악 중심으로 이루어지는 교과 내 수업형의 예(양종모, 2013b)는 다음과 같다.

• 부산 ○○초등학교에서 6학년을 대상으로 실시한 이 프로그램은 학습자가 사전 학습한 실과와 미술교과의 내용을 배경으로 '생활 자원과 환경의 관계를 생각하며 온천천 보호를 위한 노래 만들기'를 목표하고 있다.

제목		쓰임새에 어울리는 음악 찾아보기	
단원명		1. 나가자! 달리자! (음악 6, 금성)	
교육과정내용		활동: 친숙한 악곡의 일부를 변형하여 즉흥 표현하기 생활화: 개인 생활 속에서 음악 활용하기	
대상		초등 6학년	교육시수 1차시
학습목표		생활 자원과 환경의 관계를 생각하며 온천천 보호를 위한 노래를 만들 수 있다.	
창의성 목표		가사 바꾸기와 리듬반주 만들기 활동을 통하여 아이디어를 창의적으로 생산하고 정교화할 수 있다.	
인성목표		음악과 자연이 주는 어울림을 느끼고 적극적인 환경보호 실천의지를 다질 수 있다.	
교과 기반 지식	교과	교육과정 내용	교과서 단원
	실과	생활 자원과 환경과의 관계 이해하기	4. 생활 자원과 소비
	미술	쓸모와 아름다움을 고려하여 생활용품 만들기	5. 손으로 만드는 즐거움
관련 요소	창의성	민감성, 유창성, 독창성, 정교성	
	인성	배려, 협동, 책임감, 자신감	
주요 활동 및 방법		• 온천천의 생활 자원과 환경의 관계 탐색하기 • 온천천 보호를 주제로 하는 노래 만들기 • 재활용 악기 리듬 반주에 맞추어 온천천 Song 연주 및 감상하기	
평가 계획	융합 요소	생활 자원과 환경의 관계를 생각하며, 온천천 환경보호를 주제로 하는 노래를 만들 수 있는가?	
	창의 인성 요소	주제에 어울리는 가사를 창의적으로 표현하고, 이를 통하여 환경보호를 위한 적극적 실천의지를 가질 수 있는가?	

- 따라서 리듬반주와 가사 바꾸기, 가창 및 감상 등 음악교과 고유의 활동을 중심으로 구성되었으며, 이러한 활동에 도움을 주기 위한 교과기반 지식으로 실과와 미술의 내용이 활용되었다. 결과적으로는 중심교과 교육과정이 표방하는 음악적 목표 아래, 사전 학습의 경험과 음악적 요소라는 통합적 환경을 구성함으로써 새로운 결과물인 온천천 노래를 만드는 융합의 과정을 그려 내고 있다.
- 특이사항으로는 융합적 결과물의 도출을 위해 단지 음악적 관점의 학습목표만이 아니라 창의성 목표와 인성목표를 함께 제시함으로써 보다 복합적인 사고의 이해와 결과의 도출을 추구하고 있다.
- 이렇듯 '교과 내 수업형'은 중심교과 교육과정의 바탕 위에 타 교과 요소와의 내용적 연계를 고려하기 때문에 목표 설정 및 수업내용의 난이도, 학습 수준의 조절 그리고 수업시간 편성 등에 있어 용이하다는 장점이 있다.
- 그러나 수업의 준비 및 실행이 중심교과를 담당하는 교사 1인에 의해 이루어지고, 또한 특정 교과를 중심으로 학습목표 및 평가내용이 설정되기 때문에, 학습자의 학습내용 중복 경험의 우려가 있으며, 비교적 약한 단계의 융합이 발생하고, 전공 교과 이외 영역에 대한 전문성 결여로 인해 부실 학습 설계 및 실행의 문제가 야기될 수 있다.

> 교과 연계 수업형: 그리움

☑ 두 번째 유형인 '교과 연계 수업형'은 특정 주제를 중심으로 중심교과를 비롯한 관계하는 여러 교과를 수평적으로 연계한 유형으로 교육과정의 재구성이 요구되는 경우이다. 교과 연계 수업형의 예는 다음과 같다.
- 경북 ○○초등학교 5학년을 대상으로 실시된 이 프로그램은 음악 및 사회교과 담당 교사 2인에 의해 진행되었으며, 도덕과 국어교과를 포함한 4개 교과 간의 연계를 주요 배경으로 하고 있다. 형태적으로는 단원명이나 제재명 대신 4개의 상이한 교과를 연계하는 주제어 '그리움'을 제시하고 있으며, 수업 차시 또한 복수 차시를 사용함으로써 상이한 교과 간 상호교차적 접근이 시도되고 있음을 알 수 있다.
- 내용적으로는, ① 스와니강을 제재로 한 음악수업 속에서 그리움에 대한 시와 음악의 분위기를 경험하게 하고, ② 경제개발을 주제로 한 사회수업에서의 다양한 역사적 에피소드(재외동포의 삶)를 통해 이전 음악시간에 경험한 스와니강과의 내용적 연계를

의도하고 있으며, ③ 다시 음악시간을 통해 앞에서의 경험을 음악적으로 표현하게 하는 음악 중심적 구성을 보여 준다.

- 학습목표는 매 차시 진행되는 각 교과의 목표 제시를 통해 독립적이고 수평적인 구성 형태를 띠고 있으나 전체적인 틀에서는 음악 중심의 음악적 목표, 즉 각 교과별 경험을 통한 음악적인 관점에서 융합적 결과물을 유도하고 있다.

- 교과 연계 수업형은 특정 주제를 중심으로 연계한 교과 간 재구성의 과정에서 다양한 교과가 하나의 주제 아래 각각의 의미와 역할을 담당하기 때문에(한국과학창의재단, 2011), 비교적 모든 교과가 독립된 색깔과 모양을 유지할 수 있고 더불어 이 연구에서 강조하는 '학습자의 융합 주체로서의 역할'이 충분히 담보될 수 있는 유형이라 할 수 있다.

제목		그리움	
대상	초등 5학년	교육시수	3차시
학습목표	• 가사를 읽고 가사에 담긴 작사가의 의도를 파악할 수 있다. • 가사의 내용을 생각하며 곡의 분위기를 살려 노래 부를 수 있다. • 음악적 정서를 함양하고 음악의 아름다움을 경험할 수 있다.		
교과 연계	교과	교육과정 내용	교과서 단원
	음악	활동) 악곡의 특징 살려 표현하기	5. 세계 속으로
	사회	역사) 경제발전을 위한 국민들의 노력에 대해 알아보기	3. 대한민국의 발전과 오늘의 우리
	도덕	나라, 민족, 지구공동체의 관계) 재외동포의 삶 알아보기	10. 우리는 자랑스러운 한인
	국어	문학) 시를 읽으며 느껴지는 분위기에 대하여 알아보기	1. 감동이 머무는 곳
관련 요소	창의성	개방성, 감수성, 호기심 / 흥미	
	인성	배려, 소유	

차시별 학습계획				
차시	과목	관련교과	주제	주요 활동 및 방법
1	음악	국어	곡의 분위기를 살려 노래 부르기	• 노랫말을 보고 제재곡의 느낌에 대해 이야기하기 • 제재곡의 분위기를 살려 노래 부르기
2	사회	음악 도덕	경제 발전을 위한 국민들의 노력 알아보기	• 1970년대 경제개발 과정에서 국외에서 노력한 사람들의 삶 이해하기
3	음악	도덕	가사의 뜻을 살려 노래부르기	• 제재곡 가사 내용 이해하기 • 다른 가사로 개사하여 부르기

- 그러나 충분한 융합적 상황을 제공하기 위해서는 상이한 교과 담당교사 간의 충분한 연구와 협력이 전제되어야 하며, 특정 주제하에서의 내용적 재구성을 위해서는 현실적으로 많은 시간과 노력이 소요되는 어려움이 있다. 또한 학습자가 도출한 학습결과에 대해 존중하고 인정하는 교사의 '수용적 자세'는 간과할 수 없는 매우 중요한 조건의 하나이다.

창의적 체험 활동 방과후학교 활용형: TED 영상을 활용한 음악감상 및 내용

☑ 세 번째 유형인 '창의적 체험 활동 방과후학교 활용형' '교육과정 재구성형'은 주제 중심으로 별도의 프로그램을 개발·운영하는 경우이다.

- '창의적 체험 활동 방과후학교 활용형'은 현재 입시 위주로 이루어지고 있는 중·고교 수업 속에서 진행하기 어려운 교과 내 또는 교과 연계 수업형 대신 교과 외 활동 시간을 이용한다는 장점을 갖고 있으며, 특히 교과서 위주의 교육과정으로부터 자유롭게 학습자가 원하는 다양한 관심 영역에서의 융합적 연계 학습이 가능하다.
- 그러나 창체 활동이 교사가 아닌 방과후학교 담당 강사에 의해 운영되는 경우가 많고, 대부분의 창체 활동 강사의 경우 교육과정에 대한 이해가 부족하기 때문에 이 유형이 현장에 적용되는 경우는 흔치 않아 보인다.

이러한 이유에서 예술교육선도학교가 정의하는 교육과정 재구성 유형을 소개하고자 한다. 기본적인 틀과 개념은 창체 활용형과 동일하나, 운영하는 주체에 있어 차이가 있다. 다음은 교육과정 재구성형의 예이다.

제목	TED 영상을 활용한 음악 감상 및 활용		
대상	중학교 1학년	교육시수	5차시
교육목표	• TED 영상을 감상하며 명사가 얘기하는 음악감상 방법을 삶과 연결하여 활용할 수 있다. • 쇼팽 프렐류드를 분석하고, 2부분 형식에 맞는 스토리를 창작할 수 있다. 창작된 스토리의 제목을 고사성어로 짓고, 각 장면에 어울리는 한자를 선정할 수 있다. • 스토리에 맞게 만화를 그리고, 유튜브 편집기를 이용하여 슬라이드 쇼를 만들 수 있다.		
교과 연계	음악	악곡 분석(마침꼴, 형식, 가락의 진행)	
	국어	스토리 창작	
	미술	만화 그리기	
	한자	한자 및 고사성어	
	기술가정	유튜브 슬라이드쇼 제작	
관련 요소	창의성	이야기를 영상화하고, 장면에 어울리는 한자를 찾는 과정에서 개성과 창의성을 발휘한다.	
	인성	경험을 나누는 과정에서 경청의 필요성을 느끼고 몸에 익힌다. 경험을 소중히 하는 태도를 함양한다.	

차시별 학습계획				
차시	과목	관련교과	주제	주요 활동 및 방법
1	음악	음악	벤자민 젠더 (Benjamin Zander) & 쇼팽	• 벤자민 젠더 '음악과 열정에 대하여' TED 영상 감상하기 • 감상 활동지 기록하기 • 쇼팽에 대해 조사하기 • 프렐류드에 대해 조사하기
2		음악	쇼팽 프렐류드 (Chopin Prelude)	• 마침꼴, 프레이즈, 전체 구성 확인하기 • 악보를 보며 마침꼴에 의해 분위기 전환이 이뤄지는 부분 찾기
3		음악/ 국어	스토리 창작 스토리보드 만들기	• 스토리 창작을 위한 경험 나누기 • 삶을 돌아보며 이 곡과 어울리는 경험(스토리)을 찾아내어 글 짓기 • 모둠별 스토리보드 작성

〈계속〉

차시별 학습계획				
차시	과목	관련교과	주제	주요 활동 및 방법
4		음악/미술/ 한자	만화 그리기 이야기 만들기	• 2부분 형식에 맞춰 만화 그리기 • 이야기(장면)에 어울리는 고사성어 찾기
5		음악/ 기술가정/ 국어	슬라이드 쇼 제작 발표 및 평가	• 유튜브 편집기를 활용하여 슬라이드쇼 제작 • 발표회 개최 • 소감문 작성 및 평가 활동

- 예술 중심 융합교육에 있어서 교육과정 재구성형은 음악이나 미술교과 활동을 생활화하여 적용하는 과정에 학생들이 주체적으로 활동하는 수업을 말하며, 음악이나 미술교육과정에는 제시되어 있으나 융합을 위한 관련 내용이 동 학년의 타 교과 교육과정에는 제시되어 있지 않기 때문에 타 교과내용을 새롭게 구성하여 운영하는 융합수업을 뜻한다(양종모, 2013c).

- 전남 ○○중학교 1학년을 대상으로 실시된 이 프로그램은 중심교과인 5차시의 음악 수업 속에서 연계할 수 있는 타 교과의 내용을 음악수업 주제 및 목표와의 상관성하에 재구성되었으며, 연계되는 타 교과의 경우 교육과정상 제시되지 않은 내용을 다루기 때문에 수업계획안의 형식이 교과 연계 수업형과는 다른 차이를 보이고 있다.

- 다시 말하면, 학습자 중심의 주제와 내용, 즉 연계하는 다양한 교과 교육과정 밖의 자유로운 내용을 제공하기 때문에 학습자의 동기부여 및 자발적인 활동의 유도가 용이하고, 그 결과물 또한 보다 융합적이라고 할 수 있다. 이때 교사는 단지 학습자의 자유로운 활동을 지원하는 역할만을 한다. 이와 같은 이유에서 내용적으로는 학습자 생활과 밀접한 주제를 선정하고 있으며, 궁극적으로는 실제적인 생활화의 결과물을 목표한다.

사례 분석의 결과 및 시사점

STEAM 교육 1, 2 및 예술선도학교의 사례는 특정한 목적 및 주제 아래, 다양한 교과 간, 또는 STEAM 영역 간의 통합적 환경을 통해 학습자의 주체적인 사고와 활동의 결과물을 목표하는 공통점을 갖고 있다. 각 프로그램을 개발한 연구자 간 표현 방식에는 차이가 있으나 이를 종합해 보면 이미 앞에서 언급하고 제시한 융합의 유형들이 발견된다. 따라서 사례 분석 결과 또한 다음과 같은 융합의 유형에 따라, 그리고 유형에 따른 여러 사례를 살펴본 예술선도학교의 사례를 중심으로 유형별 장단점과 가능성 및 한계점을 구분·제시하고자 한다.

구분	교과 내 수업형	교과 연계 수업형	교육과정 재구성형
개념	주 교과와 관계하는 타 교과를 연계한 비교적 간단한 융합의 형태	특정 주제 아래 주 교과를 비롯한 관계하는 여러 교과를 연계한 형태	별도의 교육과정을 주제 중심으로 개발·운영하는 형태
목표 및 내용	음악과 교육과정 내에서 목표 및 내용 선정	주 교과 및 타 교과 교육과정에서 연계 가능한 목표 및 내용 선정	음악의 생활화를 목표하여 교육과정 외의 다양한 내용들을 재구성
지도 주체	음악교사	각 교과별 지도교사	교사는 학습자의 활동을 지원하는 역할
특징	주 교과 외부의 비교과적 사전경험을 활용한 주 교과의 경험과 이해 추구	수평적 통합 환경 속에서 학습자가 주체가 되는 융합의 결과물 목표	학습자에게 적합한 음악의 생활화 과정을 제공하고 학습자의 주체적인 활동과 결과물을 목표

이처럼 전반적인 내용과 특징들을 살펴볼 때 앞에 제시된 융합의 유형과 사례들은 '교과 내 수업형'에서 '교과 연계 수업형' 그리고 '교육과정 재구성형'으로 발전하는 일종의 위계성을 보이고 있다. 물론 이러한 위계성은 융합 환경을 구성하는 데 있어 구성의 용이성을 제공하고 학습 및 발달 수준에 따른 융합의 단계적 접근을 위해 필수적인 요소이다. 그러나 실제 적용에 있어서는 유형에 따른 내용 구분이 쉽지 않아 보인다. 구성과 형식 면에서 분명한 차이를 보이는 세 가지 융합 유형은 다음과 같은 내용 및 과정적 문제점을 안고 있다.

- 첫 번째 유형인 '교과 내 수업형'의 경우, 수업의 준비 및 실행이 주 교과를 담당하는 교사 1인에 의해 특정 교과를 중심으로 학습목표 및 평가내용이 설정되기 때문에, 앞에서 언급한 바와 같이 학습자의 학습내용 중복경험의 우려가 있으며, 전공 교과 이외의 영역에 대한 전문성 결여로 인해 부실한 학습 설계 및 실행의 문제가 야기될 수 있다. 또

한 주 교과 교육과정 내에서 선정한 목표와 내용을 학습자에게 익숙하고 긍정적인 선행학습내용으로 연계시키는 수업의 방법은 이미 인지발달이론에 근거하여 실시되고 있는 전통적인 통합적 수업모델과 비교할 때 큰 차이가 없어 보인다. 뿐만 아니라 특정한 목표와 목표행동이 제시되는 '교과 내 수업형' 융합 유형은 학습자가 주체가 되어 도출하는 학습목표와 차이가 있는 융합의 결과물의 경우 평가절하될 여지 또한 존재한다.

- 두 번째 유형인 '교과 연계 수업형'은 궁극적 목표를 주 교과의 교육과정에서 선정하고 있으나, 반면 다양한 교과를 각 담당교사에게 지도하게 함으로써 학습자의 융합주체적 성격을 담보하는 데 매우 효과적인 융합의 유형이다. 그러나 이러한 수업이 준비되기 위해서는 먼저 여러 교과 담당교사 간의 이해와 협력이 요구된다. 특히 다양한 교과 중 어느 교과가 주 교과의 역할을 수행할지에 대한 문제부터 통합 환경 구성을 위한 재구성의 노력 등 개인 및 학교 차원의 많은 투자와 노력이 전제되어야 한다.

- 세 번째 유형인 '교육과정 재구성형'은 주제 중심으로 별도의 프로그램을 개발·운영하는 경우로서, 창체 활동과 같은 교과 외 시간을 이용하여 학습자가 원하는 다양한 영역에서의 비교적 자유로운 융합적 경험이 가능하다는 특징을 갖고 있다. 그러나 대부분 교과 교사가 아닌 방과후학교 담당 강사에 의해 운영되고 있고, 예체능 교과의 경우 단지 실기능력 향상 등의 목적과 내용으로 이루어지는 경우가 많으며, 또한 많은 창체 활동 강사가 교육과정에 대한 배경이 부족하고 교과 교사와의 협력이 원활하지 않기 때문에, 학습자에게 적합한 목표내용의 생활화 과정을 제공하고 학습자의 주체적인 활동과 결과물을 담보하고자 하는 이 유형의 적용은 많은 구조적 제한점이 있다.

이와 같은 내용으로 볼 때, 지금까지 분석한 내용을 토대로 한 융합교육의 가능성과 제한점은 다음과 같다.

구분	가능성	제한점
교과 내 수업형	• 목표 및 내용 설정, 수준 및 난이도 조절, 수업시간 편성 등 용이 • 효율적 접근성	• 학습내용 중복의 가능성 • 전문성 결여로 인한 부실한 교수–학습 설계 및 실행의 문제 • 낮은 수준의 융합
교과 연계 수업형	• 교과별 독립성 유지 • 학습자의 융합 주체로서의 역할 담보	• 교과 담당교사 간 협력의 어려움 • 학교 및 개인 차원의 헌신적 노력 전제 • 융합 및 융합결과물에 대한 교사의 이해
교육 과정 재구성형	• 교과 외 시간을 활용한 자유로운 융합 환경 • 학습자 중심의 융합교육 환경	• 교과 교사와 창체 활동 강사 간의 협력 전제 • 창체 활동 교사의 교과과정 및 융합에 대한 이해 • 교사, 학습자, 부모의 적극적 이해와 참여

한걸음더 !

융합적 사고의 결과물이란 '나' 자신의 주체적 사고를 통한 행위의 결과물을 말한다. 이때 이러한 과정을 이끌어 내고 유지하는 데 절대적으로 필요한 것이 내 행동에 대한 근거, 즉 '신념'이라 할 수 있다. 신념은 지속적으로 이루어지는 특정 대상과 현상 그리고 이러한 대상과의 미래를 기대하는 긍정적 경험의 연속적 관계 속에서 형성된다. 우리의 신념을 작은 실천을 통해 강화시켜 보자.

(1) 나의 기대 목표 설정하기: 목표는 어렵지 않고 충분히 실현 가능하지만, 꾸준히 신경 쓰고 노력할 필요가 있는 것이어야 한다.

  예: 매일 강아지 밥 주기와 화장실 패드 갈아 주기

  아침 6시 기상해서 30분 이상 동네 걷기

  목표한 책 하루 분량 정해서 읽기

(2) 기간 설정하기: 본인의 의지력을 고려하여 성공 가능한 일정을 설정한다. 긍정적 경험을 얻기 위해서는 무리하지 않으나 성취감을 얻을 수 있는 수준이어야 한다.

(3) 하루하루 설정한 목표행동 체크하기: 하루하루 목표행동의 유무만을 다음과 같은 표에 체크한다. 이때 행동여부를 본인의 사인이나 도장 등을 이용하여 표시한다.

---

* 목   표: 6시 기상 후 30분 운동하기
* 기   간: ○○○○년 ○월 ○일 ~ ○월 ○일 (2주)
* 하루목표: 동네 한 바퀴 돌기

Sun	Mon	Tue	Wed	Thu	Fri	Sat
				1	2	3
4 입춘 →시작 확인	5 확인	6 확인	7	8 확인	9	10
11	12	13	14	15	16 설날	17 ←끝

제11장

음악 중심 융합교육을 위한 교수학습 모델

음악 중심 융합교육이란
오늘날 활발하게 진행되고 있는 과학 중심의 융합교육,
즉 STEAM 교육에 비교할 수 있는 개념으로,
음악교과가 중심이 되어 융합을 유도하는 교육이라고 정의할 수 있다.
과학적 영역이 중심이 되어 '과학적 방법'을 사용하는 STEAM 교육과 달
리 '음악적 방법'을 활용한 음악 중심의 융합을 지향한다.

그러나 아직 이러한 '음악적 방법'에 대한 연구는 초기 단계에 있으며,
보다 많은 이론적 연구와 함께 현장에서의 실제적인 경험 데이터가
요구되는 상황이다.

이에 이 장에서는 '음악적 방법'에 의한 융합을 유도할 수 있는
학교현장에서의 교수학습 모델과 이에 대한 이론적 근거를
제공하고자 한다.

1 음악 중심 융합교육의 필요성

학교음악교육의 위상은 음악교육자들의 소명어린 '신념'에 의해 결정된다.

> 음악 중심 융합교육의 필요성과 당위성은 크게 두 가지 관점에서 정리할 수 있다. 첫 번째 관점은 문제적 상황에 대한 관점으로, 음악 중심 융합교육을 위한 기초연구가 부족한 현 상황과 이로 인한 현장의 인식 및 전문성 부족에 대한 문제이고, 두 번째 관점은 앞으로 나아갈 방향의 차원에서 고려해야 하는 음악이 가진 융합적 성격에 대한 고찰이다.

☑ 먼저 음악 중심 융합교육 관련 연구의 현황과 문제점에 대한 내용은 다음과 같다.

- 현재까지 발표된 음악 영역에서의 융합 관련 연구는 지난 4~5년간 양적으로 비교적 많은 성장을 이루어 왔다. 2012년 예술 중심 융합교육 프로그램을 다룬 권수미와 채현경 · 최유미의 연구를 시작으로 '음악 중심 융합교육의 방법'을 모색한 양종모(2013), 조대현(2013, 2014a, 2015a, 2015b), 양종모와 남지영(2014), 김미수(2015) 등의 연구와 '음악교육의 융합적 접근'을 위한 김경화와 장기범(2015)의 개념 연구가 있으며, 석문주, 최미영, 정다은, 정지혜(2013), 양소영(2015) 등의 초등학생을 대상으로 한 음악 중심 융합 프로그램 개발 연구와 오지향, 정재은, 강선영, 하명진(2014)이 실시한 중등에서의 융합인재교육의 적용 및 사례 연구가 대표적이라 할 수 있다. 이 외에도 함희주(2014), 조대현(2015c)은 음악교과에서의 융합을 다룬 외국의 사례를 비교하였으며, 한윤이(2014)는 우리 문화예술 중심의 통합교육과정에 대하여, 그리고 강인애와 김미수(음악과 미학, 2014), 양은주와 강민선(음악과 과학, 2015), 이상아와 김창원(문학과 음악, 2016) 등은 음악 외의 타 교과 또는 타 영역과의 융합을 주제로 한 연구를 수행하였다.
- 이러한 연구에도 불구하고 앞에서 언급한 '음악적 방법'에 의한 융합의 노력은 '과학적 방법'에 의한 그것과 비교할 때 이론적으로나 현장경험적으로 매우 부족한 상황이다.
- 조대현(2013b)은 과학적 방법과 음악적 방법에 따른 융합교육 환경 간의 차이를, 첫째, 음악 중심 융합 및 융합교육에 대한 학문적 관심 및 배경연구의 부재, 둘째, 음악 중심 융합 및 융합교육에 대한 '사회적 이해의 부족'과 이로 인한 '효율적인 정책의 부재', 셋째, 현장교사의 융합교육과 관련한 '전문성의 부족'을 통해 설명하고 있다. 즉, 학교현장에서의 음악 중심 융합교육은 이를 위한 충분하고도 다양한 이론적 근거의 확립과 현장에서의 적극적인 도입 그리고 시행착오 속에서 이루어지는 끊임없는 수정과 보

완의 노력을 통해 가능하다고 할 수 있다.

☑ 음악 중심 융합교육의 필요성을 설명하는 또 다른 관점은 음악이 갖고 있는 융합적 성격, 즉 '암묵지로서의 음악'과 '기준 학문으로서의 음악'에 있다.

- 저자는 2013년 발표한 논문을 통해 융합에 대한 학자들의 다양한 정의를 비교하며 무엇보다 '화학적 작용'에 대해 의문을 제시하였다. 융합의 과정을 통해 도출된 물리적 결과물의 화학적 작용은 통합이라는 개념과 비교할 때 필연적인 과정이라고 할 수 있으나, 융합적 사고라는 인간의 인지과정에서 일어나는 다양한 사고의 조합, 다시 말해 인간 사고의 과정에서 발생하는 통합과 융합의 차이를 단지 화학적 작용이라는 단어로 정리하기에는 무리가 있기 때문이다.

- 이 질문에 대한 해답은 피아제(Piaget, 1896~1980)의 인지발달이론, 특히 학령기 이전과 이후로 구분되는 전조작기와 조작기의 관계 속에서 찾을 수 있다. 이때 이 장에서 강조하고자 하는 음악의 융합적 성격인 '암묵지로서의 음악', 즉 학습자에게 익숙한 '기준 학문으로서의 음악'이 제시된다. 다음은 그 주요 내용을 인용한 것이다.

> 피아제(1975)는 감각운동기(sensori-motor stage)를 포함한 전조작기의 아동들에게 자신의 몸을 이용한 직접적인 경험이 가능한 한 다양한 영역에서 자연스럽게 형성(암묵지: tacit knowledge, 방법적 지식: procedural knowledge/know how)되어야 한다고 주장한다. 왜냐하면, 이때 형성된 경험은 학령기 이후 조작기 단계에서 학습하는 추상적인 개념과 사회적 약속들(형식지: explicit knowledge, 명제적 지식: propositional knowledge/know that)을 이해하는 데 있어 매우 중요한 기초자료의 역할을 하기 때문이다. 따라서 우리가 학습하여 이해하고 있는 다양한 지식의 근간은 전조작기에 형성된 몸을 이용한 직접적인 경험 속에 있다고 단언할 수 있다. 즉, 우리 주변의 다양한 현상을 암묵지화(化)하였을 때, 이에 대한 추상적 이해, 즉 의미 있는 형식지의 형성 또한 가능하다는 것이며, 이는 사회적으로 약속하고 규정한 과학, 기술, 공학 및 수학적 이해를 가능하게 하는 기초적인 무엇, 예를 들어 '몸을 이용한 직접적인 경험을 이끌어 낼 수 있는 무엇인가'가 전제되어야 함을 의미한다. 저자는 이를 '음악적 환경'이라고 생각한다. 이에 대한 논증은 이미 발표된 다양한 선행연구 및 연구사례(Melson & McCall, 1970; Condon & Sander, 1974; Kinney & Kagan, 1976; Haith & Campos, 1977; Trehub & Chang, 1977; Kessen, Levine & Wendrich, 1979; Papoušek & Papoušek, 1981; Keller & Meyer, 1982; Demany & Armand, 1984; Davidson, 1985; Lopez, 1991; Trainor & Trehub, 1992; Fassbender, 1993; Gembris, 2002; Cho, 2007)을 통해 충분하다고 판단된다(조대현, 2013a, p. 277).

통합 혹은 융합적 사고를 하는 데 있어서 우리는 이를 이해할 수 있는 우리에게 익숙하고 자연스러운 기준을 가져야 한다. …… (중략) …… 이를 '개별적 기본경험(Gruhn, 2008; an Experience: Dewey, 1938; individuelle Grunderfahrung: Elschenbroich, 2001)'이라 정의하고 있다. 개별적 기본경험은 새로운 대상이나 현상과 직면했을 때 이를 '~한 것'으로 이해하게 하는 매우 중요한 사고의 기준이 된다(조대현, 2013b, p. 279).

피아제(1975)는 인간의 인지구조를 언급하며, 크게 '동화(Assimilation)'와 '조절(Accommodation)'로 구분하였다. 이러한 구분을 융합의 과정에 적용해 보면, 암묵지로서의 음악적 경험이 자연스러운 동화의 과정을 거쳐 우리의 개별적 기본경험으로 형성되고, 우리는 이를 다양한 사회적, 환경적 자극과 개인의 요구 및 필요 등에 의해 기습득한 동화의 결과물에 나만의 고유한 의미(Verkörperung: Plesner, 1970: Richter, 1987에서 재인용; formale Repräsentation: Bamberger, 1991; Audiation: Gordon, 1997)를 부여하는 조절의 단계에 이르는 것이다. 즉, 창의적인 나만의 융합 결과물은 내가 어떠한 암묵지를 갖고 있는가에 따라 결정(pattern-matching, self-talk, self-object)된다(조대현, 2013b).

☑ 이 인용문은 모두 듀이(an Experience: Dewey, 1938), 엘쉔브로이히(individuelle Grunderfahrung: Elschenbroich, 2001), 그룬(individuelle Grunderfahrung: Gruhn, 2008) 등이 언급한 '개별적 기본경험'의 중요성을 강조함으로써 음악이 갖는 암묵지로서의 성격과 함께 음악의 기준 학문으로서의 역할을 설명하고 있다.

☑ 개별적 기본경험이란 앞에서 언급한 것처럼 개개인이 갖는 자신만의 사고의 기준이라고 할 수 있는데, 통합교육과정에 근거한 융합인재교육(STEAM)의 문제점과 개선 방향을 연구한 임유나(2012)는 융합의 기준이 되는 영역이나 학문에 대한 이해가 선행되지 않아 발생하는 개별적 기본경험의 부재를 현행 우리나라 융합교육의 가장 큰 문제점으로 들었다. 즉, 통합이나 융합을 위한 준거가 될 수 있는 각 교과의 핵심 내용이나 아이디어, 또는 기능에 대한 분석 및 추출이 없음을 지적한 것이다.

개별적 기본경험 ➡ 암묵지로서의 음악 ➡ 기준 학문으로서의 음악

☑ 이러한 이유에서 기준 학문으로서의 음악 그리고 모든 학습자에게 자연스러운 암묵지로서의 음악이 중심이 되어 이루어지는 융합교육은, 첫째, 자연스러운 음악적 환경에서 형성된 암묵지를 기반으로 다양한 타 영역으로의 확장을 유도하고, 둘째, 학습자의 내적 동기를 부여함으로써 발생하는 자연스러운 융합의 과정을 가능하게 한다고 정의할 수 있으며, 이는 오늘날 우리에게 음악 중심 융합교육이 필요한 이유라고 할 수 있다.

> 생활 속에서 발견되는 암묵지로서의 음악

한 걸 음 더 !

다음은 모 방송사에서 방영한 예능 프로그램의 일부 장면이다. 사회적으로 의미 있는 인사를 소개하고 그들의 삶과 철학을 공유하는 이 프로그램의 내용을 보고 여기에서 발견되는 '암묵지로서의 음악'의 경우를 찾아보자.

☑ **노래가 담고 있는 감정과 이야기 상상하기**

나는 부르고자 하는 노래의 반주를 반복적으로 들으면서 그 노래에 필요한 감정을 찾아요! 이건 마치 연기자가 특정 연기상황에 빠져 생활하는 것과 같습니다. 이때 이 부분에서 어떻게 노래해야 할지 자연스럽게 알게 됩니다. 이렇게 스스로 공부하는 거죠.

여러분에게 처음 듣는 MR을 들려줄 테니까 이걸 듣고 어떤 가사의 어떤 감정일지 각자 상상해 보세요!

여러분들의
생각을
발표해 볼까요?

저는 (금지된 사랑)이 떠올랐어요. 너무나 좋아하는 사람이지만, 이 사람은 사랑하면 안 되는 사람인 거예요. 그러나 돌아가려 해도 걷잡을 수 없는 사랑인 거 같아요.

"그 사람의 미소가 나를 웃게 해 주었고, 그 사람의 몸짓에 나는 빠져들었어요. 하지만 알게 되었죠. 그 사람을 사랑하면 안 된다는 것을. 다가갈 수 없다면, 왜 내 마음을 가져갔나요? 나를 빈껍데기로 만든 당신이 미워요!"

제목은 '인생아! 너는 왜 나에게 (고독)을 가르쳐 주었는가?'입니다.

"인생아 반평생을 내 모든 걸 다 줬는데 받은 거라곤 고독 밖에 ……
인생아, 왜 그리도 자비 없이 내게 …… 미운 나의 인생아."

저는 이미 노래로 만들어 봤어요. 한번 불러 볼게요.

"떠나가는 그대 돌아보지 말아요. 당신을 보낼 수 없을지도 몰라요.
잘 가요, 그대. (사랑했던 사람아, 뒤돌아보지 말아요.)"

제목은 '인생'이고요.

"문득 불어오는 바람이 익숙한 듯 코끝을 스쳐요.
언젠가 내뱉은 나의 숨결이 다시 내게로 왔어요.
이것이 인생이라면 (이 허무한 것이 인생)이었다면,
그때의 그 숨결, 그냥 스쳐 가시오."

지금부터 원곡을 들어 보죠. 제목은 '너 떠난 후에' 입니다. 여러분들의 상상과 어떤 차이가 있나요?

"좋아한다고 말할 걸 그랬어.
사랑한다고 말할 걸 그랬어.
말 못한 걸 난 (후회)해.
너 떠난 후에 ……
바람이 밀려왔다고 우겨 볼까.
너 없는 세상 살 수가 없다고.
혼자 남는 게 난 싫어.
내게 돌아와 줘."

〈너 떠난 후에〉를 듣고 자신의 느낌과 감정을 가사로 표현해 보자.

2 음악 중심 융합교육을 위한 전제조건

융합교육은 이기적이거나 수동적인 '내'가 아닌 사회화된 '나'의 모습을 목표한다.

지금까지 발표된 저자의 융합교육 관련 선행연구들(2013b, 2014a, 2014b, 2015a, 2015b, 2015c)을 살펴볼 때 융합교육을 위한 조건은 크게 '융합의 주체에 대한 이해'를 전제하면서 더불어 '융합의 과정에 대한 이해' 그리고 '융합 결과물에 대한 이해'로 정리할 수 있다. 이러한 주요 조건은 교육학적, 혹은 학습 및 발달심리학적 관점에서 도출된 결과로서 융합의 주체인 학습자를 중심으로 매우 긴밀한 상관관계와 반복·순환되는 주기성을 갖고 있다.

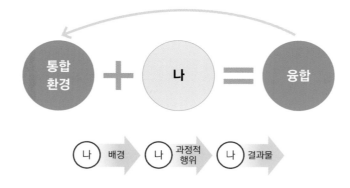

☑ 이 그림에 의하면, 융합은 다양한 요소로 구성된 통합적 환경 아래 이루어지는 '자신'만의 개별적 결과물이라고 할 수 있으며, 따라서 이러한 결과물은 명제적이거나 지시적 환경이 아닌 '자신'이 과정적 주체가 되어 이루어진 직접적인 경험 활동 속에서 도출된 것이라고 말할 수 있다.

☑ 이러한 결과물은 근원적으로 '자신'의 배경이 토대가 되고 그 토대 위에서 생성된 '자신'만의 새롭고 의미 있는 창의적 결과물이기 때문에 학습 및 발달심리학적 관점에서의 사회적인 존중과 수용이 반드시 요구된다. 이러한 사회적 존중과 수용은 위에서 언급한 융합 과정의 자연스럽고 자발적인 반복을 유도하여 융합의 영역을 확장시키고 발전하게 하는 계기가 된다. 이러한 사회적 존중과 수용은 융합교육의 구현을 위한 교수자의 준비된 자세를 의미하기도 한다.

☑ 이 장의 주제인 '음악 중심 융합교육'은 앞에서 언급한 융합교육의 이론적 조건에 '음악적 방법'을 사용할 때 가능하다.
　• '음악적 방법'이란, STEAM 교육이 표방하는 '과학적 방법'에 비춰볼 때 '음악과 긴밀한

상관관계를 가진 인접 학문이나 교과와의 연계의 의해 구성된 환경'으로 정의할 수 있다. 그러나 과정적 관점에서의 세부 내용을 살펴보면 다음과 같은 조건들이 고려되어야만 한다.

첫째, 음악 중심 융합교육은 학습자의 긍정적인 '개별적 기본경험(A)'의 형성을 유도하는 음악 환경의 제공을 통해 가능하다. 이는 가능한 한 다양한 음악과 관련한 긍정적인 경험과 그 결과를 뜻하는 것으로서 다양한 음악적 요소의 경험을 통한 음악적 경험의 횡적 확장을 목적한다.

둘째, 음악 중심 융합교육은 학습자의 기형성된 개별적 기본경험(B)을 새로운 음악적 사고로 유도할 수 있어야 한다. 이는 음악과 관련한 문제 제기를 통해 학습자에게 형성되어 있는 다양한 경험(A)을 자극, 문제해결의 재료로 사용하게 하고, 이때 사용된 경험들에 문제해결 관점에서의 종적 관계, 즉 위계성을 부여한다. 뿐만 아니라 문제해결에 사용된 비음악적 경험에 대한 자연스러운 음악적 의미부여[개별적 기본경험(B)] 또한 기대할 수 있다.

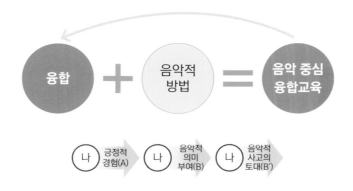

셋째, 이러한 과정을 통해 지속적으로 발달하는 학습자 개개인의 개별적 기본경험(B′)은 융합적 사고에 있어서 음악을 기준 학문, 즉 사고를 결정하는 주요 토대로 삼게 하고, 종래에는 '음악적 결과를 유도하는 비음악적 환경'을 통한 음악 중심 융합교육을 가능하게 한다. 로저스(Rogers, 1951)는 이러한 B′를 '현상학적 장(phenomenal field)', 또는 '경험적 장(experiential field)'으로 정의하여 설명한다. 이 연구에서는 이러한 과정을 종적 확장이라 정의한다.

이러한 이론적 배경 아래, 융합은 지속적인 사고와 활동의 반복 속에서 습득한 다양한 경험과 지식 그리고 기능 등이 학습자의 태도와 함께 누적·발전되어 나타나는 '과정의 결과물'(조대현, 2013b)이라고 설명할 수 있다. 더불어 이 과정의 근거가 되는 '내'가 가진 것의 중요성이 강조된다.

☑ 같은 맥락에서 음악 중심 융합은 '내'가 가진 음악적인 무엇을 기반으로 하여 '내'가 모든 사고 및 비교·판단의 주체가 되고, 이를 통해 '나'만의 음악적 결과물을 도출하는 반복적인 행위를 뜻한다고 할 수 있다. 다만 '내'가 주체가 되어 융합적 과정을 자연스럽게 발현하기 위해서는 '나'에게 자연스럽고 익숙하여 '나'의 것을 갖고 자발적으로 융합의 과정을 시작할 수 있는 준비된 환경과 융합적 사고를 불러일으키는 통합적 환경이 요구된다. 이를 통해 음악적 경험의 횡적·종적 확장과 발달, 즉 음악 중심의 융합교육이 가능해진다.

융합교육은 학습자를 존중하는 교수자의 마음에서 시작된다.

'과학적 방법'이 아닌 '음악적 방법'을 활용한 음악 중심 융합교육을 위한 교수학습 모델의 원리는 크게 두 가지 관점에서 살펴볼 수 있다. 첫째는 통합적 환경의 제공을 통해 학습자의 융합적 사고와 결과를 유도하는 융합의 과정이라는 측면이고, 둘째는 암묵지로서의 음악을 통해 학습자의 긍정적인 음악적 경험을 확장하고 결과적으로 음악적 사고의 토대를 만드는 융합의 내용과 접근방법에 대한 관점이다. 이와 같은 두 가지 관점에서 정리한 음악 중심 융합교육을 위한 교수학습 모델의 원리는 다음과 같다.

- ☑ 학습 및 발달심리학적 관점에서의 융합은 무(無)가 아닌 익숙한 유(有)에서 새로운 유(有)를 도출하는 것이다.
  - 따라서 음악 중심 융합교육은 새로운 유를 창출할 수 있는 충분한 음악적 경험의 확보가 전제되어야 한다. 즉, 학습자의 긍정적인 음악경험의 형성이 우선적으로 요구된다.

- ☑ 융합은 통합적 환경에서부터 시작한다.
  - 통합적 환경이란 학습자 스스로가 자발적으로 2차적 행위를 계획하고 실행할 수 있는 다양성을 가진 환경으로, 여기에는 학습자에게 내적 동기를 부여하는 유의미한 대상이 존재한다. 이러한 환경 조성을 위해 교수자는 학습자에게 유의미한 대상과 환경이 무엇인지에 대해 충분한 숙고를 해야 한다.

- ☑ 이론적으로 융합교육은 학습자에 의해 도출된 결과물을 창의적인 것으로 존중하고 수용하는 교수자의 자세가 전제되는 한편, 학교에서의 융합교육은 교수자가 의도하고 목표하는 바에 따라 학습자를 유도할 수 있는 교육 환경의 구성이 중요하다.
  - 따라서 학교에서의 음악 중심 융합교육을 위해서는 의도하는 바에 따른 음악적 환경의 구성과 접근방법 그리고 음악적 학습목표의 설정이 분명한 계획하에 이루어져야 한다. 단, 이러한 계획이 학습자의 창의적인 결과물 도출에 제한적인 조건으로 작용하지 않아야 한다.

- ☑ 과정적 측면에서 볼 때 통합적 환경에서부터 시작한 융합은 단계적 확장에 의해 계획된 목표에 도달할 수 있다.

- 그러므로 교수자에게는 학습자의 출발점을 인식하고 이로부터 설정된 학습목표까지의 단계적 접근에 대한 이해와 학습자의 수준 및 반응에 따른 재구성 능력이 요구된다. 이 연구에서는 이를 위해 비고츠키(Vygotsky, 1987)의 '근접발달지대'(Zone of Proximal Development: ZPD)를 인용하였다.

☑ 음악 중심 융합교육은 앞에서 언급한 교수학습 원리에 '음악적 방법'을 사용할 때 가능해진다.
- 음악적 방법이란 단지 음악과 관련한 인접 학문과의 연계만이 아닌 음악적 경험의 횡적 · 종적 확장을 유도하는 암묵지로서의 음악과 기준 학문으로서의 음악적 기능이 담보될 때 구현된다.
- 특히 행위적으로 나타나는 음악적 결과물보다는 내적 인지과정에서 발생하는 음악적 사고가 더 중요하다. 실제 현장에서는 문제 중심의 학습 환경을 통해 음악적 사고와 해결을 유도할 수 있다.

☑ 음악 중심 융합은 음악적 방법에 의한 횡적 확장과 종적 확장의 반복 속에 일어난다.
- 음악적 방법에 의한 횡적 확장이란 지속적인 반복에 의한 학습자 인지구조의 병렬적 발달을 의미하는 것으로, 긍정적인 음악적 개별경험을 가진 학습자는 새로운 음악적 자극과 환경에 적극적인 자세를 보임으로써 결과적으로는 음악적 개별경험의 영역과 내용이 지속적으로 확장 · 심화되는 것을 뜻한다.
- 음악적 방법에 의한 종적 확장은 학습자 인지구조의 위계적 발달, 즉 일반적인 개별적 기본경험이 암묵지로서의 음악적 경험을 통해 음악적 기본경험으로 그 성격이 변화되고, 나아가 기준 학문으로서의 음악에 해당하는 음악 중심의 현상학적 장을 갖는 것을 의미한다.

☑ 융합교육은 부분적으로 학습자 중심 교육과 맥을 같이 한다고 볼 수 있다.
- 따라서 음악 중심 융합교육은 그 주체와 과정 그리고 결과물의 관점에서 볼 때 학습자의 음악에 대한 생활화를 목표한다고 정리할 수 있고, 이는 융합에 있어서 학습자의 주체성이 담보될 때 가능하다.

☑ 이러한 과정과 내용을 통해 도출된 음악 중심 융합교육을 위한 교수학습 모델은 다음과 같다.

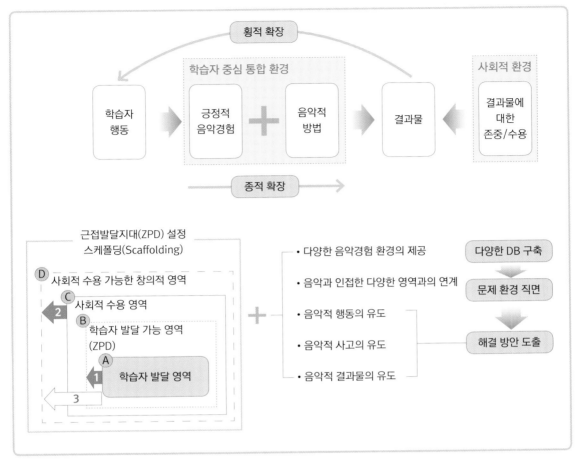

음악 중심 융합교육 환경

☑ 음악 중심 융합교육 환경 모델의 좌측 하단에 제시된 비고츠키의 근접발달지대 모형에 대한 이해가 필요하다.

- 가장 안쪽에 자리 잡은 학습자 발달 영역 A는 현재 학습자의 실제적 발달 수준(level of actual development)을 의미하고, B는 목표하는 잠재적 발달 수준(level of potential development)을 표시한 것이다.

- 비고츠키는 바로 이 A와 B 사이의 공간을 '근접발달지대'(ZPD)라고 정의하였으며, A에서 B로 향하는 화살표1의 과정을 위해 다양한 환경적 자극과 외부의 도움(Scaffolding)이 제공되어야 한다고 주장하였다.

- C와 D의 경우 또한 마찬가지이다. C는 현재 사회가 수용할 수 있는 사회적 이해의 수

준을 뜻하는 한편, D는 현대 사회가 추구하는 창의적인 융합의 결과물이 될 수 있다. 그러나 A·B와 C·D, 즉 화살표 1과 2 사이에는 서로 다른 차이점이 존재한다. 바로 화살표가 향하는 목표 수준에 대한 상이한 시각이다. 먼저 정치·경제 또는 사회적 관점에서의 사회적 수용 가능의 정도를 가리키는 화살표 2는 바라보는 관점에 따라 도달, 또는 도출해야 하는 결과물의 성격이나 수준이 다르게 나타난다. 예를 들어, 경제적 관점의 경우, D는 목표하는 실적, 또는 그 실적 이상을 담보하는 경제적 가치가 있는 특정 수준 이상의 결과물이 될 것이다. 그러나 화살표 1의 경우는 다르다. 비고츠키는 이를 철저히 교육적 관점에서 보고자 하였다. 즉, 화살표 3이 현재 학습자의 수준에서 사회가 기대하는 다양한 관점의 수준으로 발전(사회화의 과정)하는 절대적 기준(사회적 인성)이라고 한다면, 화살표 1의 길이와 수준의 정도는 화살표 3의 과정 속에서 나타나는 개인의 단계적 수준(개인적 인성)으로서 개인에 따라 매우 상이하게 나타날 수 있다.

- 즉, 이러한 상이한 수준의 차이에 대한 사회적 이해와 존중 및 수용하는 자세가 융합적 관점에서 전제되어야 하는 것이다(조대현, 2012).

4 교수학습 모델을 적용한 음악 중심 융합교육 프로그램의 예

반면교사(反面教師)와 타산지석(他山之石)은 시행착오의 횟수를 줄이고 그 수준을 높여 준다.

여기에서는 음악 중심 융합교육 교수학습 모델을 활용한 음악 중심 융합교육의 예를 두 가지의 음악적 방법에 의한 확장, 즉 종적 확장과 횡적 확장의 경우로 구분하여 제시하고자 한다(조대현, 2017). 이때 종적 확장의 예는 기능적인 음악경험에서 인지적 음악경험으로의 변화를 보여 주는 밤베르거(Bamberger, 1991)의 '형태적(figural) 표상'과 '형식적(formal) 표상'을 중심으로 구성하고, 횡적 확장의 경우에는 미시적 교수설계이론인 메릴(Merrill et al., 1983)의 '단위요소 전개이론(Component Display Theory)'을 중심으로 제시하고자 한다. 메릴의 학업수행 수준은 '기억(정보)' '활용(지적기능)' '발견(인지전략)'의 세 단계로 구분된다.

 음악적 방법에 따른 종적 경험 확장의 예

☑ 종적 경험 확장의 예는 학습자가 하는 반복적인 기능 연습, 즉 형태적 표상의 반복을 통해 형식적 표상의 자연스러운 발견을 유도한다.
- 이 모델의 대상은 중학교 3학년이고,
- 2015 개정 교육과정에 따른 내용 영역은 '표현', 내용 요소는 '자세와 연주법', 해당하는 기능은 '악기로 연주하기'이며,
- 다양한 음악과 핵심역량 중 '음악적 창의·융합 사고 역량'을 이 활동의 주요 역량으로 설정하였다. 세부 내용과 과정은 다음과 같다.

---

① 학습자에 대한 충분한 관찰을 통해 학습자에게 적합한 음악 활동을 계획한다.
- 이 예에서는 수업의 대상인 중학교 3학년의 선호 악기인 '기타'를 제재로 한 악기연주 활동을 계획하였고,
- 2015 개정 음악과 교육과정이 제시하는 '표현' 영역의 '악기에 따른 연주법을 익혀 표현한다'를 주요 성취기준으로 제시하였으며,
- 학습목표로는 '기타의 구조를 이해하고 제재곡을 연주할 수 있다'로 설정하였다.
- 학습 대상자의 소리 어울림에 대한 경험과 주요 3화음에 대한 이해(초등 5~6학년군)를 전제하였다.

---

② 설정한 내용 영역과 요소 그리고 성취기준 및 학습목표를 중심으로 융합적 사고와 결과를 유도하는 수업의 내용과 흐름을 계획한다.

- 수업은 도입-전개-마무리로 구성되며 지시적인 방법에서 비지시적인 방법으로의 흐름을 갖고 있다. 주요 내용은 다음과 같다.

③ 학습자 중심의 수업 전개를 위한 제재와 세부 내용을 계획한다.

- 수업 도입 단계에서는 수업 활동에 대한 학습자의 내적 동기유발을 위해 기타 연주 관련한 다양한 소리와 영상을 준비하여 놀이 형태로 제공한다.
- 제재곡은 학습자가 기타 연주 활동에 집중하도록 돕기 위하여 학습자에게 이미 학습된 가창곡 A를 선정한다.
- 가창곡 A는 기타 초보자에게 적합한 코드 C, G, D7, Am로 구성되어 있다.

④ 형태적 표상을 제공하고 학습자의 긍정적인 음악적 경험을 유도한다.

- 전개1의 단계에서는 해당 제재를 연주하기 위한 연주 주법과 기타 코드를 학습하게 한다.
- 이때 연주에 필요한 기타 코드는 아래와 같이 학습이 용이한 그림카드, 즉 형태적 표상으로 제공한다.
- 충분한 연습 시간을 개인 또는 모둠별로 부여하고, 이후에 함께 연주하는 발표 시간을 통해 기타 연주에 대한 긍정적인 음악경험이 가능하게 한다.

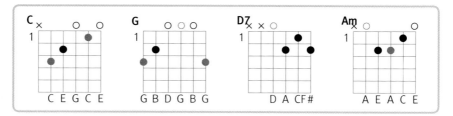

⑤ 익숙하지 않으나 흥미로운 문제상황을 제시함으로써 자발적인 문제해결, 형식적 표상의 발견을 유도한다.

- 전개2의 단계에서는 전개1에서 형성된 긍정적인 음악경험을 토대로 하여 새로운 제재 곡 B에 대한 동기유발을 시도한다.
- 이때 제재곡 B에는 제재곡 A에서 학습한 코드 이외의 새로운 코드가 포함되어 있다.
- 이 단계에서는 형태적 표상인 그림카드를 제공하는 대신 기타의 개방현과 지판, 그리고 음정 관계에 대한 구조적 이해를 유도한다.
- 제재곡 B를 연주하기 위한 기타 코드를 개인별 또는 모둠별로 탐색하게 하여 형식적 표 상의 비지시적 발견을 유도한다. 이때 탐색하는 시간은 충분하여야 하며, 또한 자유로운 탐구 분위기가 유지되어야 한다.

⑥ 결과물 발표를 통해 다양한 해결 방안의 가능성을 공유하고 개개인의 음악에 대한 긍정적인 기본경험의 종적 확장을 유도한다.

- 개인 또는 모둠별로 연주, 발표하게 하고 연습과정 및 결과에 대해 이야기 나누는 시간을 갖게 한다. 이때 다양한 결과에 대한 가능성을 이해하고 틀림이 아닌 다름에 대한 존중과 수용의 태도를 경험하게 한다.

⑦ 후속 활동으로 학습자 개인이 좋아하는 노래를 찾아 각자의 수준에 따라 기타 연주를 시도함으로써 음악적 현상학적 장의 형성과 기타 연주 및 감상 활동 등의 생활화를 유도한다.

 음악적 방법에 따른 횡적 경험 확장의 예

☑ 횡적 경험 확장의 예는 특정 음악 개념이나 활동의 일부, 또는 부분(기억−정보)으로부터 시작하여 단위요소의 병렬적 결합(활용−지적기능)을 통해 전체 개념(발견−인지전략)에 이르는 융합적 사고와 그 결과물을 목적한다.

- 이 모델의 대상은 고등학교 1학년이고,
- 2015 개정 교육과정에 따른 내용 영역은 '감상', 내용 요소는 '음악의 역사 문화적 배경', 해당하는 기능은 '구별하기, 설명하기'이며,
- '음악적 창의 · 융합 사고 역량'과 '음악정보처리 역량' 및 '자기관리 역량'을 중심으로 2015 교육과정이 제시하는 대부분의 핵심역량이 포함되어 있다. 세부 내용과 과정은 다음과 같다.

① 학습자에 대한 충분한 관찰을 통해 학습자에게 적합한 음악 활동을 계획한다.

- 이 예에서는 수업의 대상인 고등학교 1학년이 선호하는 대중가요 A를 제재로 한 감상 활동을 계획하였고,
- 2015 개정 음악과 교육과정이 제시하는 '감상' 영역의 '다양한 종류의 음악을 듣고 음악의 특징을 비교하여 설명한다'를 주요 성취기준으로 제시하였으며,
- 학습목표로는 '음악의 특징 B를 이해하고 그 역사적 배경 및 음악과의 연관성을 찾을 수 있다'로 설정하였다.
- 음악적 특징 B는 메릴의 학업수행 수준 중 '기억(정보)', 역사적 배경을 찾는 활동은 '활용(지적 기능)', 결과적으로 도출하는 역사적 배경과 음악과의 연관성은 '발견(인지전략)'에 해당한다.
- 학습 대상자의 제재곡에 대한 표현 영역에서의 충분한 사전 활동을 전제하였다.

② 설정한 내용 영역과 요소 그리고 성취기준 및 학습목표를 중심으로 융합적 사고와 결과를 유도하는 수업의 내용과 흐름을 계획한다.

- 수업은 도입-전개-마무리로 구성되며 기억-활용-발견으로의 흐름을 갖고 있다. 주요 내용은 다음과 같다.

③ 학습자 중심의 수업 전개를 위한 제재와 세부 내용을 계획한다.

- 수업 도입 단계에서는 수업 활동에 대한 학습자의 내적 동기유발을 위해 제재곡 A와 관련한 다양한 동영상을 감상하게 하고, 이에 대한 학습자의 생각과 느낌을 자유롭게 발표하게 한다.
- 제재곡 A는 이 수업이 목표로 하는 음악적 특징 B를 담고 있으며, 이러한 특징은 청각적뿐만 아니라 시각적 현상 등 다양한 영역에서 발견된다. 교수자는 이러한 음악적 특징을 부각시킬 수 있는 자료를 준비한다.

④ 수업에서 다루고자 하는 주요 음악정보를 제공하고 학습자의 긍정적인 음악경험을 유도한다.

- 전개1의 단계에서는 이 수업이 목표하는 음악적 특징 B를 주요 정보로 제공한다.
- 이때 제공하는 음악적 특징에 대한 정보는 제재곡 A에 대한 학습자의 생각 및 느낌과 연계하여 흥미로운 정보로 기억하게 하는 것이 중요하다.

⑤ 익숙하지 않으나 흥미로운 문제상황을 제시함으로써 지적 기능의 활성화를 통한 자발적 문제해결을 유도한다.
- 전개2의 단계에서는 전개1에서 형성된 긍정적인 음악경험을 토대로 하여 새로운 과제에 대한 동기유발을 시도한다.
- 과제는 '제재곡 A의 음악적 특징이 언제, 어디서부터 시작되었고 어떻게, 그리고 왜 만들어졌는가?'에 대한 질문이 담겨 있다.
- 이 단계에서는 문제해결을 위한 교수자의 지시적인 정보보다는 학습자 스스로의 자기 주도적 해결방안이 모색되어야 한다. 이를 위해 교수자는 제시된 문제에 대한 다양한 탐색방법 및 과정에 대한 일체를 학습자가 자유롭게 선택할 수 있도록 유도해야 한다.
- 교수자는 이 수업이 목표하는 음악이 갖는 역사적 상관성의 발견을 유도하기 위해 시대별 구분에 따른 모둠 구성 등과 같은 최소한의 조건을 제시한다.
- 학습자의 탐색 시간은 충분히 주어져야 하며, 자유로운 탐구 분위기를 유지해야 한다.
- 이 활동을 통해 교수자가 유도하고자 하는 활동 방향은 다음과 같다.
- 음악적 특징 B와 유사한 사례를 각 시대별 음악작품을 중심으로 찾아본다.
- 다양한 유사 사례 간의 시대별 공통점과 차이점에 대한 비교를 통해 음악적 특징 B의 변천과정을 정리한다.
- 음악적 특징 B에 대한 시대별 비교에서 나타나는 내용적 차이의 원인과 근거를 각 시대별 배경 등을 통해 찾아본다.

⑥ 개별 탐색 결과물의 발표를 통해 다양한 해결 사례를 공유하게 함으로써 비지시적인 결과물의 발견, 즉 음악에 대한 긍정적인 기본경험의 횡적 확장을 유도한다.
- 개인 또는 모둠별로 그 결과를 발표하게 하고 탐색과정 및 결과에 대해 이야기를 나누는 시간을 갖게 한다.
- 제재곡 A의 음악적 특징 B에 대한 시대별 탐색을 통해 음악과 역사적 배경 간의 상관관계에 대한 발견을 유도한다.

☑ 선행연구의 이론적 고찰과 이를 통해 도출한 음악 중심 융합교육을 위한 전제조건과 교수학습 모델의 원리는 다음과 같다.

- 첫째, 융합교육의 구현을 위해서는 융합에 대한 개념적 이해가 중요하다. 특히 오늘날 언어적으로 융합과 흔히 혼용하고 있는 '통합'이나 '통섭'의 개념과는 그 차이와 위계에 대한 구분이 분명해야 한다.
- 둘째, 융합교육의 구현을 위해서는 다음과 같은 조건이 전제되어야 한다.
  ① 융합의 주체와 과정에 대한 이해가 전제되어야 한다. 이는 학습자가 융합적 사고 및 행위의 주체임을 의미한다.
  ② 융합의 결과에 대한 이해가 전제되어야 한다. 이는 학습 및 발달심리학적 관점에서 모든 융합 결과물에 대한 존중과 수용을 의미한다.
- 셋째, 음악 중심 융합교육의 구현을 위해서는 '과학적 방법'에 비교할 수 있는 '음악적 방법'에 대한 이해가 필요하다. 과학적 방법과 비교할 때 음악적 방법은 방법적으로 음악을 중심으로 한 인접학문이나 교과 간의 통합을 의미하나, 내용적으로는 음악이 중심이 되어 나타나는 음악적 결과물과 함께 융합의 과정 속에서 발생하는 음악적 사고 모두를 가리키는 말이다. 이는 암묵지적 음악 환경 속에서 형성된 긍정적인 음악적 기본경험이 융합에 있어서 기준 학문의 역할을 할 때 가능하다. 따라서 음악 중심 융합교육은 가능한 한 다양하고 긍정적인 음악적 기본경험의 형성을 목적하는 양질의 암묵지적 음악 환경이 우선적으로 제공되어야 한다.
- 넷째, 음악 중심 융합교육을 위한 교수학습 모델의 원리는 다음과 같다.
  ① 음악 중심 융합교육은 일차적으로 새로운 결과물을 창출할 수 있는 긍정적이고 다양한 음악적 경험(Database)의 형성을 목표한다.
  ② 융합은 학습자의 자발적 행동을 유도할 수 있는 통합적 환경에서 시작된다. 따라서 교수자는 학습자에게 유의미한 환경을 제공해야 하고, 이를 위해서는 학습자에 대한 세심한 관찰이 선행되어야 된다.
  ③ 학교에서의 융합교육은 교수자가 의도하고 목표하는 바에 따라 학습자를 유도할 수 있는 교육 환경의 구성이 중요하다.
  ④ 과정적 측면에서 볼 때 통합적 환경에서 시작한 융합은 단계적 확장에 의해 계획된

목표에 도달한다. ③과 ④항은 교수자의 선행조직자로서의 역할이 필요하다.

⑤ 음악 중심 융합교육은 앞에서 언급한 교수학습 원리에 '음악적 방법'을 사용할 때 가능하다.

⑥ 음악 중심 융합교육은 지속적인 반복에 의한 학습자 인지구조의 병렬적 발달을 의미하는 음악적 방법에 의한 횡적 확장과 학습자 인지구조의 위계적 발달을 의미하는 음악적 발달의 종적 확장이 반복되며 일어난다. 이러한 반복 속에서 학습자는 음악 중심의 현상학적 장을 가질 수 있다.

⑦ 융합교육은 부분적으로 학습자 중심 교육과 맥을 같이 한다. 따라서 음악 중심 융합교육은 학습자의 음악에 대한 생활화를 목표한다고 말할 수 있고, 이는 융합에 있어서 학습자의 주체성이 담보될 때 가능하다.

☑ 이러한 결과를 통해 음악 중심 융합교육 교수학습 모델을 활용한 음악 중심 융합교육의 예는 두 가지의 음악적 방법에 의한 확장, 즉 종적 확장과 횡적 확장의 경우로 구분하여 제시되었다. 두 가지의 예 모두 2015 개정 교육과정의 주요 내용에 따라 제시되었으며, 각각 학습자 인지구조의 종적 · 횡적 확장을 목표하고 있다. 음악 중심 융합교육의 구현을 있어 제시된 두 가지 예가 우리에게 시사하는 바는 다음과 같다.

• 첫째, 학습자의 종적 · 횡적 경험의 확장을 유도하는 음악 중심 융합교육은 학습자가 음악의 이론적 개념과 체계를 이해하는 데 매우 효과적인 방법이다.

• 둘째, 음악 중심 융합교육의 모델과 예는 앞에서 언급한 융합에 대한 이해와 융합 주체 및 과정에 대한 이해 그리고 융합 결과에 대한 이해가 전제되어야 하며, 이러한 전제조건은 '교육의 질은 교사의 질을 능가할 수 없다'는 말을 되새기게 한다.

• 셋째, 결론적으로 음악 중심 융합교육은 '음악적 방법' 속에서 '학습자 중심'으로 이루어져야 한다. 이는 명제적 지식과 같은 형식지의 학습보다는 암묵지를 통한 방법적 지식의 습득을 목표하기 때문에, 오늘날 사회가 기대하는 창의적이고 감성적인 미래형 융합인재 육성과 현대 교육과정이 추구하는 창의 · 인성교육의 실현에도 기여할 수 있을 것이다.

강인애, 김미수(2014). 미적 교육으로서 중학교 음악프로그램 개발 및 적용사례: 창의성 신장을 중심으로. **음악교육공학**, 19, 105–126.

경기도교육연구원(2011). 핵심역량 증진을 위한 감성기반 교과융합 수업 연구. 경기: 경기도교육연구원.

교육부(1997). 7차시기 교육과정. 1997–15.

김경화, 장기범(2015). 음악교육의 융합교육 접근을 위한 융합 개념 논의. **한국초등교육**, 26(4), 211–234.

김광웅(2011). **융합학문, 어디로 가고 있나?** 서울: 서울대학교출판문화원.

김미수(2015). 융합인재교육(STEAM)에서 예술교과의 활성화를 위한 교육 방안 연구. **음악교육공학**, 22, 103–127.

김미숙, 한경실, 민경훈, 장근주, 김영미, 조성기, 김지현, 조대현, 송주현, 박지현, 최윤경, 김지현(2015). **음악과 교재 연구.** 서울: 학지사.

김신자, 이인숙, 양영선(2003). **교육공학의 이론과 실제.** 서울: 문음사.

김용희(2016). **창의적 음악교육.** 서울: 음악세계.

김왕동(2011). 창의적 융합인재 양성을 위한 과제: 과학기술과 예술 융합(STEAM). **과학기술정책연구원**, 67.

김인(2004). 현행 초등학교 학교교육과정의 실태와 과제. **교육학연구**, 42(1), 199–221.

김진수(2007). 기술교육의 새로운 통합교육방법인 STEM 교육의 탐색. **한국기술교육학회지**, 7(3), 1–29.

김진수(2010). STEAM 교육을 위한 큐빅 모형. **한국기술교육학회지**, 11(2), 124–139.

김평국(2004). 중등학교 교사들의 교과내용 재구성 실태와 활성화 방안. **교육과정연구**, 23(4), 91–130.

김평국(2004). 초등학교 교사들의 교과 내용 재구성 실태와 그 활성화 방안. **교육과정연구**, 22(2), 135–161.

김평원(2010). 프로젝트 수행법을 위한 융합교육과정의 설계. **교육과정평가연구** 13(3), 49–78.

김혜영(2013). 융합교육의 체계화를 위한 융합교육의 방향과 기초융합교과 설계에 대한 제언. **교양교**

육연구, 7(2), 11-38.

권덕원, 석문주, 최은식(2011). **음악교육의 기초**. 서울: 교육과학사.

권수미(2012). 예술중심 융합교육 프로그램 개발을 위한 제언. **음악교육연구**, 41(2), 67-100.

민경찬(2009). 융합연구와 융합교육. **인문정책 포럼**, 2, 35-38.

민경훈, 김미숙, 김선미, 김신영, 김영미, 김지현, 이가원, 장근주, 조대현, 조성기, 주희선, 현경실 (2017). **음악 교수학습방법**. 서울: 학지사.

민경훈, 김신영, 김용희, 방금주, 승윤희, 양종모, 이연경, 임미경, 장기범, 조순이, 주대창, 현경실 (2017). **음악교육학 총론(3판)**. 서울: 학지사.

박상욱(2012). 융합은 얼마나: 이론상의 가능성과 실천상의 장벽에 관하여. 홍성욱 편, **융합이란 무엇인 가**. 서울: 사이언스북스.

박성혜(2003). 교사들의 과학 교과교육학 지식과 예측변인. **한국과학교육학회지**, 23(6), 671-683.

박숙영(2007). 문화간 의사소통을 위한 가치문화 교육 방안. 경희대학교 교육대학원 석사학위논문.

방은영, 윤아영, 박영주(2018). **음악 교수학습방법**. 서울: 어가.

백윤수(2012). **융합인재교육(STEAM) 실행방향 정립을 위한 기초연구**. 한국과학창의재단.

백윤수, 박현주, 김영민, 노석구, 박종윤, 이주연, 정진수, 최유현, 한혜숙(2011). 우리나라 STEAM 교 육의 방향. **학습자중심교과연구회**, 11(4), 149-171.

서울교육대학교(2016). 2016 융합인재교육 프로그램-초등5~6 째깍째깍, 시간을 내 손에. 한국과학 창의재단, DD 16120011.

석문주, 최미영, 정다은, 정지혜(2013). 음악 교과 중심의 초등 STEAM 프로그램 개발. **교과교육학연구**, 18(2), 365-385.

소경희, 이상은, 박정열, 김지영(2009). 범교과적 학습영역 중심의 초등학교 통합학습 자료 개발 및 적 용 연구. **열린교육연구**, 17(4), 21-43.

손연아, 정시인, 권슬기(2012). STEAM 융합인재교육에 대비한 예비교사와 현직교사의 인식 분석. **인 문사회과학연구**, 13(1), 255-284.

승윤희(2010). 통합교육(Inclusive Education)을 위한 음악교과교육의 학문적 기초에 관한 연구. **음악 교육연구**, 38, 1-29.

승윤희, 정진원, 문경숙(2013). 융합인재교육(STEAM) 정책과 최근 교육 현황. **미래음악교육연구회 제2 회 세미나 자료집**, 3-21.

신명경(2013). STEAM 교육에 대한 과학교육 측면에서의 이해. **미래음악교육연구회 제2회 세미나집**, 23-35.

신영예(2013). 융합(인재)교육에서의 음악교육, 음악교육에서의 융합(인재)교육. **제7회 한국음악교육학**

회 콜로키움&워크숍 자료집, 1−15.

신재한(2013). STEAM 융합교육의 이론과 실제. 경기: 교육과학사.

안동순(2013). 학문융합 관점에서 본 융합인재교육(STEAM) 연구. 전북대학교 대학원 박사학위논문.

안재신(2004). 유아음악교육. 서울: 교육과학사.

양소영(2015). 각 교과 간 핵심 내용 연계에 따른 초등학교 3, 4 학년군 음악과 중심 융합 교육 방안 탐색. 음악교육연구, 44(3), 91−110.

양은주, 강민선(2015). 음악−과학 융합인재교육(STEAM)프로그램 개발: 대중음악 악기 제작과 앱 작곡을 중심으로. 예술교육연구, 13(3), 205−219.

양종모(2009). 2009학년도 초등교사임용시험의 음악 문항 타당성 분석. 음악교육공학, 9, 67−93.

양종모(2013). 음악교과에서 융합교육의 의미와 실천 방법. 제7회 한국음악교육학회 콜로키움&워크숍 자료집, 17−34.

양종모(2013b). 예술중심융합교육프로그램 개발 방안. 예술선도학교 사업단.

양종모(2013c). 예술교육선도학교 운영을 위한 가이드북. 예술선도학교 사업단.

양종모, 남지영(2014). 음악 중심 융합교육 수업을 위한 동료장학의 의미. 음악교육연구, 43(1), 109−138.

양종모, 남지영(2014). 음악 중심 융합교육 수업을 위한 동료장학의 의미−부산 Y초등학교의 사례를 중심으로. 음악교육연구, 43(1), 109−138.

예술교육선도학교 사업단(2013a). 예술중심융합교육프로그램 개발 방안.

예술교육선도학교 사업단(2013b). 예술교육선도학교 운영을 위한 가이드북.

오영미(2003). 유아교육기관의 음악지도활동에 관한 연구. 숭실대학교 대학원 석사학위논문.

오지향, 정재은, 강선영, 하명진(2014). 융합인재교육(STEAM)의 중등 음악수업 적용 및 사례연구. 학습자중심교과교육연구, 14(1), 57−80.

우정주(2013). STEAM 교육에 대한 고등학교 교사의 인식과 관련한 질적 연구. 이화여자대학교 대학원 석사학위논문.

윤아영, 박영주(2017). 음악적 넛지, 음악교육 프로그램 개발. 서울: 어가.

윤영애, 강순미, 조대현(2011). 아동발달. 서울: 태영.

윤현진(2002). 대학의 유아음악 교육과정과 유아교육기관에서의 음악교육 실태. 연세대학교 대학원 석사학위논문.

이강숙(2002). 음악의 이해. 서울: 민음사.

이경언, 최승현(2007). 교육과정 개정에 따른 음악과 내용 교수 지식(PCK) 연구. 한국교육과정평가원

연구보고 RRI.

이경진(2005). 대학부설 연구소와 초등 교사들의 협력에 의한 교육과정 개발 사례: '창의성 증진을 위한 초등 수학 교육과정'개발을 중심으로. **초등교육연구**, 18(2), 335−361.

이상아, 김창원(2016). 문학과 음악에 대한 범교과적 접근. **한국문학교육학회**, 50, 57−83.

이성천(1971). **음악통론과 그 실습**. 서울: 음악예술사.

이연숙, 이경호(2004). 과학교사 전문성 기준: 과학교사의 교수학적 내용지식(PCK)에 관한 고찰−이론적 논의를 중심으로. **한국과학교육학회 학술발표 및 세미나집**, 128.

이화진, 장지은, 김희백(2013). 생물 예비교사들의 수업 실습에서 대화적 담화를 중심으로 나타난 수업 전문성. **생물교육**, 41(2), 181−198.

이효녕, 손동일, 권혁수(2012). 통합 STEM 교육에 대한 중등 교사의 인식과 요구. **한국과학교육학회지**, 32(1). 30−45.

임미경, 현경실, 조순이, 김용희, 이에스더(2010). **음악교수법**. 서울: 학지사.

임유나(2012). 통합교육과정에 근거한 융합인재교육(STEAM)의 문제점과 개선 방향. **초등교육연구**, 25(4), 53−80.

임청환(2003). 초등교사의 과학 교과교육학 지식의 발달이 과학 교수 실제와 교수 효능감에 미치는 영향. **한국지구과학지**, 24(4), 258−272.

장근주(2011). 음악교사의 교수내용-지식(PCK)에 대한 인식. **음악교육공학**, 13, 41−58.

전미숙, 박문환(2015). 수학 기반 융합인재교육(STEAM) 프로그램 개발 및 적용−초등학교 1학년을 대상으로. **한국수학교육학회**, 18(2), 91−106.

전영석(2016). **2016 융합인재교육 프로그램−째깍째깍, 시간을 내 손에**. 한국과학창의재단 융합인재교육 프로그램 개발 보고서, https://steam.kofac.re.kr/ (2018. 1. 20. 인출).

정재은(2012). 예비음악교사 양성기관의 교육실습체제 비교 연구: 한국과 미국을 중심으로. **음악교육공학**, 14.

조대현(2009a). 이른 시기의 특정 음악환경이 음악문화적 사고 형성에 미치는 영향. **음악과민족**, 37, 467−492.

조대현(2010a). 예비 오디에이션 단계에서의 개념도를 활용한 음악교수 모델 제안. **음악교육공학**, 10, 95−112.

조대현(2010b). 학교음악교육에서의 긍정적 현상학적 장 형성과 이를 위한 전제조건. **음악과 민족**, 39, 281−315.

조대현(2011). 예비교사의 통합적 이해를 위한 개념도 활용 교사교육 모델의 제안−음악교육을 중심으로. 교육연구, 52, 95−123.

조대현(2012). 과정상 목표를 활용한 음악과 교육과정 재구성 모델. 음악교육연구, 41(3), 267−289.

조대현(2013a). 개념도를 활용한 교사교육이 예비유아교사의 음악적 자아개념과 교수효능감에 미치는 영향. 음악교육공학, 17, 121−143.

조대현(2013b). 음악 중심 융합교육과 이를 위한 전제조건. 음악과 민족, 46, 267−289.

조대현(2014a). 음악 중심 융합교육의 구현을 위한 제언. 음악과 민족, 48, 183−210.

조대현(2014b). 2015 교육과정 개정안의 문제점 및 대안 연구. 예술교육연구, 12(4), 207−223.

조대현(2015a). 융합교육. 김미숙 외 공저, 음악과 교재 연구(pp. 221−234). 서울: 학지사.

조대현(2015b). 개념도를 활용한 융합 교과목의 개발. 음악교육공학, 24, 105−123.

조대현(2015c). 2015 개정 교육과정에 대한 융합교육적 관점에서의 고찰: 독일 음악 중점 김나지움의 사례를 중심으로. 예술교육연구, 13(4), 141−156.

조대현(2017). 음악 중심 융합교육을 위한 교수학습 모델 개발. 음악교육공학, 31, 21−43.

조대현, 신종훈, 박성식(2018). 꿈을 비추는 네 개의 거울. 서울: 레인보우북스.

조익상(2012). 한국과학창의재단 지원에 의한 기술 교사용 STEAM 프로그램 개발 사례. 교육과학기술부 2012 융합인재교육 STEAM 학술대회 자료집, 102−113.

조향숙(2012). 융합인재교육(STEAM)의 정책 연구, 실천. 한국과학창의재단 2012 융합인재교육 STEAM 학술대회 자료집.

조희영, 고영자(2008). 과학교사 교수내용지식의 재구성과 적용방법. 한국과학교육학회지, 28(6), 618−632.

주대창(2011). 음악 교과서 재구성의 방향. 직무연수자료집, 6−23.

채현경, 최유미(2012). 예술중심 융합프로그램 개발 연구. 한국문화예술진흥원.

최섭(2018). 좋은 수업 만들기. 서울: 이비락.

최은아(2011). 한슬리크 음악 미학의 철학적 배경. 서울: 예솔.

최은식(2006). 리머 음악교육철학의 변천에 관한 연구. 음악교육연구, 30, 201−222.

최재천(2007). 통섭−지식의 대통합. 한국생활과학회 학술대회, 2.

최재천(2010). 자연과 통섭하라. *Design Talk*, 4, 7−12.

한국과학창의재단(2011). 한국의 다빈치 교육, 융합인재교육(STEAM). 2011년 성과발표회 자료집.

한국과학창의재단(2012). 융합인재교육(STEAM) 실행방향 정립을 위한 기초연구. 한국과학창의재단 2012-12.

한윤이(2014). 우리 문화 예술 중심의 통합교육과정 개발. 교원교육, 30(1), 167−195.

한재훈(2014). 서당공부 오래된 인문학의 길. 서울: 갈라파고스.

함혜란(2001). 음악 학원에서의 유아음악교육에 관한 실태조사: 춘천 지역의 음악 학원을 중심으로. 강원대학교 석사학위논문.

함희주(2014). 독일 초등학교 교육특성에 따른 교육역량 및 음악교육역량 관련 연구. **음악교육연구**, **43**(1), 229-248.

현경실, 김미숙, 김선미, 김신영, 김영미, 김지현, 민경훈, 배수영, 이가원, 임인경, 장근주, 조대현, 조성기, 주희선(2018). **음악 교육프로그램 개발**. 서울: 레인보우북스.

Abel-Struth, S. (1985). *Grundriss der Musikpädagogik*. Mainz.

Amrhein, F. (1995). Musikalische Förderung und musikalisches Lernen. Ein didaktischer Ansatz— nicht nur für die Sonderschule. In: *Musikunterricht*. Nr. 31, S. 34-36.

APA(1997). *Learner-centered psychological principles: A framework for school reform and redesign*. Washington, DC: American Psychological Association.

Ashton, P. T. (1984). Teacher efficacy: A motivational paradigm for effective teacher education. *Journal of teacher Education, 35*(5).

Aslin, R. N. (1983). Auditory development and speech perception in infancy. In P. Henry (Ed.), *Handbook of Child Psychology* (4th ed., pp. 573-687). New York, S.

Atkinson, R. L., Atkinson, R. C., Smith, E. E., & Bem, D. J. (1993). *Introduction to psychology, 11, Aufl*. Fort Worth.

Ausubel, D. P. (1978). *Educational Psychology: A cognitive view*. Holt Rinehart and Winston.

Bamberger, J. (1991) *The Mind Behind the musical Ear*. Cambridge: Harvard Univ. Press.

Bärenreiter. MGG(2005). *Allgemeine Enzyklopädie der Musik*. Bärenreiter.

Beane, J. A. (2000). Curriculum integration and the disciplines of knwoledge. In F. W. Parkay & G. Hass (Eds.), *Curriculum planning: A contemporary approch. Needham*, (pp. 228-237). Heights: Allyn & Bacon.

Böhm, W. (2000). *Wörterbuch der Pädagogik, 15*. Auflage. Stuttgart.

Britton, J. N. (1978). *Language and Learning*. London.

Bruner, J. S. (1966). On cognitive growth. In: J. S. Bruner, R. R. Olver & P. M. Green (Eds.), *Studies in cognitive growth*. New York: Wiley.

Buggle, F. (1985). *Die Entwicklungspsychologie Jean Piagets*. Stuttgart.

Buytendijk, F. J. J. (1958a). *Das Menschliche—Wege zu seinem Verständnis.* Stuttgart.

Buytendijk, F. J. J. (1958b). *Mensch und Tier—Ein Beitrag zur vergleichenden Psychologie.* Hamburg.

Cho, D. H. (2002). *Zur Situation der musikalischen Früherziehung in Süd-Korea am Ende des 20. Jahrhunderts.* Magisterarbeit. Würzburg.

Cho, D. H. (2007). *Musikalische Früherziehung in der multikulturellen Gesellschaft: Entwicklung eines traditionsbasierten koreanischen Unterrichtskonzepts(DanSing).* Unpublished Doctoral Dissertation, Hochschule für Musik Würzburg.

Chugani, H. T. (1998). A Critical Period of Brain Development: Studies of Cerebral Glucose Utilization with PET. *Preventive Medicine, 27,* 184−188.

Cochran-Smith, M. & Lytle, S. (1990). Research on teaching and teacher research: The issue that divide. *Educational Researcher, 19*(2), 2−11.

Condon, W., & Sander, L. (1974). Neonate movement is synchronized with adult speech— International participation and language acquisition. *Science* (183), 99−101.

Deutsch, W., Sommer, G., & Pischel, C. (2003). Sprechen und Singen im Vergleich. In G. Rickheit (Hrsg.), *Handbuch der Psycholinguistik,* 453−468.

De Jong, O., van Driel, J. H., & Verloop, N. (2005). Perspective teachers' pedagogical content knowledge of using particle models in teaching chemistry. *Journal of Research in Science Teaching, 42*(8), 947−964.

Dewey, J. (1938). *Experience and education.* New York: Collier Books.

Dornes, M. (1993). *Der kompetente Säugling.* Frankfurt am Main.

Drake, S. M., & Burns, R. C. (2003). *Meeting standard through integrated curriculum Alexandria.* VA: Association for Supervision and Curriculum Development.

Dürr, W. (1994). *Sprache und Musik—Geschichte, Gattungen, Analysemodelle.* Kassel.

Eggebrecht, H. H. (1973). Über begriffliches und begriffloses Verstehen von Musik. In P. Faltin & H. P. Reinecke (Hrsg.), *Musik und Verstehen* (pp. 48−57). Köln.

Eisner, E. W. (1985). *The Educational Imagination—On the Design and Evaluation of School Programs* (2nd ed.). Macmillan.

Elliott, D. J. (1995). *Music Matters.* Oxford University Press.

Elschenbroich, D. (2001). *Weltwissen der Siebenjährigen—Wie Kinder die Welt entdecken können,*

München: Kunstmann.

Fakte, R. (2003). *Jean Piaget Meine Theorie der geistigen Entwicklung*. Weinheim.

Fischer, E. (1998). *Wahrnehmungsförderung—Handeln und Sinnliche Erkenntnis bei Kindern und Jugendlichen*. Dortmund.

Foppa, K. (1975). Lernen, Gedächtnis, *Verhalten. Ergebnisse und Probleme der Lernpsychologie. 9.* Aufl. Köln.

Fogarty, R. (1991a). Ten ways to integrate curriculum. *Educational Leadership, 49*(2).

Fogarty, R. (1991b). *The mindful school: how to integrate the curricular, palatine I.* Skylight & Trainning Pub, Inc.

Führing, G. (1997). Fremdes wahrnehmen—Eigenes entdecken. In: ZEP. Heft 1, S. 8−12.

Gebhard, U., & Kugler, M. (1979). *Didaktik der elementaren Musik-und Bewegungserziehung*. München.

Gembris, H. (1987). Musikalische Fähigkeiten und ihre Entwicklung, In: La Motte-Haber, Helga de (Hrsg.), *Handbuch der Musikpädagogik, Bd. 4., Psychologische Grundlagen des Musiklernens*, (pp. 116−185). Kassel.

Gordon, E. E. (1986). *Musikalische Begabung—Beschaffenheit, Beschreibung, Messung und Bewertung*. Mainz.

Gordon, E. E. (1990). *A Music Learning Theory for Newborn and Young Children*. GIA Publication.

Gordon, E. E. (1997). *Learning Sequences in Music*. GIA Publication, Chicago.

Gordon, E. E., Valerio, W. H., Reynolds, A. M., Bolton, B. M., & Taggart, C. C. (1997). *Music Play*. GIA Publication, Chicago.

Grout, D. J. (1996) 서양음악사 (*A History of Western Music*). (세광음악 편집부 역). 서울: 세광음악출판사.

Grimm, H. (1973). *Sturckturanalytische Untersuchung der Kindersprache*. Huber.

Grimm, H. (1985). Der Spracherwerb als Lehr−Lern−Prozess. *Unterrichtswissenschaft, 1,* 6−16.

Grimm, H. (1990). Über den Einfluss der Umweltsprache auf die kindliche Sprachentwicklung. In: K. Neumann & M. Charlton (Hrsg.), *Spracherwerb und Mediengebrach* (pp. 99−112).

Gruhn, W. (1978). Musiksprache—Sprachmusik—Textvertonung. *Aspekte des Verhältnisses von Musik, Sprache und Text*. Frankfurt am Main.

Gruhn, W. (1989). *Die Inszenierung musikalischen Lernens—Lerntheorie und Lebenspraxis*. Freiburg.

Gruhn, W. (1994). Musiklernen—Der Aufbau musikalischer Repräsentationen. In G. Olias (Hrsg.), *Musiklernen. Aneignung des Unbekannten* (pp. 9-31). Essen.

Gruhn, W. (1995a). Hören und Verstehen. In S. Helms (Hrsg.), Kompendium der Musikpädagogik (pp. 196-222). Kassel.

Gruhn, W. (1995b). Wie Kinder Musik lernen. *Musikunterricht, 31*, pp. 4-15.

Gruhn, W. (1997). Music Learning—Neurobiological foundations and educational implications. *In Research Studies in Music Education, 9*, 36-47.

Gruhn, W. (1998a). *Musik anderer Kulturen*. Kassel.

Gruhn, W. (1998b). Der Musikverstand—neurobiologische Grundlagen des musikalischen Denkens. *Hörens und Lernens*. Hildesheim.

Gruhn, W. (1998c). Übungsmaterialien zur musikalischen Audiation (nach Gordon & Grunow: Jump Right In). Freiburg.

Gruhn, W. (1999a). Wie denkt, hört und lernt der ungeschulte Kopf? *Diskussion Musikpädagogik, 2*, 60-74.

Gruhn, W.(1999b). Musikalische Spielformen für Kinder von 1 bis 4 Jahren. Freiburg.

Gruhn, W. (2000). *Die Entwicklung musikalischer Fähigkeiten—Eine Einführung in die musikalische Entwicklungspsychologie*.

Gruhn, W. (2001). Musikalische Lernstadien und Entwicklungsphasen beim Kleinkind—Eine Langzeituntersuchung zum Aufbau musikalischer Repräsentationen bei Kindern bis zum 4. Lebensjahr. In H. Gembris & R. D. Kraemer (Hrsg.), *Macht Musik wirklich klüger?— Musikalisches Lernen und Transfereffekte*(pp. 137-172). Augsburg.

Gruhn, W. (2002). Phases and Stages in Early Music Learning—A longitudinal study on the development of young children's musical potential. *Music Education Research, 4*(1), 51-71.

Gruhn, W. (2003a). *Kinder brauchen Musik—Musikalität bei kleinen Kindern entfalten und fördern*. Weinheim.

Gruhn, W. (2003b). *Lernziel Musik—Perspektiven einer neuen theoretischen Grundlegung des Musikunterrichts*. Hildesheim.

Gruhn, W. (2003c). Neurodidaktik und die Lust am frühen Lernen. *Diskussion Musikpädagogik, 18*, 41-45.

Gruhn, W. (2008). 아이들은 음악이 필요합니다!: 어린 아이들의 음악적 잠재력은 일찍부터 장려되고 발달되어야 합니다 (*Kinder brauchen Musik: Musikalität bei kleinen Kindern entfalten und fördern*). (조대현 역). 서울: 도서출판 DanSing. (원저는 2003년에 출판).

Haigh, G. (1975). *Intergrative*. London: Trowbridge & Esher.

Haselbach, B. (1980). Über die Beziehung von Musik und Bewegung. In R. Holzheuer (Ed.), *Musik – und Bewegungserziehung in Kindergarten und Grundschule* (pp. 39-48). Bad Heilbrunn.

Hegarty, S. (1994). Keys to Integration. In: C. Meijer, J. Pijl & S. Hegarty (Eds.), *New perspective in special education: A six-country study* (pp. 79-94). NY: Routledge.

Heller, K. A. (2001). *Hochbegabung im Kindes-und Jugendalter*. Göttingen.

Hirsch, J. S. (1992). *Change in the gifted early adolescent's of holocaust. The impact of advance organizers and a museum exhibit*. Doctoral Dissertation. University of Maryland.

Hobmair, H. (1987). *Psychologie*. 2. Aufl. Köln: Stam.

Hoffer. C. R. (2008). 음악교사론 (*Introduction to music education*). (안미자 역). 이화여자대학교 출판부. (원저는 1993년에 출판).

Huttenlocher, P. R., & Dabholkar, A. S. (1997). Regional differences in synaptogenesis in human cerebral cortex. In: *The Journal of Comparative Neurology, 387*(2), S. 167-178.

Kandel, E. R. (1996). *Neurowissenschaften—Eine Einführung*. Heidelberg.

Keidel, W. D. (1960). Die Funktionsweise des menschlichen Gehörs. *Umschau, 3*, 73-76.

Keller, H., & Meyer, H. J. (1982). *Psychologie der frühesten Kindheit*. Stuttgart.

Krumhansl. C. L., & Jusczyk, P. W. (1990). Infants'Perception of Phrase Structure in Music. *Psychological Science, January 1990, 1*(1), pp. 70-73.

Loughran, J., Mulhall, P., & Berry, A. (2008). Exploring pedagogical content knowledge in science teacher education. *International Journal of Science Education, 30*(10), 1301-1320.

Maes, B. (2010). *Stop talking about "STEM" education! "TEAMS" is way cooler*. http://bertmaes. wordpress.com/2010/10/21/teams/

Magnusson, S., Krajcik, J., & Broko, H. (1999). Nature, sources, and development of pedagogical content knowledge for science teaching. In: J. Gess–Newsome & N. G. Lederman (Eds.), *Examining pedagogical content knowledge: The construct and its implication for science education* (pp. 95-132). Netherlands: Kluwer Academic Publisher.

McCombs, B. L., & Whisler, J. S. (1997). *The learner-centered classroom and school*. San Francisco: Jossey–Bass Publishers.

Merrill, M. D., Tennyson, R. D., & Posey, L. O. (1992). *Teaching concepts: An instructional design guide* (2nd ed.). Englewood Cliffs, NJ.

Merkt, I. (1983). *Deutsch-türkische Musikpädagogik in Deutschland*. Ein Situationsbericht. Berlin.

Minkenberg, H. (1991). *Das Musikerleben von Kindern im Alter von fuenf bis zehn Jahren: Eine Laengsschnittuntersuchung als Basis fuer die Erforschung von abweichender Musikrezeption.* Frankfurt am Main: Lang.

Montada, L. (1983). Moralisches Urteil und moralisches Handeln – Gutachten über die Fruchtbarkeit des Kohlberg-Ansatzes. In: Bundesministerium der Verteidigung (Hrsg.), *Wehrpsychologische Untersuchungen, 18*(2). (Kap. 18).

Montada, L. (1984). Applied developmental psychology: Tasks, problems, perspectives. *International Journal of Behaviral Development, 7*, 267-286.

Montada, L. (1993). Moralische Gefühle. In: W. Edelstein, G. Nunner-Wickler, & G. Noam (Hrsg.), *Moral und Person* (pp. 259-277). Frankfurt: Suhrkamp.

Montada, L. (1998). *Entwicklungspsychologie*. Weinheim: Beltz.

Nieke, W. (1995). *Interkulturelle Erziehung und Bildung-Wertorientierungen im Alltag*. Opladen.

Novak, J. D., & Gowin, D. B. (1984). *Learning how to learn*. Cambridge University.

Oerter, R., & Montada, L. (1998). *Entwicklungspsychologie*. 4. Aufl. Weinheim: Beltz.

Peukert, U. (1985). Identitätsentwicklung. In J. Zimmer (Ed.), *Enzyklopädie Erziehungswissenschaft*. (Bd. 6., pp. 326-328). Erziehung in früher Kindheit. Stuttgart.

Piaget, J. (1975). *Das Erwachsen der Intelligenz beim Kind*. Klett-Cotta.

Piaget, J., & Inhelder, B. (1978). Memory and Intelligence. London: Routledge & Kegan Paul.

Platz, J. (2007). *STEM to STEAM: How do you turn STEM into STEAM?* http://www.oaae.net/index.php?option=com_content&view=article&id=58&Itemid=114

Reigeluth, C. M. (Ed.). (1983). *Instructional-design theories and models: An overview of their current status*. Lawrence Erlbaum.

Reimer, B. (1970). *A Philosophy of Music Education*. Englewood Cliffs, NJ: Prentice Hall.

Reimer, B. (1989). *A Philosophy of Music Education*(2nd ed.). Englewood Cliffs, NJ: Prentice Hall.

Reimer, B. (2003). *A Philosophy of Music Education: advancing the vision*(3rd ed.). Englewood Cliffs, NJ: Prentice Hall.

Ribke, J. (1995). *Elementare Musikpädagogik*. Regensburg.

Richter. C. (1987). Überlegungen zum anthropologischen Begriff der Verkörperung. Eine notwendige Ergänzung zum Konzept der didaktischen Interpretation von Musik. In: Schneider, R. (Hrsg.). *Anthropologie der Musik und der Musikerziehung.* Regensburg. 73−120.

Richter. C. (1995). Verkörperung von Musik−Eine Weise, Erfahrungen mit Musik zu machen. *Musik und Bildung, 2,* 5−12.

Roediger III, H. L. (1991). Recall as a Self-limiting Process. *Memory & Cognition.* 6, 54−63.

Rogers, C. (1942). *Counseling and Psychotherapy.* Boston: Houghton Mifflin.

Rogers, C. (1951). *Clint-centered therapy.* Boston: Houghton Mifflin.

Rogers, C. (1961). *On becoming a person.* Boston: Houghton Mifflin.

Root−Bernstein, R., & Root−Bernstein, M. (2007). 생각의 탄생 (*Spark of genius*). (박종성 역). 서울: 에코의서재.

Rüdiger, W. (2005). Musik als Muttersprache−Musikalisch denken und sprechen lernen als Aufgabe des Instrumentalunterrichts. Im Gespräch mit Wilfried Gruhn. *Üben und Musikzieren, 2,* 26−3.

Santrock, J. (2006). *Child Development* (10th ed.). MeGraw Hill.

Schmidt, H. (1986). Psychologische Grundlagen des Musiklernens. *Handbuch der Musikpädagogik 4,* Bärenreiter.

Schneider, R. (1987). *Anthropologie der Musik und der Musikerziehung.* Regensburg: Gustav Bosse Verlag.

Schulman, L. S. (1986). Those who understand: Knoledge growth in teaching. *Educatioal Researcher, 15*(2), 4−14.

Shulman, L. S. (1987). Knowledge and teaching: Foundation of the new reform. *Harvard Educational Review, 57,* 1−22.

Spitzer, M. (2002). *Lernen−Gehirnforschung und die Schule des Lebens.* Heidelberg.

Spitzer, M. (2003). *Musik im Kopf−Hören, Musizieren, Verstehen und Erleben im neuronalen Netzwerk. 2.* Aufl. Stuttgart.

Sternberg, R. J., & Lubart. T. I. (1995). *Defying the crowd: Cultivating creativity in a culture of conformity.* New York: Free Press.

Toffler, A. (2006). 부의 미래 (*Revolutionary wealth*). (김중웅 역). 서울: 청림출판.

Trainer, L. J., & Trehub, S. E. (1992). The development of referential meaning in music. *Music Perception, 9*(4), 455−470.

Vygotsky, L. S. (1976). Play and its role in the mental development of the child. In: J. S. Bruner, A. Jolly & K. Sylva (Eds.), *Play: Its role in development and evolution* (pp. 537−554). N. Y.: Basic Books.

Waldenfels, B. (2001). Lebenswelt als Hörwelt. In: K. Ehrenforth (Ed.), *Musik unsere Welt als Andere. Phänomenologie und Musikpädagogik im Gespräch* (pp. 17−31). Würzburg.

Werner, F.−H. (Hrsg.). (1994). *Lexikon zur Soziologie, 3,* Aufl. Opladen.

Wertheimer, M. (1959). *Productive thinking.* New York: Harper.

Wilkening, F. & Krist, H. (1998). Entwicklung der Wahrnehmung und Psychomotorik. In: O. Montada (Ed.), *Entwicklungspsychologie* (pp. 487−517). Weinheim : Beltz.

Woodward, S., Guidozzi, F., Hofmeyr, G., De Jong, P., Anthony, J., & Woods, D. (1992). Discovers in the fetal and neonatal Worlds of music. *Music education: Sharing music of the world, Conference proceedings of the 20th ISME world conference,* 58−66.

Wörner. K. (1993). *Geschichte der Musik. 8. Aufl.* Göttingen: Vandenhoeck & Ruprecht.

Yakman, G. (2008). *PATT Publication: STEAM research-based paper.* http://www.steamedu.com (2016. 12. 10. 인출).

Yakman, G. (2010). *STEAM: A Framework for Teaching Across the Disciplines.* http://www.steamedu.com (2016. 12. 10. 인출).

Yakman, G. (2011). Introducing Teaching STEAM as a Practical Educational Framework for Korea. STEAM 교육 국제 세미나 및 STEAM 교사 연구회 오리엔테이션. 40−76.

Zarius, K. H. (1996). *Musikalische Früherziehung−Grundfragen und Grundlagen.* Mainz.

Zimbardo, P. G. (1995). *Psychologie. 6. Aufl.* Berlin.

브레인미디어(2018. 4. 8.). 음악은 감정 유발자. https://www.brainmedia.co.kr/BrainLife/6901

위키피디아(2018. 6. 10.). 철학; 자연주의; 탈레스; 아낙시메네스; 헤라클레이토스; 데모크리토스; 루소; 페스탈로치; 이상주의; 소크라테스; 플라톤; 동굴의 비유; 태양의 비유; 선분의 비유; 칸트; 프뢰벨; 에머슨; 실재주의; 아리스토텔레스; 아퀴나스; 코메니우스; 헤어바르트; 러셀; 실용주의; 피어스; 제임스; 듀이; 모더니즘; 포스트모더니즘; 다문화주의; 미학; 관련주의; 형식주의; 표현주의; 절대표현주의. https://ko.wikipedia.org/

〈인명〉

공자 149
김광웅 82
김승환 216
김진수 69, 72, 297

노래를 찾는 사람들 135

민경찬 72
민경훈 238

박문환 309
박성혜 246
박숙영 216

손승희 290

안미자 255
안재신 238
양종모 238, 314
이강숙 27
이경언 244
이성천 126, 157
이화진 247
임미경 148

임청환 244, 246

전미숙 309
전영석 299
정재은 238
조대현 82, 143, 215, 275, 326
조희형 246, 247

최재천 72, 82

Alain, E. A. 149
Amstrong, L. 147
Anaximenes 200
Andersen, H. C. 120
Aquinas, T. 210
Aristotele 119, 162, 209
Ausubel, D. P. 241, 255, 272

Bamberger, J. 93, 95, 189
Berlioz, L. H. 120
Bonaparte, N. 132
Bonhoeffer, D. 14
Brott, B. 141
Büchner, G. 116

Cage, J. 149
Carlyle, T. 149
Chugani 176
Cochran-Smith, M. 243 247
Comenius, I. A. 149, 210
Congreve, W. 149
Cooke, D. 220

Darwin, C. R. 116
De Jong, O. 247
Dēmokritos 201
Derham, W. 70
Dewey, J. 91, 213, 223

Eisner, E. W. 290
Elliott, D. J. 144, 230, 233, 281
Elschenbroich, D. 91, 173, 178
Emerson, R. W. 208

Fogarty, R. 295
Fröbel, F. W. A. 208
Führing, G. 169

Gardner, H. 174, 235

Gess-Newsome, J. 246

Gibran, K. 120

Gordon, E. E. 93, 107, 148, 188

Gowin, D. B. 274, 277

Grimm, H. 279

Gruhn, W. 91, 141, 175, 186

Hammerstein II, O. G. C. 88

Hanslick, E. 120, 221

Heraclitus 201

Herbart, J. F. 95, 185, 211

Hirsch, J S. 274, 277

Hunt, A. W. 149

Huttenlocher, P. R. 175

James, W. 212

Jaques-Dalcroze, E. 148

Jobs, S. 66

Jusczyk, P. W. 193

Kant, I. 197, 208

Keats, J. 152

Keidel, W. K. 125

Kingsley, C. 149

Kodály, Z. 148

Krist, H. 279

Krumhansl, C. L. 193

Lederman, N. G. 244

Longfellow, H. W. 149

Loughran, J. 246

Lubart, T. I. 107

Magnusson, S. 246, 247

Merrill, M. D. 274, 277

Milton 147

Minkenberg, H. 190, 192

Mondrian, P. C. 222

Montada, L. 279

Nieke, W. 216

Novak, J. D. 272, 273, 275

Orff, C. 148

Pavarotti, L. 147

Peirce, C. S. 212

Pestalozzi, J. H. 95, 149, 183, 202

Piaget, J. 93, 102, 194, 235, 327

Plato 119, 139, 141, 149, 205

Pythagoras 119

Reigeluth, C. M. 277

Reimer, B. 223, 227

Rodgers, R. 88

Roediger III, H. L. 107

Rogers, C. 26, 97, 152

Root-Bernstein, M. 66, 90

Root-Bernstein, R. 66, 90

Rousseau, J. J. 116, 149, 202

Russell, B. A. W. 211

Santrock, J. 279

Schelling, F. 208

Schönberg, A. 223

Schopenhauer, A. 162

Seiler, A. J. 169

Shulman, L. S. 244

Sōkratēs 204

Spearman, C. 173

Spencer, H. 116

Sternberg, R. J. 107

Thalēs 200

Toffler A. 66

Tolstoy, L. 220

Van Driel, J. H. 246

Vivaldi, A. 136

Vygotsky, L. S. 336

Werner, F. H. 215

Wilkening, F. 279

Yakman, G. 78

Zimbardo, P. G. 38

〈내용〉

2015 개정 교육과정 195

4C 68

Arts 76

Ästhetica 218

code 93

convergere 70

Engineering 76

Experience 91

FUNctional Literacy for All 78

G-factor 173

Holistic 79

individuelle Grunderfahrung 91

Macro-Beats 188

Mathematical elements 79

Micro-Beats 188

MST 77

musical meaning 105, 156

PCKg 245

PDIE 모형 310

Science 76

STEAM 76, 81, 297

STEM 78

STS 77

Technology 76

theoretical meaning 105, 156

Verkörperung 105

가락 12

가치 90, 163, 184, 199

가치문화 216

간학문적 통합 297

감각운동기 93

감각적 경험 185

감각적 교류 179

감각적 실학주의 210

감각적 인상 202

감각적 인식 218

감성적 음악지식 232

감성적 체험 301

감정 표출설 116

개념 28

개념도 274, 282

개별적 기본경험 29, 90, 159, 272, 328

개별적 사고의 결과물 90

개별적인 의미부여 157

개성적 이성 214

개인적 인성 265

객관적 미학 218

거미줄형 295

경험 중심 음악교육 234

경험적 이해 284

경험적 장 97

경험형식 28, 158

계열형 295

고상한 야인 202

고유한 것 169

고유한 의식구조 28, 157

고착 107

공간 187

공간감 191

공간적 경험 187

공감각 125

공연예술현장 117

공유형 295

공학 80

과장 222

과정 90, 153

과정상 목표 278, 280, 286

과정적 목표 75

과정적 음악지식 232

과정적 주체 332

과학적 방법 81, 324

관념론 204

관련주의 219, 220, 224

관찰자 290

교과 내 수업형 314, 315

교과 연계 수업형 314, 316

교과내용 지식 247

교과서 중심 261

교사 238

교사 수준 교육과정 266

교사 지식 247

교사교육 재구성 모델 285

교사양성과정 239

교수맥락 248

교수방법 지식 245
교수법 지식 248
교수전략 지식 248
교수학습 모델의 원리 335
교육과정 260, 264
교육과정 개발자 254
교육과정 내용 중심의 재구성 271
교육과정 도구로서의 개념도 275
교육과정 재구성 260, 286
교육과정 전달자 254
교육과정 중심의 교육 261, 262
교육과정 지식 248
교육과정의 재구성 260
교육의 목적 180
구조 174, 177
국가 수준의 교육과정 195
그룹화 191
극우주의 216
극음악 138
근접발달지대 272, 336
기능 177
기보 189
기술 80
기준 학문으로서의 음악 327
꿈 24

내면세계 공유 225
내면적 직관 95, 183
내용 지식 247, 248

내용교수 지식 244
내용교수법 지식과 기술 248
내재적 목적 183
내적 동기부여 179
내적 질서 228
내적 표상 107, 187
네트워크형 295
논리적 사고 276
느낌의 가능성 225
느낌의 세계 229
능동적 체험 157
능력 있는 아이 178

다문화 교육 216
다문화 사회 215
다문화주의 199, 215, 216, 217
다양한 사고 231
다양한 생각도구의 완결 90
다원적 사고 214
다중지능이론 174, 235
다학문적 통합 296, 297
단순화 222
단위요소 전개이론 274, 277
단절형 295
대상 간 구분 97
도구주의 213
도덕적 자유 202
도식 235
독자적 조직 221
동굴의 비유 205
동일 교과 내에서의 재구성 269

동화 96, 194, 328
둥지형 295

리더스쿨 69
리듬 148

매시 업 70
매체의 형식화 228
맥락 지식 248
메시지 220
명제적 목표 280
명제적 지식 183, 184
모더니즘 199, 214
모방 96, 116, 162, 194
모자이크 문화 215
목적 213
목적인 209
목표행동 229
몰입형 295
몸표현 156
무게 187
무지케 117
문서화된 계획 233
문화 종 215
문화의 동화 215
문화이입 96, 194
문화적 공동체 215
미메시스 116
미적 지각의 구성 229
미학 218
민요 148

민중음악 134

반민족주의 216
반주지주의 213
방과후학교 활용형 318
방법적 구조 78
방법적 지식 183, 184
방법적 질문 280
방사형 개념도 278, 283
배려 265
범지학 210
변형 222
보편성 214
보편적 이성 214
복합 70
본질 106, 153
분석철학 211, 219
비교수법 전문지식과 기술 248
비교의 단계 93
비지시적 발견 194
비판적 사고능력 68
비형식적 음악지식 232
비형식적 환경 178

사고의 스펙트럼 163
사고의 흐름 276
사고적 구조 78
사회 · 정서적 발달 279
사회계몽 134
사회상 136
사회적 인성 265

사회통합 134
상대성 214
상황 제시 300
상황 지식 247
새로운 것 169
생물학적 발달 279
선분의 비유 207
선천적 재능 174
선행조직자 272, 284
성숙기 176
성적 충돌설 116
소네트 136
소통능력 68
송환효과 105
수단 220
수단행동 229
수동적 경주로 263
수반행동 229
수업 지식 247
수직적 구조 192
수평적 구조 191
수학 80
수학적 교수방법 245
스캐폴딩 272
스탠퍼드 가짜 교도소 실험 38
시 · 공간감 186
시간 187
시냅스 143, 175
신앙적 이성 210
실로 페인 형 295
실용주의 199, 212, 217

실재론 211
실재주의 199, 211, 217
실제적 발달 수준 337
실천적 경험 사고 90
실천적 사고 290
실체 231
실행된 교육과정 290
실험주의 213
심미적 감정 221
심미적 경험 225, 229
심미주의 음악교육 철학 226

암묵지 93, 276, 291, 329
암묵지로서의 음악 327
언어 억양설 116
에로스 205
엘리티즘 229
여행자 178
역동적 형식화 228
연관형 295
예비 오디에이션 95, 194, 276
예술 80
예술미 219
예술선도학교 314
예술적 승화 225
예술적 질 221
예술적 형식 225
오디에이션 95, 107, 194, 276
오케스트라 117
외면적 직관 95, 183
외재적 목적 183

운율적 표현 189
원초적 음악 147, 148
위계형 개념도 275, 277, 284, 285
유기체적 존재 97, 152
유리드믹스 148
유용성 212
육체적 경험 187
융합 67, 70
융합교육 29
융합교육과정 261
융합의 결과 73, 199
융합인재교육 68, 298
융합적 사고의 결과물 129
융합형 두뇌 68
음량의 발달 144
음악 내적 앎 235
음악 모국어 148
음악 중심 융합교육 326
음악가적 기능 238
음악성 172, 236
음악에 대한 앎 235
음악을 통한 교육 260, 280
음악의 기원 114
음악의 본질 107
음악적 가치에 관한 앎 235
음악적 과정에 관한 앎 235
음악적 기준 130
음악적 방법 325
음악적 사고의 결과물 128
음악적 실행 230

음악적 옹알이 194
음악적 재능 177
음악적 지식 231
음악적 형식 227
음악적성 147
음악지식과 기술 248
음악하기 231, 232
음악학습경험 248
의도된 교육과정 290
의식의 흐름 272
이데아 205
이론적 이해 284
이상적 형태 217
이상주의 199, 204, 217
이성 205, 210, 214
이성적 경험 187
이원론 210
인식론 208
인지 · 언어적 발달 279
인지구조의 재구성 102
인지발달이론 327
일반교수법 지식과 기술 248

자국민화 216
자기개발 290
자기이해 26, 98, 152
자기탐색 26, 98, 152
자기행동 26, 98, 152
자연미 219
자연성 202
자연주의 199, 200, 217

자장가 146
자존감 265
작품구조 221
잠재력 148, 174, 178
잠재적 발달 수준 337
장단 122
재구성 282
재능 174
전심 95, 185, 276
전조작기 93, 194, 327
전체성 214
절대표현주의 219, 224
정교화 설계이론 274, 277
정답 아닌 정답 198
정체성 24
조작기 93, 194, 327
조절 328
종적 경험 확장 339
종적 확장 333, 336
종합지 90
주관적 미학 219
주관적 자유 실천의지 152
주관적 현실 99, 153
준비상태 174
중심가치 58, 130
지도구로서의 개념도 275
지시주의 220
지적 과정 90
직접적 경험 27, 157
진리 205
집단 노동설 116

창의 · 인성교육 261, 264
창의력 68
창의적 결과물 75
창의적 설계 300
창의적 융합인재 69
창체 활동형 314
철학적 결론 198, 199
철학적 사유의 과정 152, 197, 198
청각적 경험 환경 141
청각적 샘플 186
총체적 구조 193
총체적 인지 190
추상 222
추상적 개념 186
충분히 기능하는 사람 98, 152
치사 95, 185, 276

코레이아 117
크로스오버 70
킨더가르텐 208

타 교과 간의 재구성 270
탈중심 214
탈학문적 통합 296, 297
태아 143
태양의 비유 207

통섭 70
통섭의 과정 73
통제적 음악지식 232
통합 70
통합적 이해 245, 284
통합적 환경 73, 335
통합형 295

파동 125
파이오니아 양성과정 69
평가도구로서의 개념도 275
평가목표 238
포괄적 음악성 238
포도당 변화 176
포스트모더니즘 199, 214, 230
표상 103
표현주의 219, 222
퓨전 70
프래그머티즘 212
피라미드 모형 79
필로소피아 197

하이브리드 70
학교 수준의 교육과정 264
학교 중심 교육과정 290
학생 특성 248
학생이해 지식 248

학습 97
학습목표 238
학습의 과정 97
학습자 중심 교육 261, 334
학습자 중심 통합 환경 337
행위 230
현상으로서의 음악 128
현상학적 장 29, 97, 143, 152, 271
현재의 정답 198
협동능력 68
협응 186
형성 98
형식의 지각 222
형식적 내재성 228
형식적 음악지식 232
형식적 표상 95, 188, 276, 291
형식적 표현 189
형식주의 222
형식지 93, 276, 291
형태적 표상 95, 190, 276, 289
형태적 표현 189
화성 122
횡적 경험 확장 339
횡적 확장 333, 336
흐름 187

 저자 소개

조대현(Cho, Dae Hyun)

독일 Julius-Maximilians-Universität Würzburg 학·석사
  (음악교육학, 특수교육학, 음악학)
독일 Hochschule für Musik Würzburg 철학박사
  (음악교육학, 교육심리학, 음악학)
백석예술대학교 유아교육과 조교수 역임
현 경상대학교 사범대학 음악교육과 교수
  중등(다락원) 및 특수교육 초등 5~6학년(국정) 음악교과서
    대표저자
  한국예술교육학회 부회장 및 편집위원
  한국음악교육학회 학술이사
  한국음악교육공학회 이사

KOMCA 승인 필

융합적 사고에 기초한
음악교육의 이해
UNDERSTANDING OF MUSIC EDUCATION
ON THE BASIS OF CONVERGENT THINKING

2019년 9월 20일 1판 1쇄 인쇄
2019년 9월 30일 1판 1쇄 발행

지은이 • 조대현
펴낸이 • 김진환
펴낸곳 • (주) **학지사**
　　　　04031 서울특별시 마포구 양화로 15길 20 마인드월드빌딩
대표전화 • 02)330-5114　　팩스 • 02)324-2345
등록번호 • 제313-2006-000265호

홈페이지 • http://www.hakjisa.co.kr
페이스북 • https://www.facebook.com/hakjisa

ISBN 978-89-997-1942-4 93370

정가 18,000원

이 도서의 국립중앙도서관 출판시도서목록(CIP)은 서지정보유통지원
시스템 홈페이지(http://seoji.nl.go.kr)와 국가자료공동목록시스템
(http://www.nl.go.kr/kolisnet)에서 이용하실 수 있습니다.
(CIP 제어번호: CIP2019035093)

출판 · 교육 · 미디어기업 **학지사**

간호보건의학출판 **학지사메디컬** www.hakjisamd.co.kr
심리검사연구소 **인싸이트** www.inpsyt.co.kr
학술논문서비스 **뉴논문** www.newnonmun.com
원격교육연수원 **카운피아** www.counpia.com